# Votre Feng Shui au quotidien

I.S.B.N. 978-2-84197-346-0



Une marque du groupe éditorial PIKTOS
Z.I. de Bogues, rue Gutenberg - 31750 Escalquens

**Agnès Dumanget**

# Votre Feng Shui au quotidien

Éditions TrajectoirE

**Remerciements**

Merci à Lillian Too, qui un jour, par ses livres, m'a donné envie d'approfondir le Feng Shui, m'a permis de la rencontrer en Malaisie et d'y suivre son enseignement.

Merci à Patrice, mon compagnon, qui un jour, a osé s'ouvrir au Feng Shui et qui depuis m'a fait confiance, m'a soutenue et encouragée dans cette voie, tout en découvrant lui-même sans cesse cette magnifique discipline.

Merci à Hélène, à Marie-Hélène, à Jocelyne, à Martine, à Françoise, ainsi qu'à tous mes amis qui m'ont permis de trouver la force de m'accrocher à mon rêve.

Merci à ma famille, à mes parents qui ont eu l'ouverture d'esprit de comprendre ma passion.

Merci à James et à Louis pour tous leurs précieux conseils.

Merci à tous ceux que j'ai rencontrés grâce au Feng Shui et avec qui j'ai noué des liens et qui m'ont tant apporté chacun à leur manière.

Enfin, merci à tous ceux qui ont envie de s'ouvrir au Feng Shui et à toutes les sagesses du monde.

Un petit clin d'œil à Richard Baker, à G'Ko, au collectif d'artistes Art'Co, qui m'ont montré à quel point il était passionnant de vivre de ses envies ; ainsi qu'à Amédée, dont les photos m'ont profondément touchée par la sensibilité et l'émotion qu'elles dégagent.

Et… merci aux Éditions Trajectoire pour leur confiance et leur contribution à faire découvrir au public d'autres univers.

# Préambule

Le Feng Shui prend son origine sous la Chine impériale, il y a plus de trois mille ans. C'est une science qui puise ses racines dans la philosophie chinoise de l'Univers, dans laquelle tout est catégorisé en cinq éléments fondamentaux : le feu, la terre, le métal, l'eau et le bois, et en une énergie universelle : le Chi, ou " souffle cosmique du dragon ".

Traduit littéralement, le Feng Shui signifie " eau et vent ", faisant d'une part référence à la terre, ses vallées, ses montagnes et ses cours d'eau dont les formes et les dimensions résultent de l'interaction des éléments entre eux, et d'autre part au visible (l'eau) et à l'invisible (le vent).

En effet, nous pouvons pressentir ce qui est invisible uniquement par l'effet qu'il a sur ce qui est visible : on peut percevoir le vent par la manière qu'il a de faire bouger un feuillage, par les rides qu'il crée sur l'eau...

Sur un plan humain, le Feng Shui est considéré comme une science permettant de sélectionner et d'organiser un environnement dans lequel les cinq éléments et les énergies du Yin et du Yang sont équilibrées, équilibrant par là notre propre corps et notre propre existence. C'est en quelque sorte une science permettant de corriger les défauts d'harmonie de notre environnement, créés par nous-même lors de la construction de nos espaces.

Cette philosophie s'appuie sur des concepts de corrections et d'activation de l'énergie " cosmique ", entre autres par des symboliques. Les symboles utilisés prennent bien sûr leurs racines dans la tradition asiatique et se manifestent sous formes d'animaux célestes de protection et d'abondance, ainsi que dans des représentations des éléments, du Yin et du Yang. Importés en

Occident, ces symboles se transforment et s'adaptent peu à peu à notre culture, à nos croyances et à nos idéaux.

La première école de Feng Shui fut celle de la Forme, où il était question de trouver, avant toute construction ou toute étude, le bienveillant Dragon Vert et son antre : on cherchait à reconnaître son dos, sa tête, sa queue, en observant l'environnement, les collines, les vallées, les cours d'eau, les constructions.

C'est au cours de l'histoire du Feng Shui qu'apparut sa dimension scientifique, et avec elle l'école de la Boussole. Cette méthode, la plus utilisée de nos jours, s'appuyait sur les huit trigrammes du Yi-king et leur emplacement favorable dans un octogone (le Pa Kua) ou dans le carré magique Lo Shu.

Divisé en neuf secteurs égaux, le carré Lo Shu est censé être apparu inscrit sur le dos d'une tortue sortant des eaux à l'Empereur Jaune. Chacun de ses secteurs renferme un chiffre de 1 à 9 et ses secteurs sont disposés de manière telle que leur addition à la verticale, à l'horizontale ou à la diagonale donne 15. Ce carré est appelé en Occident le carré de Saturne. C'est donc en fonction des directions cardinales et du chiffre de naissance personnelle des habitants que vont être déterminés les secteurs des « huit aspirations ». Ces secteurs, équilibrés à l'aide des outils que sont les cinq éléments, le Yin et le Yang des habitats (ombres et lumières, couleurs...), vont équilibrer le centre de l'habitat, et harmoniser l'homme et son environnement, l'homme étant le lien entre le ciel et la terre.

De l'école de la Boussole est née une troisième dimension du Feng Shui, une dimension temporelle, appelée École des Étoiles Volantes. À partir du carré magique Lo Shu et de nombreux calculs sur les chiffres de la période et de l'année traversée, il sera possible d'appréhender et d'ajuster, selon les maîtres Feng Shui, la destinée cosmique de l'homme.

Le Feng Shui, en résumé, part du principe que tout être vivant est en relation constante avec son environnement physique, naturel ou non, et que cet environnement influence profondément de manière favorable ou défavorable son existence et sa destinée. Les traits négatifs seront autant de blocages ou d'obstacles énergétiques ôtés pour mener à l'ajustement des hommes ou de leurs habitats à l'environnement et au “ cosmique ”.

Il existe un parallèle entre le Yi-king et le Feng Shui dans le Tao. Le Yi-king est un art utilisé comme objet divinatoire mais qui est plutôt une manière de comprendre les lois universelles. Dans les deux cas, l'homme n'est pas dissocié de son milieu ou de son environnement. Dans les deux cas, la finalité est de rendre à l'homme sa liberté de choix afin qu'il exerce pleinement ses responsabilités, et ce au sein de la société et par rapport au monde.

Partant du principe que le milieu où vit l'homme influe sur lui et sur son existence d'une manière favorable ou défavorable, le Feng Shui va permettre d'identifier ces influences, et au besoin de les corriger pour rétablir une circulation propice des énergies.

Le Yi-king, sous sa version taoïste, permet de dévoiler le “ non-immédiatement perceptible ”. Le Feng Shui, présenté comme “ le savoir de l'espace ” et toujours sur un plan taoïste, intègre **le Tao de la Terre, le Tao de l'homme et le Tao du ciel**, utilisant à cette fin un outil ancestral, le Luo Pan (boussole entourée de nombreux cercles concentriques, dans lesquels sont inscrits les renseignements utiles au décodage de l'environnement) et le calendrier lunaire. Les spécialistes du Yi-king et du Feng Shui pensent que dans un monde de sciences et de techniques, l'homme s'est non seulement coupé de la nature, mais est aussi arrivé à être en totale opposition avec elle, jusqu'à perdre la vérité de sa nature profonde.

La pensée taoïste, que l'on peut imputer au Yi-king comme au Feng Shui, cherche à remédier à cette situation en rétablissant l'équilibre entre l'homme et son univers, physique, naturel et social. Le Yi-king étudie les chances dont disposent les hommes pour rétablir cette harmonie. La première étape passe par un retour à la nature où l'homme **se replace dans son environnement** ou, selon la traduction littérale " **se marie avec le ciel** ". Le Feng Shui se place alors en tant que panoplie de techniques, où l'idée de base est d'éviter que l'homme ne soit en opposition avec lui-même, ou avec ce qui l'entoure. Le monde est considéré comme un tout, comme une unité, en partant du principe que chaque élément de cet Univers est animé d'un cycle de développement, d'affaiblissement et de décroissance. Le Feng Shui mène à avoir une vision vivante de chacune des choses qui nous entourent, jusqu'aux objets, et de comprendre ces choses dans le déroulement de leur propre évolution et à un moment donné de leur propre parcours.

Dans la conception chinoise, rien n'est créé, les choses matérialisées sur **Terre** sont d'abord en ébauche dans le **ciel.**

En regardant le Yi-king, on constate que le symbole du " Ciel " est représenté par six traits " Yang ", soit six traits pleins qui représentent le père. Le ciel est *pure vigueur, plus fort que toute force, la fermeté suprême.* Le symbole de la Terre est composé de six traits discontinus, " Yin ", qui représentent la mère. La Terre est *pure réceptivité, harmonieuse et soumise, la quintessence de la souplesse.*

Entre le ciel et la Terre se trouve l'homme, qui est le lien entre eux, entre le père et la mère. Dans le carré Lo Shu, dit carré magique (et donc dans les habitats), le père est au nord-ouest de l'élément métal, et désigne les secteurs des bienfaiteurs et des aides extérieures. La mère est au sud-ouest de l'élément terre et désigne le mariage et le bonheur conjugal. Entre les deux se trouve l'ouest, élément métal, désignant tout naturellement les secteurs... des enfants ! En allant plus avant dans cette analyse, nous constatons que les cinq éléments régissant les cycles dans le concept chinois sont le feu nourrissant la terre nourrissant le métal nourrissant l'eau nourrissant le bois nourrissant de nouveau le feu. Chacun des éléments, dans le cycle inverse, épuise l'élément précédent, et il existe également un cycle de destruction ou de contrôle, où le feu détruit le métal, le métal détruit le bois, le bois la terre et la terre l'eau.

L'élément air n'est donc pas présent, le ciel serait remplacé ici par le métal, puisque le père est métal et c'est aussi l'élément à la *fermeté suprême pénétrant la terre mais procédant d'elle*...

À la lumière de ces considérations, on constate que l'homme et son environnement sont le lien entre le ciel et la terre. Équilibrer l'homme, c'est lui permettre d'être en harmonie avec le haut comme avec le bas, d'harmoniser sa destinée céleste à sa destinée terrestre.

## Introduction et présentation du livre

Cet ouvrage est destiné à un public qui souhaite découvrir et s'initier aux premières bases du Feng Shui. Il permettra de comprendre les différentes écoles de Feng Shui qui sont utilisées et enseignées en Asie et en Occident. Vous pourrez appliquer les conseils livrés dans cet écrit à toutes sortes d'habitats : maisons, appartements, studios, chambres, loft, ainsi qu'à tout local commercial, en adaptant les symboliques et les couleurs.

La méthode présentée ici est issue de l'École de la Boussole, qui tient compte des directions cardinales. Elle inclut l'École de la Forme qui vous permettra d'appréhender l'influence de votre environnement sur votre vie. Vous allez donc appréhender dans cet ouvrage une dimension spatiale du Feng Shui.

Vous apprendrez à comprendre ce qu'est le Chi, comment il agit sur nous et comment il circule dans nos habitats.

Vous saurez ensuite exactement ce que sont le Yin et le Yang, ce qu'ils représentent et comment les apprivoiser dans nos intérieurs.

Bien sûr, nous verrons en détail les cinq éléments et leur cycle de transformation, qui sont la base de toute philosophie asiatique.

Le Pa Kua et ses huit secteurs de vie vous seront présentés et expliqués. Vous saurez ainsi comment sectoriser votre habitat pour pouvoir l'activer de manière simple, pièce par pièce.

Nous ferons ensuite ensemble une visite guidée de votre intérieur, en nous arrêtant dans chaque pièce. Différents cas de figure vous seront présentés et vous y trouverez forcément votre genre d'habitation. Cela vous permettra, au fur et à mesure des explications, de corriger chez vous, de manière adaptée, les erreurs Feng Shui et de comprendre leurs effets sur votre vie.

Un recensement des principaux problèmes Feng Shui, leurs

effets et leurs corrections sont présentés, ainsi que les différents types de remèdes couramment utilisés en Feng Shui.

Ces méthodes de la Boussole et de la Forme sont tout à fait complètes grâce à la découverte de la méthode des Etoiles Volantes, qui s'attache à une dimension temporelle du Feng Shui. Chaque année, chaque cycle de temps de vingt ans, soixante ans et plus, les indices correspondants aux éléments vont se déplacer selon un circuit très précis dans notre habitat. Leur déplacement et leur présence engendreront des modifications très fines mais très puissantes. Les comprendre, les activer ou les corriger offre un complément parfait aux activations de l'École de la Boussole et de la Forme.

Pendant longtemps, l'enseignement des Étoiles Volantes n'a pas été divulgué, et il l'est encore peu. Il est réservé à un public averti qui a déjà bien assimilé les notions de Yin et de Yang, des cinq éléments et de leur cycle de transformation. Il faut également bien connaître les huit secteurs du Pa Kua, leur élément, leur qualité et la manière de les activer. Il faut également commencer à appréhender les bases de philosophie asiatique qui prône l'équilibre en toute chose et l'alchimie du mélange des éléments et des différentes techniques.

Lors de l'apprentissage du Feng Shui, chaque technique prise indépendamment est plutôt simple à comprendre et à mettre en application. La difficulté de la philosophie, comme toute autre discipline asiatique, réside dans la synthèse intelligente et mesurée de chaque point diagnostiqué.

Dans les formations que j'ai pu dispenser à de futurs praticiens, j'ai remarqué que la principale difficulté résidait dans la synthèse de toutes les données offertes lors d'une analyse Feng Shui. Il faut donc rester humble, patient, motivé, pour pratiquer le Feng Shui. Ce livre n'a pas la prétention de vous former à ce niveau, mais plutôt de vous donner le bonheur de la découverte, de la nouveauté et de l'expérience d'une discipline trois fois millénaire en Asie, pour laquelle devenir maître nécessite au moins trente ans d'expérience, si ce n'est toute une vie.

J'espère que vous prendrez autant de plaisir à lire cet ouvrage et à en appliquer les conseils que j'en ai pris à l'écrire, ainsi qu'à pratiquer moi-même le Feng Shui. Il est issu de l'enseignement que j'ai moi-même reçu en Asie, enrichi des maintes expériences faites au cours des différentes consultations, des rencontres avec les élèves et les personnes désireuses d'appliquer le Feng Shui à leurs lieux de vie.

# PARTIE 1

## Les principes de base utilisés dans le Feng Shui

*" N'admettez rien a priori si vous pouvez le vérifier "*
Rudyard Kipling

Il y a des principes de base en Feng Shui qui sont les mêmes que dans la plupart des disciplines asiatiques : le Chi, ou énergie, et sa compréhension, le Yin et le Yang, les cinq éléments et leur cycle de transformation.

# Le Chi

## La circulation du Chi dans un intérieur

Le mot énergie est entré petit à petit dans notre langage courant. Nous avons tous conscience qu'un flux invisible, une force, traverse et anime les êtres humains. Nous pouvons rééquilibrer cette énergie de diverses manières, en pratiquant un sport, par le massage, les techniques comme le shiatsu, l'ostéopathie ou l'acupuncture. Les arts martiaux, comme le Qi Qong, le Tai-chi-chuan, l'Aïkido ou le Kung-fu sont des techniques visant à nous apprendre à comprendre, à ressentir et à maîtriser notre énergie vitale. Par la relaxation, la méditation, le yoga, nous pouvons aussi retrouver le calme intérieur.

L'équilibre atteint doit nous permettre de retrouver la santé, l'harmonie, de prévenir les maux, de vivre en toute sérénité.

Ce qui est moins évident pour nous est que de chaque chose et de chaque objet émane également cette fameuse énergie vitale. Les couleurs, par exemple, émettent des vibrations particulières qui nous apaisent, nous stimulent, nous dérangent. Selon ce principe, il vient rarement à l'esprit des parents d'opter pour du rouge ou du jaune vif dans la chambre de bébé.

Il en va de même pour les matières. Nous avons tous des matières que nous préférons toucher et posséder. Certains sont attirés par les pierres, les cristaux, tandis que d'autres aiment le bois. Vous avez tous un ami ou un proche qui a peur de l'eau, et qui préfère passer ses vacances à la campagne ou à la montagne. Sont apparues, à partir de cette constatation, des techniques comme la chromothérapie (soin par la couleur), ainsi que l'aide au soin par les cristaux.

Le Feng Shui explique en partie cette attirance que nous avons pour certaines couleurs ou certaines matières. L'énergie vitale des objets et notre propre énergie vitale entrent en interaction. Comme des aimants, elles s'attirent ou se repoussent. Les enfants, par exemple, savent instinctivement les couleurs qui leur conviennent, et certains adultes gardent cette sensibilité.

Si l'énergie vitale, que les Asiatiques appellent " énergie cosmique " ou " souffle vital du Dragon ", et que nous appellerons " Chi " circule dans notre corps et en toute chose, il nous apparaît maintenant évident qu'elle chemine également dans nos intérieurs : habitations, locaux professionnels, magasins... Même si nous ne le voyons pas, il existe, nous entoure et nous fait vivre. Imaginez l'oxygène que vous respirez : vous ne le voyez pas, vous ne le sentez pas, il n'a ni goût, ni odeur, ni couleur. Et pourtant, s'il manque, vous le sentez : vous avez du mal à reprendre votre souffle, vous suffoquez. En très haute montagne, là où l'oxygène se raréfie, cela peut même créer des vertiges, des nausées, des étourdissements. Inversement, s'il est présent en trop grande quantité, il vous rend euphorique, presque ivre. Nous pouvons donc comparer le Chi à l'oxygène.

En Asie, le Feng Shui est l'art de comprendre et de profiter du Scheng Chi, appelé Chi vital ou souffle cosmique du Dragon. Les paysages verts et harmonieux symbolisent le corps et les veines du Dragon vert bénéfique, comme cette montagne aux formes puissantes et arrondies.

Le Feng Shui nous permet d'appréhender et de corriger ce flux énergétique dans nos intérieurs. Et il va justement s'appuyer sur les vibrations des couleurs et des matières. Un Chi favorable dans un habitat doit être régulier, positif, fort, haut.

Pour bien appréhender le Feng Shui, il est nécessaire de bien comprendre ce qu'est le Chi et sa manière de se déplacer dans notre habitat, de saisir les bienfaits qu'il nous offre lorsqu'il reste sain et vigoureux, ou au contraire, les dangers qu'il représente s'il est mal dirigé.

Les éventails étaient très utilisés par les chinoises pour se protéger des pensées négatives émanant d'autrui. En Feng Shui, vous pourrez les utiliser contre les flèches empoisonnées créées par les angles des murs ou par les poutres. Un seul éventail suffit à contrer ces aspects du mauvais Chi.

Certains d'entre vous ont une sensibilité plus importante au ressenti du Chi que d'autres. Pour certains, il peut même être palpable. Par contre, tout le monde a déjà ressenti bien-être ou mal être en entrant dans un habitat. Non seulement parce qu'un Chi qui circule mal ou qui est de mauvaise qualité joue sur la maisonnée entière, mais aussi parce que l'habitat est un miroir de nous-mêmes. Comme chaque être est différent, chaque maison est différente. Il existe des maisons accueillantes, des froides, des sombres, des chaleureuses. Certaines invitent aux repas en famille ou entre amis, certaines invitent plutôt au calme et à la détente, d'autres repoussent même tout visiteur parce qu'elles sont " négatives ", ou froides et inacueillantes. Observez les fauteuils : sont-ils fermes et peu confortables ou moelleux et douillets ? La table de repas invite-t-elle aux réunions joyeuses ou est-elle exiguë et recluse dans un petit espace ? Un intérieur reflète toujours ses habitants, car l'habitat est une extension de nous-mêmes.

Prenez un peu de temps. Prenez du recul. Regardez votre vie et les problèmes que vous rencontrez : sentimentaux, familiaux, financiers, confiance en vous, joie de vivre... Maintenant, regardez votre habitat : est-il coloré, monochrome, bien rangé, propre, organisé, chaleureux, intimiste, minimaliste, chargé en décoration ? Et maintenant, faites le parallèle entre votre décoration, l'atmosphère qui règne chez vous, et votre vie avec tous vos problèmes. Ne trouvez-vous pas qu'il existe une étonnante similarité ? N'avez-vous pas l'impression que votre habitat est réellement le reflet de vous-même et de votre être ?

Faites la même expérience en comparant l'appartement ou la maison de ceux qui vous sont proches, de personnes que vous connaissez bien, avec leur caractère, leurs problèmes et leurs soucis. Étonnant non ?

Tout simplement parce qu'un habitat reflète notre être et nos pensées.

Dans un couple, si l'un ou l'autre des époux s'occupe seul de la décoration, y mettant des objets à son goût, l'autre personne trouvera difficilement sa place au sein de la famille.

Vous l'avez compris : en observant votre intérieur et en vous sensibilisant au cheminement du Chi, vous vous comprendrez mieux, mais vous comprendrez aussi mieux les personnes chez qui vous vous rendez !

Passons maintenant à la compréhension de la circulation du

Chi, nécessaire à appliquer les principes du Feng Shui. Par où le Chi entre-t-il, par où sort-il, comment se déplace-t-il ?

Imaginez un cours d'eau vivant, sensible, intelligent. Il va circuler à l'intérieur d'un nouveau type de corps : l'habitat. En effet, nous allons comparer notre espace de vie à un corps humain, dont les couloirs et escaliers seraient les veines, les pièces les membres et les organes, les fenêtres seraient les yeux, la porte d'entrée la bouche. Cette comparaison n'est pas faite au hasard, puisque le Feng Shui est une partie de la médecine chinoise. Lorsqu'un médecin asiatique fait son diagnostic, il fait une observation scrupuleuse de l'habitat du patient. Chaque pièce correspondant à une partie du corps : un membre ou un organe. Selon le mal dont souffre la personne, le médecin fait une recherche en Feng Shui au niveau de l'intérieur du patient, afin de déceler un éventuel problème énergétique. Puisque nous avons vu que la maison est une extension de nous-mêmes, rien d'étonnant à ce qu'un blocage énergétique dans l'habitat retentisse en un blocage au niveau de notre corps physique. En réalité, en médecine chinoise, on intervient plutôt en prévention qu'en guérison, d'où l'importance de préconiser des constructions Feng Shui.

Le Chi entre principalement par la porte d'entrée, que l'on appelle : “ la bouche du Chi ”. C'est l'espace qui va donner toute sa qualité au Chi. Si votre vestibule est encombré et peu accueillant, l'énergie va se charger en négatif. Nous reviendrons, au cours de cet ouvrage, sur les conseils à respecter ou les pièges à éviter pour avoir un hall d'entrée “ Feng Shui ”.

Le Chi entre donc, vivifiant et sain dans l'habitat. Il sera ensuite guidé par la configuration de l'habitation. La direction qu'il va prendre et la vitesse à laquelle il se déplace sont prépondérantes.

### Créer un bon Chi dans un intérieur

☯ Le Chi ne doit pas être trop rapide, car il n'aura pas le temps de nourrir chacune des pièces et il se chargera négativement. Il prend de la vitesse dans les longs couloirs, ainsi que dans les escaliers trop droits, surtout s'ils sont disposés directement face à la porte d'entrée. Les portes en enfilades et les portes qui se font face créent également une accélération dangereuse du Chi.

Évitez donc les lignes droites, et lorsque c'est le cas dans un habitat, ralentissez le Chi en utilisant des éléments de décoration comme un rideau, un ou plusieurs carillons, un mobile, une plante, un meuble bas comme une commode, un vase posé sur un guéridon, des images et miroirs aux murs de couloirs et d'escaliers. Chaque objet, chaque couleur, chaque image agréable est une séduction pour le Chi qui s'adoucit alors.

Si la porte d'entrée est directement positionnée face à une autre porte, le Chi ira s'engouffrer dans la pièce qui est en face.

S'il s'agit d'une chambre, le sommeil de ceux qui y dorment sera agité et de mauvaise qualité.

S'il s'agit des sanitaires, l'énergie sera perdue, évacuée par les écoulements d'eau.

Si c'est une cuisine, le feu de la cuisinière brûlera l'énergie. S'il s'agit d'un débarras, le Chi deviendra stagnant.

☯ Le Chi ne doit pas être stagnant. Comme de l'eau qui ne bouge pas croupit et devient vaseuse, l'énergie doit toujours être en mouvement dans un intérieur. Pour déceler les endroits de Chi stagnant, cherchez les moutons de poussière qui s'accumulent toujours au même endroit, et cherchez également les araignées ! Elles se postent là où le flux est inexistant. Observez également votre chat. Ces animaux sont capables de ressentir le flux d'énergie ambiante. C'est pourquoi ils sont si agités lorsque vous déplacez des meubles ou lors d'un déménagement. Le fait de déplacer des meubles et des objets fait bouger le Chi, et votre chat le ressent vivement. Mais ils n'aiment pas non plus les endroits de Chi stagnant, et si vous avez un chat, vous le voyez régulièrement revenir avec des toiles d'araignée accrochées à ses moustaches. C'est parce le chat aime se glisser derrière les meubles et déloger ainsi le flux immobile.

☯ Le Chi doit circuler en permanence et être renouvelé chaque jour. Nous avons vu que les chats nous y aident, mais également nos enfants qui jouent et qui courent, les chiens, l'encens, le bruit, les courants d'air. Chaque jour, donc, ouvrez vos fenêtres pour laisser l'air frais entrer et permettre une circulation du flux énergétique, mettez de l'encens dans les pièces les plus sombres. Le bol tibétain est très utilisé en Asie, non seulement pour purifier les espaces mais également pour la méditation. Ces bols chantant sont composés de sept métaux, et leur musique augmente le taux vibratoire des pièces et des personnes.

**Les animaux en général sont Yang et ils activent favorablement le Chi. Le cheval en action est considéré comme le plus Yang d'entre tous et il est souvent utilisé au sud en représentation pour favoriser la renommée et la célébrité.**

Déplacez vos meubles régulièrement pour faire le ménage derrière et renouveler le Chi. Nettoyez sous vos tapis et sous votre lit pour favoriser un sommeil de qualité.

Vous avez tous ressenti le bien-être qui se dégage après un bon nettoyage de printemps, lorsque vous vous êtes débarrassés des vêtements que vous ne mettez plus, que vous avez enfin trié vos papiers et nettoyé votre habitat en profondeur !

**Les différents types de Chi dans un habitat**

☯ Le Chi sain :

C'est celui qui n'est ni trop fort ni trop faible. Il sinue doucement à l'intérieur de votre habitat et le nourrit tranquillement. C'est le Chi qui sinue sans avoir été activé particulièrement. On pourra l'activer pour le rendre encore plus positif.

☯ Le Chi vigoureux :

Encore appelé Scheng Chi ou Chi vital, rien que ça ! Il a un taux vibratoire élevé. C'est le meilleur des Chi, car il est celui qui nous vient directement d'un paysage parfait. Dans un habitat, il nourrit chaque pièce et distribue sa positivité à la maisonnée.

☯ Le Chi rapide :

C'est un Scheng Chi qui commence à être accéléré par un couloir par exemple. Il est moins nourrissant que le précédent, car il prend moins le temps de sinuer et de s'attarder dans chaque pièce.

☯ Le Shar Chi :

C'est le plus dangereux :

C'est un Chi qui est très rapide ou qui est envoyé par des structures hostiles et anguleuses. Il nécessite d'être corrigé et freiné pour enlever son aspect dangereux. Il est néfaste pour la santé des habitants.

☯ Le Chi stagnant :

Ce Chi ne circule quasiment plus, il se situe dans les endroits sombres, mal aérés ou mal éclairés. Pour le repérer, cherchez les amas de poussière ou les araignées : elles adorent s'installer où le Chi, donc l'air et la lumière, ne circulent pas ou mal.

Faites circuler le plus souvent possible en aérant et en faisant du ménage. Ce Chi est néfaste pour votre avancée personnelle et professionnelle qui peut être ralentie et freinée.

☯ Le Chi bloqué :

C'est un Chi stagnant qui s'est arrêté de circuler et que l'on n'a pas activé à l'aide de courants d'air, de lumières ou de ménage.

Il peut stopper totalement votre évolution et votre progression si vous n'y prenez pas garde.

Le Chi est donc entré par " la bouche du Chi ", et comme un cours d'eau, il va se répartir dans toutes les pièces. Le Feng Shui va nous aider à le diriger de manière à éviter un trop grand flux ou un flux trop faible. Il va également intervenir pour éviter une perte de Chi au niveau des toilettes, salle de bains, cuisine et débarras, qui sont des pièces d'évacuation ou de stagnation.

# Le Yin et le Yang

## Compréhension du Yin et du Yang
## Utilisation du Yin et du Yang dans la décoration

Deuxième principe utilisé dans les disciplines asiatiques : tout repose sur leur équilibre et leur complémentarité issue de leur différence. Tout l'art est de réussir l'alchimie de deux polarités si opposées. Pour comprendre cette notion, comparez-la aux différences séparant l'homme et la femme. Ils ont tant de mal à se comprendre, car leurs attitudes face à la vie et aux autres sont si éloignées ! Et pourtant, la vie repose sur leur capacité à se retrouver, à se comprendre et à s'aimer. Ils unissent alors leurs différences pour créer une famille et mettre au monde des enfants qui seront le lien intime entre l'homme et la femme.

Nous avons tous une vague notion de ce que sont le Yin et le Yang. Nous savons que plus ou moins, ils représentent les principes masculins et féminins, le bien et le mal, mais en réalité, ce sont des concepts bien plus complexes.

Le Yin et le Yang sont deux principes taoïstes, opposés et complémentaires à la fois. Ils existent en tout. Partout où peut se poser notre regard, les notions de Yin et de Yang sont présentes et régissent toute chose : dans la nature, dans les villes, au niveau des couleurs, des animaux, des attitudes, des situations, des caractères...

Pour être équilibrés, nous devrions être aussi Yin que Yang. Les personnes trop Yin peuvent être déprimées, apathiques, fatiguées, sans énergie. Au contraire, les personnes trop Yang seront hyperactives, colériques, nerveuses.

Les deux fondements principaux du Yin et du Yang sont : la transformation perpétuelle du Yin en Yang et du Yang en Yin ; la nécessité de l'équilibre entre les deux polarités aussi bien dans nos attitudes, dans notre corps, que dans notre habitat.

La transformation de l'une des polarités en l'autre a donné naissance au Yi-king. Cet art divinatoire est basé sur l'utilisation de trigrammes et d'hexagrammes qui sont composés de trois ou de six lignes continues – Yang – ou discontinues –Yin.

**La représentation du signe Yin / Yang est composé de deux couleurs, souvent le noir et le blanc, qui s'interpénètrent. Ce signe signifie que rien n'est totalement Yang ni totalement Yin, et que dans l'obscurité subsiste toujours une part de lumière, et inversement. Le Yang s'élève vers le Ciel, car il est léger et dynamique, tandis que le Yin s'affaisse vers la Terre et est stabilisateur.**

Le lien entre le Feng Shui et le Yi-king est représenté par l'utilisation des huit trigrammes dans les deux philosophies. En Feng Shui, les huit trigrammes sont disposés dans un octogone, appelé Pa Kua, et chacun représente une direction, une couleur, un membre de la famille, un caractère, un chiffre.

Dans le Yi-king, les huit trigrammes sont associés entre eux pour donner soixante-quatre hexagrammes. Le principe fondamental du Yi-king est la transformation, ou la mutation des traits Yin en traits Yang et inversement. C'est pourquoi le livre qui permet d'expliquer et de pratiquer cet art divinatoire s'appelle le livre des transformations, ou le livre des mutations. On nous explique, au fil de la lecture de cet ouvrage, que toute situation Yang se transformera pour devenir Yin. Ne dit-on pas “ Après la tempête, vient le beau temps ? ”.

On nous invite également à ne pas juger une situation comme étant “ bonne ” ou “ mauvaise ” trop rapidement, car notre vie est le jeu de mutations et de changements permanents. Toute situation difficile est suivie d'une situation moins pénible. Peut-être connaissez-vous le conte du paysan chinois ? Il définit parfaitement le sens des changements et des cycles qui régissent notre vie, du passage du Yin au Yang et du Yang au Yin, que nous retrouvons dans le Yi-king comme dans le Feng Shui. Ce conte illustre aussi le fait qu'aucune des deux polarités Yin ou Yang n'est meilleure que l'autre.

*Petite histoire :*

*Un paysan chinois avait un fils et un vieux cheval. Son fils était vaillant et courageux, et le cheval, même s'il était vieux et fatigué, lui permettait de cultiver et de labourer son champ. Un jour, le fils oublia de refermer l'enclos du cheval, qui s'enfuit. Aussitôt, les habitants du village vinrent afin de plaindre le paysan : “ Tu as perdu ton cheval, comment vas-tu labourer ton champ dorénavant ? Tu n'as plus la force et ton fils ne pourra pas, seul et sans l'aide du cheval, retourner la terre ! Quel grand malheur s'abat sur toi ! ” Et le vieux paysan, serein, de répliquer : “ Bonheur ou malheur, nul ne sait… ” Et de fait, quelques jours plus tard, le vieux cheval revînt, suivi de près par un troupeau entier de jeunes chevaux fougueux et pleins de vie. Il les entraîna dans l'enclos, que le jeune fils s'empressa de refermer. Aussitôt, les villageois arrivèrent en disant “ Vieux paysan, quelle chance tu as ! Ton vieux cheval fatigué vient de t'apporter un troupeau entier de chevaux, qui, une fois dressés, te permettront de cultiver à nouveau ton champ ! Quel bonheur pour toi et ta famille ! ”. Et le vieux paysan, tout aussi calme, de rétorquer : “ Bonheur ou malheur, nul ne sait… ” Le fils entreprit donc de dresser les chevaux. Cependant, l'un d'eux, plus rebelle, le mit à terre. Le fils se blessa grièvement à la jambe. Bien entendu, les villageois, affolés : " Comment vas-tu faire, vieux paysan, avec ton seul fils qui ne peut plus marcher ! Toi, tu es trop faible, tu ne peux plus conduire les chevaux au champ ! Quel malheur pour ta famille ! " Et le paysan, égal à lui-même : " Bonheur ou malheur, nul ne sait... ", laissant les villageois perplexes. Peu de temps après, l'armée vint à la recherche de jeunes recrues pour aller à la guerre. Évidemment, ils n'emmenèrent pas le fils du vieux paysan, dont la jambe le faisait encore souffrir. Les villageois, qui eux avaient perdu leurs fils : " Quel bonheur, ton fils n'est pas parti, et lorsqu'il sera rétabli, il pourra de nouveau t'aider aux champs. " Et pour seule réponse du vieux paysan : " Bonheur ou malheur, nul ne sait... " Et on dit que l'histoire continue ainsi, dans un perpétuel mouvement de situations...*

Vous l'avez compris, le Yin et le Yang se transforment, les cycles se succèdent dans la vie comme dans la nature et comme dans votre habitat. Accueillez donc chaque jour de votre vie, " bon ou mauvais ", comme une transition vers autre chose. Et surtout, apprenez que l'équilibre, le Tao, est source de bonheur et de sérénité. C'est ce que nous allons appréhender dans nos intérieurs. Comment le Yin et le Yang se manifestent-ils dans nos habitats, et comment équilibrer ces deux concepts ? Car un excès de l'un ou de l'autre apportera inévitablement un déséquilibre au sein de votre vie, comme pour le paysan qui ne faisait preuve ni d'excès de tristesse ou de découragement, ni d'explosion de joie, mais de confiance égale.

La base de l'utilisation du Yin et du Yang est donc l'équilibre. Dans une société, comme dans un corps et comme dans un habitat, les deux polarités doivent se neutraliser. Cela ne veut pas dire que l'on ait une quantité égale de Yin et de Yang, de toute façon, cela serait quasiment impossible, et surtout très difficile à appréhender. Allez vous asseoir dans la nature, observez et laissez-vous envahir : que ressentez-vous ? De la paix, de l'harmonie, de la sérénité. C'est parce que le Yin et le Yang sont équilibrés au sein des paysages qui n'ont pas été modifiés par l'homme. La platitude est Yin, les pics montagneux sont Yang. Un étang est Yin, la mer agitée est Yang.

Un paysage de mer est harmonieux grâce à la complémentarité de l'eau et des rochers. À la campagne, les arbres, les collines, l'herbe et les pierres s'harmonisent parfaitement. Un désert est très Yang la journée car il y fait très chaud, mais il est composé de sable Yin, et il est très froid la nuit (et la nuit est Yin). À l'inverse, l'Arctique et l'Antarctique sont très Yin car froids, mais la glace est dure et donc aussi considérée comme Yang.

Les extérieurs naturels sont donc harmonieux. Maintenant, apprenons à recréer cet équilibre dans nos maisons. Comment différencier les deux polarités dans nos intérieurs ? Comment les équilibrer ?

Le Yin représente le principe féminin, la lune, les choses cachées, les émotions, et le Yang le principe masculin, le soleil et l'action.

En Feng Shui, le Yang va être symbolisé par l'activité, le mouvement, la croissance, les lumières, le soleil, la chaleur, les couleurs vives et chaudes, la dureté des lignes et des matériaux.

Le Yin et le Yang, l'ombre et la lumière, le soleil et la lune...

En revanche, le Yin le sera par le calme, l'immobilité, le silence, l'ombre et l'obscurité, le froid, les couleurs froides, la féminité des courbes et des matériaux.

Le principe Yang est associé au ciel, tandis que le Yin est associé à la Terre.

Dans le Feng Shui, nous considérerons donc le ciel comme porteur de l'énergie du père et la terre comme porteuse de l'énergie de la mère. Le père est fort et autoritaire, il est dur et se maintient dans le changement car il est stable. C'est la force Yang dans toute sa splendeur. La mère est douce, réceptive, compréhensive et nourricière (comme la terre). Ce n'est pas par hasard que les peuples et particulièrement les Indiens d'Amérique parlent de la Terre-mère !

Prenez pour exemple un canapé. S'il est moelleux et accueillant, de couleur pastel, il sera Yin. S'il est ferme et coloré, il sera Yang. Par contre, un canapé moelleux de couleur rouge sera en même temps de polarité Yin et Yang : il est équilibré.

Pour savoir si un intérieur est plutôt Yin ou plutôt Yang, laissez-vous envahir par la sensation première lorsque vous entrez dans une pièce : plus elle est baignée de lumière, plus elle est Yang. Plus les couleurs sont vives également. Plus les lignes sont droites et dures également. Prenons l'exemple des fast-foods : les couleurs utilisées sont vives, le mobilier est peu accueillant, les formes ne sont pas arrondies. Cette configuration est dynamique mais n'incite pas à rester longtemps.

Si un intérieur est déséquilibré, toute la maisonnée en ressentira les inconvénients. S'il est trop Yang, le stress, les tensions, la mauvaise humeur s'installera. Au contraire, s'il est trop Yin (manque de lumière, couleurs sombres, tissus et moquettes), les personnes seront fatiguées et moroses. Les maisons de personnes âgées sont souvent très Yin, vous avez dû le remarquer, tout simplement parce que nos grands-parents ont besoin de repos.

Certaines pièces, selon leur utilité, devraient être plutôt Yin ou plutôt Yang. Les chambres sont des pièces de repos, il est donc préférable d'y privilégier la douceur et le romantisme (Yin). Les bureaux doivent au contraire inciter au dynamisme et au travail (Yang).

### Tableau d'exemples Yin et Yang

| | **Yin** | **Yang** |
|---|---|---|
| **Couleurs** | Bleu<br>Vert clair<br>Couleurs pastel<br>Couleurs foncées | Rouge<br>Fuchsia<br>Jaune vif<br>Vert lumineux<br>Orange |
| **Matériaux** | Tissus lourds<br>Velours<br>Bois et osier<br>Liège<br>Linoléum<br>Moquette<br>Plancher | Métal<br>Pierres et marbre<br>Verre<br>Carrelage |
| **Motifs et formes** | Ondulées<br>Arrondies<br>Douces<br>Voluptueuses<br>Rayures horizontales | Pointues<br>Triangulaires<br>Rayures verticales<br>Formes élancées<br>Formes carrées |
| **Ambiances** | Lumières tamisées<br>Canapés moelleux<br>Musique douce | Lumières vives<br>Design épuré<br>Canapés peu confortables<br>Musique forte |
| **Caractère** | Calme<br>Dépressif<br>Secret<br>Fragile<br>Émotif<br>SensibleLent | Colérique<br>Irritable<br>Intransigeant<br>Ambitieux<br>Enthousiaste<br>Joyeux<br>Énergique |

# Les Trigrammes

Les trigrammes s'organisent selon un ordre précis dans un octogone appelé Pa Kua. Cet ordre se retrouvera dans nos habitats et nous sera utile à l'analyse Feng Shui.

**TRIGRAMME CHIEN**

Le père, le créatif

Sa direction est le nord-ouest, son élément le grand métal, son chiffre est le six, le secteur représenté est celui des bienfaiteurs.

Il est composé trois lignes continues Yang, il incarne le principe masculin, le père et l'autorité, l'influence. Il symbolise le ciel, ainsi que le soleil, la lumière intense, l'énergie, la persévérance, la stabilité.

Parmi les hommes, c'est l'homme fort, le père, le chef de famille, l'homme âgé, l'homme influent.

Chien est fort, il dure, il est robuste, il se maintient dans le changement.

Son animal associé est le cheval dont la course est rapide et inlassable.

Ses couleurs sont le blanc, le gris, le doré et l'argenté.

Au niveau du corps, il représente la tête, les os, les poumons, l'esprit.

## TRIGRAMME KUN

La mère, le réceptif

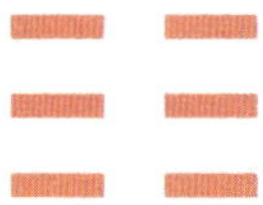

Kun est lié à la mère, au chiffre deux, au secteur sud-ouest, correspondant au mariage et à l'amour. Son élément est la terre.

À l'opposé du père (Chien) est la mère, à l'opposé des trois traits Yang sont les trois traits Yin. Le père est " dur ", la mère est " réceptive ."

Le père est l'outil en métal qui permet de travailler la terre et d'y planter les semences. Les énergies communes de Chien et de Kun donne une énergie extrêmement forte " Kun doit être conduit et activé par Chien pour réaliser au mieux tout ce qu'il a en lui. "

Kun est la puissance première, complaisante et abandonnée. Elle représente le ventre, la maternité et le matriarcat. Sa principale qualité est l'égalité, l'impartialité car elle ne connaît ni préférence ni répulsion. C'est aussi la multitude, la foule, alors que Chien représente l'unité.

Au niveau du corps, il représente l'abdomen, la rate et l'estomac.

Ses couleurs sont le jaune, le beige et l'ocre. Son animal est le buffle.

**TRIGRAMME CHEN**

Le fils aîné, l'éveilleur

Chen est lié à l'élément grand bois, à la direction est, et au chiffre trois. Le secteur correspond à celui de la santé et des aïeuls. Sa saison est le printemps.

Composé de deux lignes Yin sur une ligne Yang, il symbolise le tonnerre, le dragon émergeant des profondeurs, la phase de croissance vers le renouveau, car la ligne Yang se propulse par les deux lignes discontinues pour s'élever avec grandeur dans le ciel.

Chen est décidé et véhément. C'est la spontanéité, l'initiateur. Son reflet est le bourgeon, tant au niveau de la puissance de vie qu'il dégage, que de sa couleur vert lumineux. Il est enthousiaste mais doit être stabilisé par la force de la terre face à la fragilité relative des racines du bois.

Au niveau du corps, il représente le pied, le foie, les cheveux, la voix.

Ses couleurs : le vert lumineux, le vert tendre, le vert amande, le vert jade et le marron. Son animal est le dragon.

**TRIGRAMME SUN**

La fille aînée, le doux

Il est lié à la fille aînée, au chiffre quatre, à la direction du sud-est et à l'élément petit bois. Le secteur sud-est est celui de la prospérité. Sa saison est la fin du printemps.

À l'inverse de Chen, Sun se compose de deux lignes continues Yang sur une ligne discontinue Yin.

Il représente la forme fragile et flexible du bois : l'herbe, le roseau qui plie sous le vent.

Il est aussi appelé le vent, le pénétrant. Comme Kan, l'eau, Sun pénètre tout mais en douceur, contrairement à l'eau qui érode et désagrège tout. Le vent pénètre et visite chaque recoin, et il est le contraire de la rigidité. Comme le vent, il est indécis et pénétrant.

Au niveau du corps, il représente le bras, la cuisse, le système respiratoire, la vésicule biliaire

Ses couleurs sont le vert, le vert foncé et le marron. Son animal est le coq dont la voix perce le matin comme un vent froid.

### TRIGRAMME TUI

La jeune fille, le joyeux

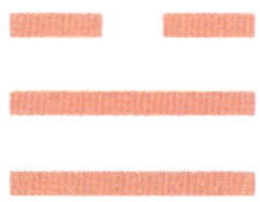

Il est lié à la plus jeune des filles, à l'élément métal, au secteur Ouest et au chiffre sept. L'ouest est le secteur des enfants, des projets, de l'avenir et des économies.

Il est également appelé le lac. À l'opposé de son frère Ken, la montagne, qui est construit d'un trait Yang (solidité) sur deux traits Yin, Tui est composé d'une ligne Yin sur deux traits Yang. Sa base est forte (Yang) tandis que son faîte est fluide et réceptif (Yin). Tui est extérieurement faible et facile à vivre (ligne Yin) mais intérieurement violent (Yang).

Il représente la forme tendre et dispersée du métal comme les pièces de monnaie (à l'opposé du métal façonnant les armes ou les outils).

Son symbole, le lac, représente une bouche grande ouverte qui se réjouit de toute chose, la joie, le plaisir, le bonheur. Étant positionné à l'ouest, son animal symbole est le tigre, et les cris de joie peuvent devenir des discussions agitées et des disputes.

C'est un trigramme favorable que l'on peut placer à l'ouest pour représenter la chance des enfants.

Au niveau du corps, il représente la bouche, la communication, la gorge, les poumons.

Sa couleur est le blanc, le doré, l'argenté et les couleurs métallisées.

**TRIGRAMME KEN**

Le jeune fils, le calme

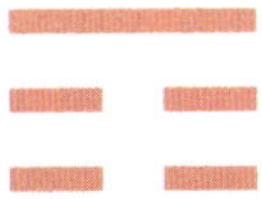

Ken est aussi la montagne et l'immobile. Il représente le jeune fils. Son élément est la petite terre, son chiffre est le huit et sa direction associée le nord-est, secteur de la sagesse et de la spiritualité. La saison de la Terre est appelée la " cinquième saison ", elle fait figure d'intersaison entre les quatre principales.

Un trait Yang surplombe deux traits Yin. Ses symboles : une force silencieuse, des attributs cachés, l'émergence de la sagesse, la contemplation.

Il représente aussi une période d'attente et de solitude. Il est attaché aux traditions et aux valeurs. Par contre, son énergie est rapide et elle déclenche le mouvement et la mutation chez les autres.

Au niveau du corps, il représente la main, les doigts, les os, le nez, la colonne vertébrale, les jambes et le ventre.

Sa couleur est le jaune clair, le beige, les ocres. Son animal est le chien symbolisant la fidélité.

**TRIGRAMME KAN**

Le fils du milieu, l'insondable

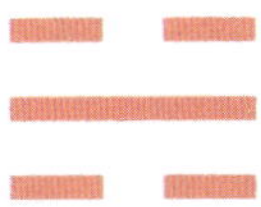

Ce trigramme, appelé aussi l'abyssal, est lié au nord, à l'eau et à l'hiver, au deuxième fils. Son chiffre associé est le un. Le nord est le secteur de la carrière.

Il est constitué d'une ligne Yang enserrée de deux traits Yin. Cette configuration montre une forte quantité d'énergie (Yang) cachée sous des dessous passifs, instables, mouvants (Yin).

L'hiver et l'eau suggèrent le froid et l'humidité, et le potentiel de la semence au repos dans un sol gelé, attendant le soleil et la chaleur pour germer.

L'eau est un élément qui a une forte faculté d'adaptation car elle prend la forme de ce qui la contient. Elle s'immisce dans toutes les porosités de la terre. Aucun obstacle ne l'arrête ou presque, car l'eau se glisse partout ou utilise l'érosion pour passer un barrage de pierres : lentement, imperceptiblement mais sûrement. Elle donne l'impression d'être dominée, mais la stratégie permet de ne subir aucune domination. Si cela ne suffit pas, l'eau se transforme, persévérante, en l'une de ses différentes formes : solide (glace), liquide, gazeuse (vapeur).

Kan n'est pas un trigramme très propice et annonce souvent l'imminence de situations dangereuses, il évoque aussi le travail persévérant, difficile et pénible.

L'insondable est l'eau et la Lune, la nuit.

La mélancolie et la pénétration sont signifiées par le trait fort dans deux traits faibles.

Au niveau du corps, il représente les oreilles, le sang, les reins. Il symbolise aussi les émotions et les sentiments cachés.

“ Méfiez-vous de l'eau qui dort ” est sa maxime. Le seul élément capable de maîtriser l'eau est la terre, en l'endiguant ou en l'absorbant. Son élément nourricier est le métal, qui en fondant devient liquide comme l'eau.

Ses couleurs sont le bleu et le noir. Son animal est la tortue.

## TRIGRAMME LI

La fille du milieu, l'attachant

☲

C'est le trigramme inverse de Kan, il est lié au sud, son élément est le feu, sa saison est l'été. Le sud est le secteur de la renommée et de la reconnaissance sociale. C'est la fille du milieu ou la fille cadette. Son chiffre est le neuf.

Il est constitué d'un trait Yin enserré dans deux traits Yang.

Son caractère est fort et inflexible en apparence mais en réalité, il est faible (l'intérieur est creux car s'y trouve un trait Yin). Il est symbolisé par la cuirasse protectrice.

Les traits Yang extérieurs symbolisent la clarté, la lumière, la sécheresse et la chaleur. Ils montrent bien la force de caractère des personnes feu. Par contre, le trait Yin dénote une certaine faiblesse et un fort besoin de reconnaissance, d'appuis sociaux, personnels et affectifs.

En hiver, tout est endormi, caché et enfoui, tandis qu'en été, tout est perceptible et dévoilé. La lumière empêche de se cacher, de se voiler. Aucune ombre ne perdure. Le feu révèle donc les vérités. Son caractère principal est la luminosité et sa propension à illuminer le monde.

Son animal est un oiseau, un faisan ou un phénix.

Au niveau du corps, il représente les yeux et le cœur.

Ses couleurs sont le rouge, le jaune vif et l'orange.

# Les cinq éléments

Troisième principe de base, c'est l'un des plus utilisé dans le Feng Shui et dans toutes les disciplines asiatiques.

En Occident, nous parlons de quatre éléments : l'eau, la terre, le feu et l'air.

Dans les philosophies asiatiques, l'air est remplacé par le bois et le métal, et nous travaillerons donc en Feng Shui avec cinq éléments : le feu, la terre, le métal, l'eau et le bois. Ils sont censés représenter toutes les matières qui existent et composent notre Univers. L'air n'est cependant pas totalement absent de notre esprit puisque Feng Shui se traduit littéralement par " eau et vent ".

Ces cinq éléments sont la clef de voûte de toute technique asiatique. Ils sont connus et utilisés en médecine et diététique chinoise, en Tai-chi-chuan...

Chaque élément peut avoir une polarité Yin ou Yang, selon son intensité ou sa présentation.

### ☯ Le feu

Le feu est Yang lorsqu'il est un four ou une cheminée. Il réchauffe toute la maisonnée, il cuit, il permet de travailler.

L'élément feu est l'élément le plus dynamique et le plus chaud du cycle de transformation. Il vivifie vos intérieurs et toutes vos activités. Il activera le secteur de la renommée au sud, mais en excès, il pourrait vous épuiser ou vous stresser. Dans vos intérieurs, représentez-le par des bougies, des lumières et du rouge.

Le feu est Yin sous forme de la flamme d'une bougie qui permet d'éclairer une pièce.

Le feu représente la chaleur, l'intelligence, le dynamisme, le magnétisme, le charisme, l'enthousiasme, la nécessité de calmer les précipitations et l'impulsivité, l'agressivité. C'est un élément unique et fort du Feng Shui et de l'astrologie chinoise.

Le trigramme qui le représente est le trigramme " Li, l'attachant ", symbolisant la force, la brillance, l'illumination, mais rempli d'un cœur moelleux, tendre et faible.

Le feu est nourrit par l'élément bois et détruit par l'eau.

### L'eau

Cet élément est l'opposé parfait du Feu, car lui-même unique et extrême.

L'eau Yang est la cascade, le fleuve ou la rivière après une grosse pluie, la fontaine selon son débit.

L'eau symbolise directement l'énergie de l'argent en Feng Shui. Elle doit cependant être en mouvement pour activer le Chi. Utilisez donc une fontaine, un bassin, ou des représentations de rivière, de fleuve, de cascades. La couleur bleue représente l'eau. Par contre, comme le feu, elle ne doit pas être présente avec excès autour de vous car elle défavorise la communication avec les autres et l'extériorisation des émotions.

L'eau Yin est l'étang, le filet d'eau calme, les eaux stagnantes.

Elle symbolise la communication lorsqu'elle est présente dans les bonnes proportions, le voyage, le déplacement, les émotions et la spiritualité. C'est un élément plus introverti que le feu, mais beaucoup plus dangereux car il peut exploser sans prévenir, tel un geyser.

Le trigramme qui représente l'eau est " Kan, l'insondable ou l'abyssal ", et il symbolise, tout à l'opposé de Li pour le feu, la faiblesse apparente et la dureté intérieure. Ce trigramme est bien défini par la phrase " Méfiez-vous de l'eau qui dort. " Il symbolise également l'imminence d'un danger.

L'eau est nourrie par le métal et détruite par la terre.

### ☯ La terre

La terre Yang est le rocher alors que la terre Yin est le sable, le sol fertilisé, les cailloux.

L'élément terre est représenté par les pierres, les cristaux, la céramique, l'argile et par la couleur jaune ou orange clair. Il favorise la stabilité et l'ancrage.

C'est un élément qui n'aime pas le changement, c'est un traditionaliste, peu attiré par la nouveauté. C'est l'élément du travail et du labeur. Élément entêté, il est difficile à faire bouger, son symbole étant le rocher ou la maison familiale construite avec des pierres.

L'un des trigrammes qui le représentent est le trigramme " Kun ", appelé le réceptif, symbolisant la mère, la maternité, la douceur féminine, la réceptivité. L'autre trigramme, " Ken, le calme ", symbolise l'émergence de la sagesse, les trésors cachés, la force silencieuse.

La terre est produite par l'élément feu et est détruite par le bois.

### Le métal

Le métal Yang est l'arme et l'outil, tandis que le métal Yin est le bijou en or ou en argent, ou encore la petite pièce de monnaie.

L'élément métal est représenté par tous les objets en métal, et par les couleurs dorées, argentées, le blanc et le gris. Ici, une cloche et un bol tibétains utilisés en Asie pour la purification des lieux et pour la méditation. Ils sont tous deux composés d'un alliage de métaux spécifiques qui leur donne un son très pur et très puissant.

Le métal est un élément battant, il a une relation importante avec les richesses et l'agressivité. C'est aussi parfois un élément de sensibilité et de tristesse.

Lorsqu'il est représenté par le trigramme " chien ", appelé aussi le créatif, il est Yang, c'est le trigramme du père, dur, autoritaire, persévérant et stable. L'autre trigramme qui le représente est Yin et s'appelle " Tui, le joyeux ", trigramme des enfants, qui sont joyeux, bavards, capricieux.

Le métal est nourrit par la terre et détruit par le feu.

### Le bois

Le bois Yang est l'arbre fort et puissant, le bois Yin est l'herbe folle et flexible.

Le bois est relié à la créativité, à la création, à la colère, et à la parole : il a besoin de communiquer pour évacuer les tensions, et s'il ne peut pas le faire, il explose facilement de colère. Son énergie est celle de la croissance.

Le bois est l'élément de la croissance, du dynamisme renouvelé, de la santé et de la richesse. Il est représenté par les plantes comme les bambous, les meubles en bois, le plancher et la couleur verte.

Les trigrammes qui le symbolisent sont “ Sun, le doux ”, indécis comme l'herbe fragile balancée par les vents et pénétrant, et “ Chen, celui qui s'éveille ”, décidé et véhément comme l'arbre fier qui résiste aux vents, à l'opposé de Sun, prêt à jaillir et à s'élancer vers le ciel comme un dragon.

Le bois est fortifié par l'élément eau et détruit par le métal.

# Le cycle de transformation des cinq éléments

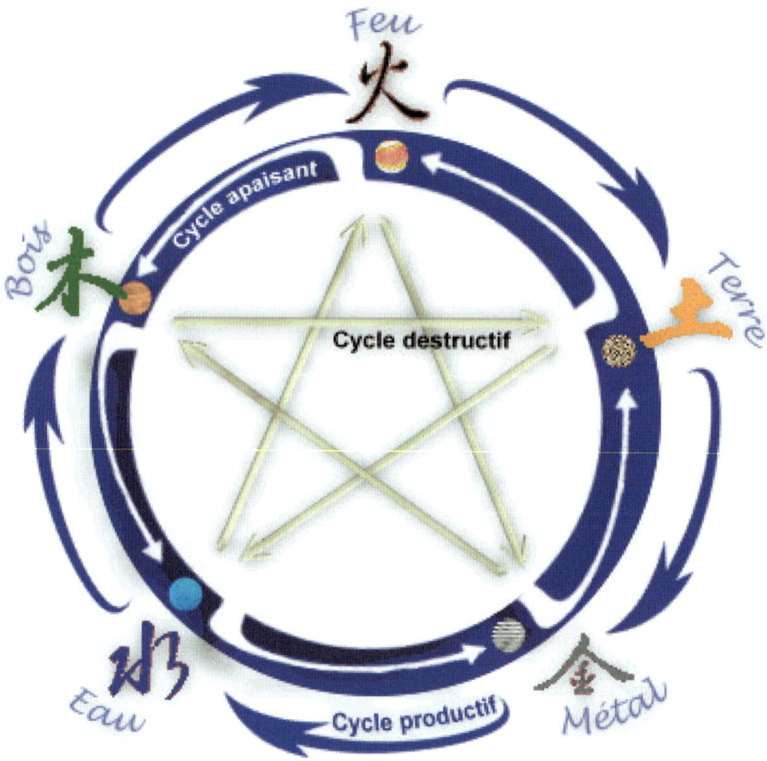


Les cinq éléments, le feu, la terre, le métal, l'eau et le bois sont la clef des philosophies asiatiques. Ils s'inscrivent dans un cycle de transformation qui possède trois sens : productif (sens des aiguilles d'une montre), apaisant (inverse du sens des aiguilles d'une montre) et destructif (en étoile au centre du cycle). Chaque élément agit sur plusieurs autres éléments, tout se transforme et rien ne se crée !

La connaissance et la compréhension des éléments et de leur cycle de transformation vont permettre d'activer ou de réactiver un Chi faible, de calmer un Chi trop vigoureux ou de neutraliser un Chi néfaste. Ces éléments s'inscrivent dans un cycle de transformation, qui comprend trois sens :

☯ Le **cycle productif, ou nourricier**. Il se déplace dans le sens des aiguilles d'une montre, et sera utilisé pour activer et favoriser le Chi.

Le feu produit la terre, car en brûlant, il fournit des cendres qui serviront à fertiliser le sol.

La terre produit le métal, car le métal est extrait de la terre dans les mines.

Le métal nourrit l'eau, car une eau minérale est riche de la présence de ses minéraux.

L'eau produit le bois, car une plante grandit lorsqu'on l'arrose.

Le bois produit le feu, car on alimente ce dernier en ajoutant des bûches.

Chaque élément précédant le suivant dans le cycle est appelé élément parent, et le suivant, élément enfant. Ainsi, par exemple, le bois est l'enfant de l'eau qui le nourrit. Deux éléments qui se situent dans la relation parent-enfant sont en harmonie. Ceci est valable pour deux personnes qui se rencontrent, mais également pour deux éléments présents dans un endroit adéquat dans un habitat.

☯ Le **cycle apaisant**, qui va dans le sens inverse des aiguilles d'une montre. Il sera utilisé pour calmer une énergie trop forte ou trop présente.

D'après l'explication précédente, nous sommes encore dans la relation parents-enfant, mais dans le sens de l'apaisement. Le parent nourrit l'enfant, et l'enfant prend son essence chez son parent. Imaginez une mère qui donne tout ce qu'elle a à son enfant, qui peut parfois se sentir épuisée par cet amour qu'elle distribue sans compter, mais qui, la plupart du temps, puise sa force auprès de sa progéniture.

☯ Le **cycle destructif**, représenté par l'étoile centrale. On l'appelle également **cycle de contrôle** ou de **maîtrise**. Il va être utilisé pour détruire un Chi trop violent ou néfaste, comme venant d'une structure hostile par exemple (nous verrons comment contrôler l'énergie venant des flèches empoisonnées dans le chapitre correspondant).

Le feu détruit le métal en le faisant fondre et en destructurant sa forme de base.

Le métal détruit le bois comme une scie ou un outil le coupe.

Le bois détruit la terre en arrachant ses éléments nutritifs et en l'appauvrissant.

La terre détruit l'eau en la transformant en boue et en la polluant, la rendant impropre à la consommation, mais aussi en l'endiguant.

L'eau détruit le feu en l'éteignant, créant par là un nuage de vapeur.

La destruction est une réaction forte, qu'il ne faut utiliser dans un intérieur qu'avec parcimonie. Par exemple, même si une cheminée est placée défavorablement (comme dans un secteur métal qui sera donc détruit par la présence du feu de la cheminée), on ne placera pas une fontaine en espérant " effacer " l'effet du feu. On créerait alors un conflit trop important qui risquerait de déséquilibrer totalement le secteur. On placerait alors dans ce cas plutôt l'élément apaisant, comme la terre qui calme le feu, et qui nourrit dans un même temps le métal du secteur.

Cependant, étant donné que la philosophie asiatique prône l'équilibre et l'harmonie, nous pouvons constater que la destruction n'est pas irréversible.

– Le feu ayant fait fondre le métal, avec le temps, ce dernier refroidit et reprend sa dureté initiale.

– Le métal détruit le bois, mais le bois sera réutilisé soit pour le chauffage, soit pour la construction d'une charpente, soit pour fabriquer des meubles.

– Le bois ayant appauvri la terre, il est toujours possible de la fertiliser de nouveau (notamment en mettant des cendres provenant de l'élément feu).

– La terre, après avoir pollué l'eau, va se déposer et redonner à l'eau sa clarté, qui pourra de plus être filtrée pour être de nouveau potable.

– La seule exception est la destruction du feu par l'eau : une fois le feu éteint, il n'existe plus... Mais le phénix, symbolisé par le feu renaît bien de ses cendres.

Il est d'ailleurs étonnant de constater cette exception, car le cycle des éléments permet, en outre, d'expliquer certaines relations avec autrui. Lors d'une consultation, la première chose que nous faisons est d'essayer d'établir et de comprendre la relation qui existe entre les membres de la famille, et principalement les époux. Nous verrons, dans le chapitre concernant le chiffre Kua, comment déterminer votre élément.

L'idéal, dans une relation entre deux personnes, est qu'elles soient ou du même élément (relation d'identité) ou dans une **relation de parent-enfant** en terme d'éléments.

La **relation d'identité** est par contre à double tranchant. On dit souvent " qui se ressemble s'assemble ", mais l'on dit aussi que " les opposés s'attirent ". En effet, par exemple, deux personnes de l'élément feu peuvent, si leur personnalité est bien gérée, s'entendre à merveille, faire de grands projets, et surtout ne jamais s'ennuyer. Par contre, deux feux peuvent aussi se déchirer, si chacun reste sur ses positions.

La **relation parent-enfant** est une des relations les plus connues en Feng Shui dans les couples. On rencontre par exemple souvent une femme terre avec un homme métal, ou un homme feu avec une femme terre... L'un des conjoints donne un peu plus que l'autre, mais la relation est globalement équilibrée.

Par contre, d'une manière générale, deux personnes qui sont dans une **relation de destruction** par rapport au cycle des transformations ont des relations plus tendues et plus difficiles. Cela ne veut pas dire qu'elles ne peuvent pas vivre ensemble, car beaucoup de paramètres entrent en jeu. Cependant, parmi les consultations faites, nous avons constaté beaucoup de couples dans ce cas (par exemple l'époux feu et l'épouse métal), mais encore jamais deux époux dont l'un est feu et l'autre est eau. Ce cas de figure est en effet très rare, car les personnes feu sont à l'opposé des personnes eau, et ce sont deux caractères aussi forts l'un que l'autre, mais qui sont en relation très forte de destruction.

Entre les éléments qui se détruisent existe un élément " tampon " qui, introduit entre les deux, va permettre la reconstruction d'une partie du cycle, et ainsi recréer l'harmonie et l'équilibre. Par exemple, la terre détruit l'eau, et l'élément tampon est alors le métal. Celui-ci va permettre de fortifier l'eau affaiblie et de calmer la terre trop forte.

De même, nous voyons encore l'importance de l'équilibre en toute chose, que les Asiatiques appellent le Tao ou la voie du milieu. Aucun des éléments n'est négatif, et en aucun cas il ne faut chercher à éliminer totalement un élément du cycle. Sinon, le cycle serait en déséquilibre, et l'harmonie rompue. Prenons l'exemple d'une absence de bois. N'étant plus présent, il ne produira plus le feu. Le feu s'épuisant, il ne contrôlera plus le métal. Le métal prenant alors de la force, il finira par détruire le bois restant et empêchera même son renouvellement. Mais rien ne produisant plus la terre, puisque le feu a disparu, la terre disparaît à son tour, et après avoir pris une très grande force, le métal s'épuise également. L'harmonie est donc fragile, tant au niveau du corps que de notre habitat. Nous verrons qu'au niveau du Feng Shui, même si un secteur est d'un élément, il n'est pas question d'éliminer tous les autres éléments, mais bien de nuancer de manière à arriver à l'équilibre des cinq.

# Correspondances entre les éléments et les différentes techniques asiatiques

Chaque élément correspond à plusieurs critères. Le tableau suivant les résume et permet de comprendre qu'en médecine chinoise, on pourra rééquilibrer un organe déficient, en introduisant, par exemple l'élément parent ainsi que l'élément manquant au niveau, entre autres, de la nourriture.

Par exemple, si le foie, élément bois, est déficient, on introduira les éléments bois et eau grâce à la nourriture et aux connaissances en diététique chinoise, mais on peut également stimuler cet élément par d'autres techniques, par l'acupuncture et bien sûr, le Feng Shui. Les saisons jouent également un rôle au niveau de notre bien-être, puisqu'elles sont représentées aussi par les éléments. Par exemple, pendant le printemps, l'élément prédominant est le bois et l'élément absent sera le métal. Ces données peuvent permettre de rééquilibrer les déficiences chez une personne. L'élément bois étant celui du foie dont le sentiment associé est la colère, on pourra expliquer certains états du patient. Vous l'avez compris : toutes ces disciplines sont intimement liées, et l'on comprend, d'une part, pourquoi un médecin chinois tient compte du Feng Shui, et d'autre part, la complexité et la portée de la sagesse chinoise.

| | Bois | Feu | Terre | Métal | Eau |
|---|---|---|---|---|---|
| | **Correspondances utilisées dans les disciplines asiatiques** | | | | |
| **Saison** | Printemps | Été | Intersaisons | Automne | Hiver |
| **Goût** | Aigre | Amer | Sucré | Poivré | Appétissant |
| **Forme** | Rectangulaire en hauteur | Triangulaire et pointu | Carré et rectangulaire horizontal | Rond et ovale | Ondulé |
| **Organe du corps** | Foie | Cœur | Intestins | Poumons | Reins |
| **Partie du visage** | Yeux | Langue | Bouche | Nez | Oreilles |
| **Sens** | Vue | Toucher | Goût | Odeur | Ouïe |
| **Sentiment** | Colère | Bonheur | Introspection | Chagrin | Peur |
| | **Correspondances utilisées en Feng Shui** | | | | |
| **Couleur** | Vert | Rouge | Jaune | Blanc | Bleu |
| **Direction** | Est | Sud | Centre | Ouest | Nord |
| **Animal céleste** | Dragon | Phénix | Serpent | Tigre | Tortue |

# Les cinq éléments au service du Feng Shui

Dans le Feng Shui, chacun des éléments est représenté, nous l'avons vu, par une couleur et par une direction. Nous allons affiner ces correspondances afin de comprendre comment les utiliser dans notre habitat, grâce au Feng Shui.

## Les Cinqs Éléments

| | FORMES | MATIÈRES | COULEURS | SECTEURS |
|---|---|---|---|---|
| FEU | Triangulaires et pointues | Lumières (halogène, abat-jour, appliques), bougie, sources de chaleur : four, cheminée, poêle à bois, radiateur | Couleurs chaudes, vives ou profondes comme le rouge, le bordeaux, le jaune vif, l'orange, le fuchsia | Sud |
| TERRE | Carrées et rectangulaires horizontales, rayures horizontales | Pierres, galets, cristaux, céramiques, porcelaines, argile, poteries, jarres, sculptures, briques, représentations de montagnes | Beige, jaune clair, couleurs pastel, orangé, ocres orange et jaune, rose clair, sable, coquille d'œuf, blanc cassé | Nord-est, centre et sud-ouest |
| MÉTAL | Rondes et ovales | Or, argent, bronze, étain, cuivre, inox, aluminium, sculptures en fer, fer forgé, pièces de monnaie, coupes et coupelles métalliques, carillons métalliques | Blanc, gris, doré, argenté, couleurs métallisées | Nord-ouest et ouest |
| EAU | Ondulées et irrégulières, en vagues | Fontaines, bassins, piscines, images d'eau (cascades, rivières...) | Bleu : bleu électrique, bleu indigo, bleu ciel, bleu nuit, bleu lavande, bleu turquoise, noir | Nord |
| BOIS | Rectangulaires en hauteur, rayures verticales | Meubles et sculptures en bois, osier, plantes, bambou, fruits, arbres, fleurs | Verts : vert pomme, vert amande, vert anis, vert billard, vert jade, vert turquoise... et marron | Est et sud-est |

## Comment utiliser les éléments pour harmoniser votre Feng Shui ?

Chaque secteur de la maison est représenté par un élément qui lui est propre. L'élément de ce secteur devra en général être favorisé, mais des adaptations sont nécessaires selon la pièce. On travaillera différemment selon que l'on se trouve dans les sanitaires, la cuisine, la chambre ou le salon. C'est ce que nous appréhenderons tout au long de ce livre.

En théorie, pour activer un secteur, il faudra utiliser l'élément du secteur et son élément parent. Par exemple, pour activer le secteur sud, secteur de l'élément feu, vous placerez du feu et son élément parent, le bois. Vous placerez donc de belles lumières, une tenture rouge et de belles plantes par exemple. Si le secteur à activer est l'est, secteur d'élément bois, vous placerez du bois et son élément parent, l'eau. Placez alors des meubles en bois, un plancher, ou une fontaine.

Pour symboliser l'élément eau dans vos intérieurs, choisissez des fontaines comme celle-ci. Elles sont maintenant faciles à se procurer, à installer, et le choix est important. Changez l'eau régulièrement, elle doit rester claire et propre car elle apporte dans votre habitat l'énergie de l'argent. Cette fontaine sera très active au sud-est par exemple. Le Chi s'apparente à un mouvement d'eau.

Par contre, à l'inverse, si vous avez besoin de calmer une énergie trop présente, par exemple une cheminée dans un secteur sud déjà fort en feu, vous placerez l'élément enfant du feu, à savoir la terre : une belle jarre, des poteries, pour calmer l'élément feu.

Bien sûr, ressentir l'importance de ces éléments et surtout la quantité ou l'élément à utiliser demande de la pratique, de l'habitude et de l'expérience. C'est avec le temps que nous arrivons à travailler notre ressenti et à appréhender les éléments nécessaires ou non à un secteur. De même, en théorie, il est assez facile de comprendre les notions de Yin et de Yang, mais dans un intérieur, et devant certains objets, il n'est pas toujours aisé d'en saisir la subtilité. Pour un objet, comme pour une pièce ou un habitat entier, fiez-vous à votre ressenti afin d'en déterminer la polarité : que vous inspire le lieu ou l'objet en question ? Calme, sérénité, dynamisme, équilibre ?

Chaque élément (feu, terre, métal, eau et bois) peut être activé par une couleur spécifique. Par exemple, le Feu sera activé par la couleur rouge tandis que la terre le sera par le jaune, et l'eau par le bleu. On peut symboliser ces couleurs par différents objets comme des bouquets de fleurs.

N'oubliez pas : en Asie, une personne ne devient maître en Feng Shui, comme dans toutes les disciplines asiatiques, qu'au bout de nombreuses années de pratique, d'erreurs, d'expériences, de tests. Ce n'est pas sur simple diplôme que l'on devient maître ! D'autant que la pensée asiatique est très particulière. Elle est basée sur l'apprentissage par la connaissance puis la patience et la pratique. Souvent, le disciple suit le maître et doit juste l'observer jusqu'à saisir ses gestes, pour les comprendre profondément et les intégrer parfaitement.

En Occident, nous avons besoin de décortiquer, analyser, mesurer, le Feng Shui vous demande au contraire de comprendre puis de ressentir, de suivre votre intuition et de vous écouter !

## Calcul du chiffre Kua et correspondances avec les éléments de la famille

Chaque personne a son propre chiffre Kua et son élément personnel. Ces données vous permettent de connaître vos directions personnelles favorables et néfastes, et ainsi de vous positionner dans votre espace.

Avant tout, apprenez à calculer votre chiffre et celui de vos proches. Ce calcul est différent selon les hommes et les femmes, et il se fait à partir de l'année de naissance.

## CALCUL DU CHIFFRE KUA

<table>
<tr><th>Pour les hommes</th><th>Pour les femmes</th></tr>
<tr><td>• Additionnez les deux derniers chiffres de votre année de naissance<br>• Si le résultat est supérieur à 9, réduisez en additionnant les deux chiffres<br>• Soustrayez le résultat obtenu à 10<br><br>Exemple<br>1965<br>6 + 5 = 11<br>1 + 1 = 2<br>10 -2 = 8<br><br>Le chiffre Kua est 8.</td><td>• Additionnez les deux derniers chiffres de votre année de naissance<br>• Si le résultat est supérieur à 9, réduisez en additionnant les deux chiffres<br>• Additionnez le résultat à 5<br>• Réduisez si le chiffre est supérieur à 9<br><br>Exemple<br>1959<br>5 + 9 = 14<br>1 + 4 = 5<br>5 + 5 = 10<br>1 + 0 = 1<br><br>Le chiffre Kua est 1.</td></tr>
<tr><td>Si le chiffre obtenu est 5, les hommes utiliseront le chiffre Kua 2<br><br>NB : Pour les garçons nés à partir de l'année 2000, déduire de 9 et non plus de 10.</td><td>Si le chiffre obtenu est 5, les femmes utiliseront le chiffre Kua 8<br><br>NB : Pour les filles nées à partir de l'année 2000, ajouter à 6 et non plus 5.</td></tr>
<tr><td colspan="2">Attention : il est nécessaire d'adapter votre année de naissance, car les années chinoises ne commencent pas au même moment que la nôtre. Pour cela, reportez-vous au tableau des années. Cette remarque concerne les personnes qui sont nées en début d'année. Par exemple, un homme né le 21 janvier 1969. Reportez-vous au tableau en annexe : l'année 1969 a commencé le 17 février. L'homme devra donc prendre pour année de naissance l'année 1968.</td></tr>
</table>

## ÉLÉMENTS ET PERSONNALITÉS

Une fois votre chiffre Kua obtenu, reportez-vous au tableau suivant afin de déterminer votre groupe, sur lequel nous allons revenir, et votre élément.

| Votre chiffre Kua | 1 | 2 | 3 | 4 | 5 | 6 | 7 | 8 | 9 |
|---|---|---|---|---|---|---|---|---|---|
| Votre élément | Eau | Terre | Bois | Bois | Terre | Métal | Métal | Terre | Feu |
| Votre groupe | E | O | E | E | / | O | O | O | E |

***Votre personnalité en fonction de votre élément***

Voici quelques indications sur les grands traits du tempérament de chaque élément. Il est possible que vous ne vous y reconnaissiez pas, mais il est évident que l'éducation, le pays d'origine, la culture, les expériences que vous avez vécues, vous façonnent et beaucoup de paramètres entrent en ligne de compte pour vous définir !

Il existe une technique complémentaire : les quatre piliers, qui consiste à déterminer quatre éléments supplémentaires en fonction de la date et heure de naissance des personnes. Nous ne l'aborderons pas ici, car le calcul est complexe et son utilisation encore plus !

### Personnes de l'élément bois

Les personnes de l'élément bois sont bercées par la créativité et leur côté artistique. Ce sont des personnes altruistes qui sont à la recherche de la construction d'un monde meilleur, et elles sont pour cela des précurseurs, des chefs, des gestionnaires.

☯ **Chiffre 3** : c'est un vrai rêveur, un artiste dans l'âme. Il a toujours de bonnes idées mais s'entoure de personnes qui vont l'aider à terminer des tâches qu'il n'aura pas envie de finir. C'est un idéaliste, il rêve de justice. Il a besoin de mouvement et d'idées pour se stimuler. Il est fiable mais peut changer facilement d'idées et d'humeur. Il n'aime pas être dirigé ni conseillé, bien qu'il écoute toutes les remarques. Il est sensible, romantique, émotif. Il n'aime pas se livrer complètement car cela crée chez lui un sentiment d'insécurité et de vulnérabilité. Il fonctionne plus avec le cœur qu'avec l'esprit. Il a un ressenti très développé et s'en sert dans sa vie de tous les jours. Le 3 se réalisera dans un métier qui fait appel à ses émotions, dont il pourra se servir pour le bien d'autrui. Il doit pouvoir s'engager complètement pour respecter sa nature profonde. Il agit souvent à la dernière minute et cela semble lui convenir.

Le sentiment du bois étant la colère, en faiblesse, les personnes 3 vont exploser en agressivité. Elles vont être irritables, intransigeantes, maniaques.

☯ **Chiffre 4** : il préfère suivre les autres et leurs idées, et va pouvoir faire vivre leurs projets. Il est plus doux, réceptif, plus féminin que le 3. Il a besoin plus que tout autre chiffre de communiquer, d'exprimer ses idées, ses suggestions, ses sentiments. Il est plus lent que le 3, il a besoin de réflexion avant de s'élancer. C'est également un humaniste épris de justice. Il peut présenter une certaine naïveté et sa qualité première est le naturel avec lequel il vit sa vie. Le 4 est souvent attiré par l'artistique, l'harmonie, le beau. Il a du mal à terminer les tâches commencées, mais il s'enrichit de toutes les expériences qu'il vit pleinement. Il doit travailler la tolérance et la patience. Les voies spirituelles lui permettent d'expulser ses émotions.

Comme tous les bois, il est compatissant, bienveillant, émotif, changeant.

Déséquilibré, il se sent obligé de contenir sa colère et ses frustrations, ce qui se traduit par des contractures et courbatures.

En excès, le bois rend la personne trop rêveuse et en dehors de la réalité, souvent frustrée et en colère.

### Personnes de l'élément feu, chiffre 9

Comme les personnes eau, elles sont un peu à part, car un seul chiffre les représente, alors que tous les autres éléments sont représentés par deux chiffres.

Les “ feu ” ont un esprit rapide et alerte. Ils n'aiment pas l'ennui et peuvent s'éteindre s'ils sont entourés de personnes non motivées ou qui les empêchent de rester passionnés et enthousiastes. Ils ont la volonté et la détermination pour réussir. Ils peuvent, pour certains, être ambitieux au point de ne pas tenir compte du rythme des autres. Ils ont une forte capacité d'analyse des situations et des données. Ils sont stimulants pour leur entourage car apportent beaucoup d'idées nouvelles. Ils détestent ce qui est caché et peu clair, puisque le feu illumine. Ils s'ennuient facilement et aiment l'activité physique ou professionnelle. En Feng Shui, le feu évite le Chi stagnant, et dans sa vie quotidienne, la personne feu fait de même. Ce sont des personnes qui aiment la foule, elles aiment se montrer, voire se donner en spectacle. Elles ont généralement beaucoup d'humour. Ce sont des personnalités attirantes et attachantes, et elles aiment entretenir leur public.

À l'excès, certains feu pourront montrer de l'agressivité et même pratiquer la dictature sociale ou familiale, d'autres, plus Yin, arriveront à leurs fins par le rire et l'humour, leur manière à eux de séduire leur public et d'éviter les guerres. Ils peuvent être en état d'agitation permanente, ce qui épuise leur entourage.

Parfois, ils peuvent s'autodétruire, se fatiguer, s'isoler des autres.

### Personnes de l'élément terre

Le caractère principal des personnes terre vient de leur solidité, de leur enracinement comme un rocher ou une maison de pierre. Ce sont des personnes fiables et têtues, assez traditionalistes. Elles sont capables d'abattre des travaux de très grande ampleur. Ce sont des personnes spirituelles qui ont besoin du calme de la campagne.

☯ **Le chiffre 2**, qui représente la grande terre ou la terre Yang est symbolisée par une forteresse, une construction solide. Ces personnes aiment protéger, et pour cela se retranchent derrière des remparts solides, voulant y mettre à l'abri leurs proches. Elles posent un regard tendre et maternel sur les autres. Elles sont plutôt conciliantes et s'adaptent facilement. Dans le Feng Shui, le 2 représente la terre sous sa forme dispersée : le gravier, les petites pierres, la poussière, le sable. Il peut se sacrifier pour le bien de sa famille. Le Sud-ouest étant aussi le secteur des relations affectives et amicales, les personnes 2 ont un fort besoin de rapports sociaux pour partager idées et stimulations. Elles préfèrent le travail en groupe.

Les 2 savent tenir une maison et recevoir, et ce sont souvent des personnes qui aiment la discussion. Elles sont généralement diplomates et savent faire les médiateurs.

S'il est fragilisé, le 2 va ruminer, pas étonnant lorsque l'on sait que l'organe correspondant est l'estomac ! Il sera inquiet et angoissé, notamment sur les questions du passé. Il peut être fier et arrogant.

☯ **Le Chiffre 8**, petite terre ou terre Yin est représenté par la terre à l'état naturel : les pierres imposantes, la montagne, les racines culturelles. Il aime s'occuper de son jardin, et s'il n'en a pas un réel, de son jardin intérieur. Il aime induire le changement chez les autres en se fondant sur les acquis de chacun. Il aime les traditions mais est capable de vouloir changer le monde en se plaçant en révolutionnaire. C'est un penseur, il a une grande capacité de réflexion et de concentration. En tout, il aime aller en profondeur et analyser le pourquoi du comment. Il est généralement posé et persévérant, il sait mener à bien un projet. Même s'il aime le contact social et les autres, il ne parlera que rarement de son jardin intérieur, et peut devenir violent pour préserver son intimité. Comme la montagne, il cherche la stabilité et la sécurité.

Comme le 2, en déséquilibre, il ressasse le passé et a tendance à stagner. Il développera des sentiments d'angoisse, d'anxiété, de doutes.

☯ Si, lorsque vous avez calculé votre chiffre Kua, vous avez trouvé le 5, vous l'avez normalement transformé en 2 ou en 8 selon que vous êtes un homme ou une femme. Cependant, ce chiffre confère une personnalité propre au 5, qui est un mélange entre le 2 et le 8. Il symbolise, étant placé au centre de la maison, la stabilité et l'ancrage. Sa position centrale le rend très réceptif aux influences extérieures et le rend très influent auprès des autres. Il peut aussi bien être compatissant et réceptif, que s'autodétruire et chercher à dominer les autres. Il devra chercher sans cesse son équilibre entre deux personnalités opposées. Il sera toujours, pour lui et pour les autres, un catalyseur et un médiateur, un point central. Cette responsabilité peut parfois lui peser et il devra en même temps cultiver l'humilité.

**Personnes de l'élément métal, chiffres 6 et 7**

Le métal est généralement ambitieux, il fait un très bon chef d'entreprise ayant du mal à imaginer travailler pour quelqu'un.

☯ **Chiffre 6** : c'est un principe, pour lui, de réussir et d'atteindre le plus haut rang de l'échelle, et si possible avant les autres ! C'est le chiffre du père, de l'autorité, de la stabilité, de l'endurance et de la force de caractère. C'est peut-être l'élément le plus condensé en énergie, ce qui peut le rendre rigide. N'oublions pas que son élément métal symbolise la dureté et la solidité. Il transige rarement. Il a de grandes capacités intellectuelles et il est plutôt serein. Il sait tirer parti du passé et ses expériences se transforment en un potentiel dynamique. Face aux situations bloquées comme aux personnes fermées, il sera intransigeant et tranchant comme une épée. Il peut même lui arriver d'être blessant, ne supportant pas les esprits étroits et basiques. Ayant l'esprit vif et alerte, il a parfois du mal à accepter l'ignorance car il a un sens aigu de la justice. Dans le travail, il devra cotoyer des personnes aux idéaux élevés, sinon, il préférera être chef ou seul. Il prendra facilement le poste de dirigeant et sera apprécié de ses collaborateurs. Les 6 ont besoin de défis. Ils aiment les voyages et sont capables de se lancer de grandes aventures. Ils évolueront facilement dans le monde matériel et financier, puisque la monnaie est leur élément. Ils peuvent, comme le 2 de l'élément terre (la mère), se sacrifier pour le bien-être de leur famille.

En déséquilibre, ils seront arrogants et blessants, pour ensuite se plonger dans la tristesse, voire la dépression. Ils se sentiront alors vulnérables, ce dont ils n'ont pas l'habitude et qu'ils supportent mal.

☯ **Chiffre 7** : pour lui, réussir, c'est l'assurance de pouvoir profiter tranquillement de ses gains, et de recevoir des compliments. C'est le chiffre du petit métal, celui de l'enfant de trigramme " Tui ", heureux de toute chose et bavard. Il a un côté plus réceptif et moins dur que le métal 6. Il est enthousiaste et optimiste, il aime les autres. II est généreux. Le 6 a un esprit alerte, pour le 7, ce sont les sens. Il aime les exalter par de bons repas, de la bonne musique, des soirées entre amis. Sa qualité est sa ténacité à convaincre. Il est moins rigoureux que le 6, mais peut lui aussi devenir un bon dirigeant. Il est moins intransigeant que le grand métal, et il est assez émotif et altruiste. II saura s'adapter aux circonstances. Il est téméraire, et il aime entreprendre pour aller au bout d'un projet.

En déséquilibre, il sera nostalgique et triste, et aura l'impression de porter un fardeau trop lourd pour ses épaules. Tant qu'il n'en sort pas, son intérêt pour autrui se transformera en indifférence.

**Personnes de l'élément eau, chiffre 1**

Un seul chiffre les représente, ce qui en fait, comme les personnes feu, des personnalités uniques. L'eau est un élément mouvant, imprévisible, purificateur. Les personnes eau aiment donc le voyage, la communication, les affaires. Elles ne sont pas, cependant, des aventurières, elles préfèrent les voyages organisés. Leur trigramme “ Kan ” nous indique que ces personnes, en surface, sont faciles à approcher, elles communiquent facilement mais rarement en profondeur. Elles s'adaptent facilement à toutes les situations, donnant une impression extérieure de faiblesse, mais en fait, elles ne supportent aucune forme de domination, et l'adaptation est leur stratégie pour s'échapper ! Cette faculté les rend très curieuses de tout.

Face aux conflits, elles éclatent rarement de colère, mais réagissent plutôt par l'indifférence. Leurs émotions passent plutôt par l'analyse et l'intellect, parfois trop ! Elles aiment ce qui est caché, profond, enfoui. Par contre, la colère de l'eau, si elle est déclenchée, est rapide (comme l'explosion d'un geyser), puissante et dévastatrice.

Les personnes eau possèdent souvent plusieurs visages comme l'eau peut se présenter sous différentes formes : liquide, solide, gazeuse.

En temps normal, les personnes eau sont courageuses et inflexibles, elles sont même capables d'aller jusqu'à l'épuisement. Par contre, si elles ont puisé dans leurs réserves énergétiques au point de les vider, elles seront paralysées par la peur, l'angoisse, le doute. Elles se figent et peuvent aller à leur perte par immobilisme, ce qui est totalement l'inverse de leur nature.

L'eau doit donc trouver sa propre expression professionnelle, loin des contraintes.

La plupart des personnes eau ont une très forte sensibilité aux énergies.

## GROUPES D'EST ET D'OUEST

Il existe deux groupes dans lesquels se répartissent les éléments : le groupe est comprend les éléments eau, bois et feu ; donc les chiffres 1, 3, 4 et 9.

Le groupe ouest comprend les éléments terre et métal, donc les chiffres 2, 6, 7 et 8.

Les personnes du groupe est auront les quatre même directions favorables : est, sud-est, nord et sud, et pour les personnes du groupe ouest, ce sont les quatre autres directions qui leur seront favorables : ouest, nord-ouest, sud-ouest, nord-est.

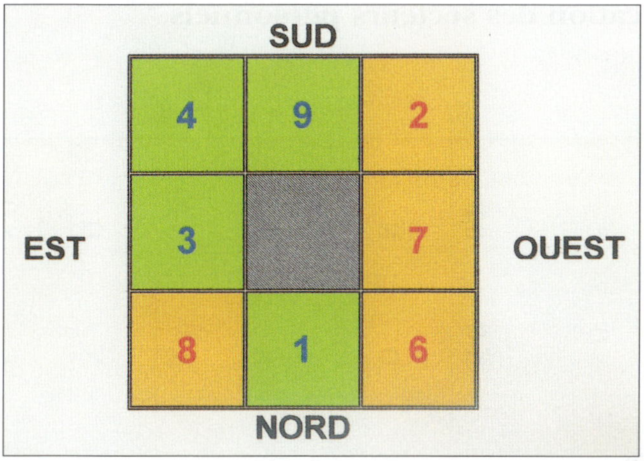


Selon votre chiffre, vous appartenez au groupe est ou au groupe ouest. Cela permet de connaître les directions qui vous sont favorables ou défavorables, et de savoir quel type d'habitat vous est favorable.

**DIRECTIONS PERSONNELLES FAVORABLES ET DÉFAVORABLES**

Les directions personnelles favorables et défavorables servent à se positionner dans l'habitat : meilleur positionnement à adopter selon votre chiffre Kua et votre élément, pour dormir, travailler, cuisiner, pour vos réunions…

Ce ne sont pas des pièces que l'on active comme les secteurs du Pa Kua superposés au plan de la maison. Nous les utiliserons également dans le chapitre “ habitat et santé ” pour vérifier que nos secteurs favorables ne sont pas affectés.

## Signification des secteurs personnels

| KUA | 1 | 2 | 3 | 4 | 6 | 7 | 8 | 9 |
|---|---|---|---|---|---|---|---|---|
| Scheng Chi<br>Vitalité<br>Prospérité | S-E | N-E | S | N | O | N-O | S-O | E |
| Tien Yi<br>Aides<br>Santé | E | O | N | S | N-E | S-O | N-O | S-E |
| Nien Yen<br>Amour | S | N-O | S-E | E | S-O | N-E | O | N |
| Fu Wei<br>Calme<br>Croissance | N | S-O | E | S-E | N-O | O | N-E | S |
| Ho Hai<br>Mésaventures | O | E | S-O | N-O | S-E | N | S | N-E |
| Wu Kwei<br>Obstacles | N-E | S-E | N-O | S-O | E | S | N | O |
| Lui Sha<br>Scandales | N-O | S | N-E | O | N | S-E | E | S-O |
| Chueh Ming<br>Maladies | S-O | N | O | N-E | S | E | S-E | N-O |

**Il existe quatre directions personnelles favorables : Scheng Chi, Tien Yi, Nien Yen et Fu Wei.**

☯ Le Scheng Chi représente votre direction personnelle de **vitalité et de richesse**. C'est la direction que vous utiliserez pour placer tout espace lié au travail, favoriser votre vie professionnelle et le domaine financier. C'est aussi une direction favorable pour placer sa porte d'entrée. Il n'est pas conseillé à des personnes trop faibles ou malades, ni aux personnes âgées, car il peut insuffler une énergie trop forte et trop vitalisante. Certaines personnes, positionnées pour dormir dans cette direction, ont un sommeil agité et de mauvaise qualité.

☯ Le Tien Yi est la direction de la **santé**. On l'utilisera donc pour les personnes en mauvaise santé. L'idéal est de regarder dans cette direction lorsque l'on cuisine, puisque l'on considère l'alimentation comme un soin du corps à part entière. Il favorise également l'arrivée de bienfaiteurs, d'amis aidants.

☯ Le Nien Yen est le secteur de **l'amour** et de la **longévité**. On l'utilise pour les personnes âgées et pour favoriser les liens du couple. On place également les enfants qui ont des difficultés relationnelles avec leurs parents et leurs frères et sœurs.

☯ Le Fu Wei est une direction utilisée pour le **calme**, la détente, la concentration, la méditation et le développement personnel.

**Et quatre directions défavorables : Ho Hai, Wu Kwei, Lui Sha et Chueh Ming.**

D'une manière générale, il est préférable d'éviter ces directions, mais la configuration des habitats, lotissements, appartements, locations, ne nous permet pas toujours de choisir. Nous verrons comment pallier cet aspect.

Quoi qu'il en soit, le Chueh Ming est la pire des directions, et les trois autres sont néfastes dans une moindre mesure. Dans le meilleur des cas, on essaiera de positionner dans ces secteurs défavorables toilettes, salle de bains, débarras, cuisines.

- Le secteur Ho Hai peut créer des disputes, des querelles, des tensions.
- Le secteur Wu Kwei peut créer des difficultés inattendues, des vols, des trahisons.
- Le secteur Lui Sha engendre des possibilités de perte d'énergie, de grande fatigue, d'indolence, ainsi que des risques de trahison.
- Enfin, le secteur Chueh Ming comporte des risques de maladie et de pertes d'argent.

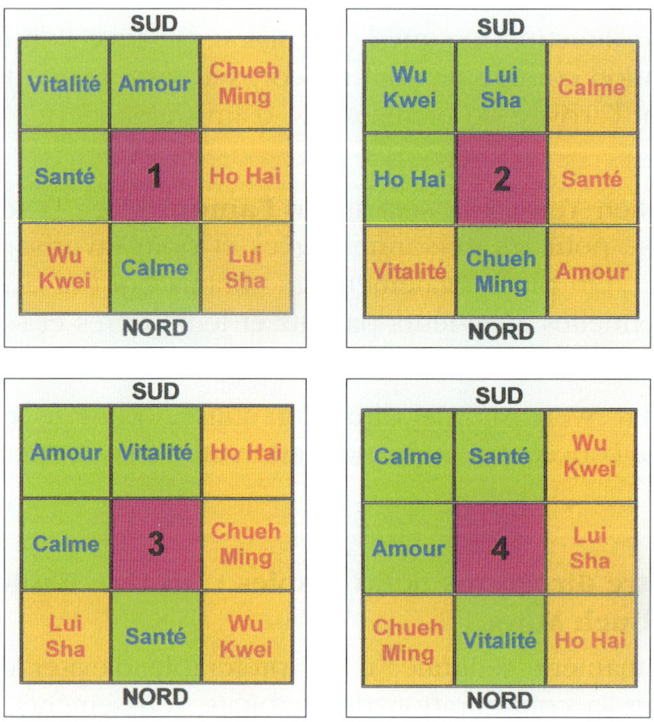

SUD

| | | |
|---|---|---|
| Ho Hai | Chueh Ming | Amour |
| Wu Kwei | 6 | Vitalité |
| Santé | Lui Sha | Calme |

NORD

SUD

| | | |
|---|---|---|
| Lui Sha | Wu Kwei | Santé |
| Chueh Ming | 7 | Calme |
| Amour | Ho Hai | Vitalité |

NORD

SUD

| | | |
|---|---|---|
| Chueh Ming | Ho Hai | Vitalité |
| Lui Sha | 8 | Amour |
| Calme | Wu Kwei | Santé |

NORD

SUD

| | | |
|---|---|---|
| Santé | Calme | Lui Sha |
| Vitalité | 9 | Wu Kwei |
| Ho Hai | Amour | Chueh Ming |

NORD

Les tableaux représentés vous montrent, selon votre chiffre Kua indiqué au centre de chaque carré, vos quatre directions favorables : vitalité, calme, santé et amour ; et vos quatre défavorables : Ho Hai, Wu Kwei, Lui Sha et Chueh Ming. Reportez-vous aux tableaux et au chapitre des directions personnelles pour utiliser ces directions dans votre habitat.

## Comment utiliser vos directions personnelles ?

Il y a deux manières de profiter d'une direction qui vous est favorable. La première est de se positionner dans le secteur correspondant. La deuxième est de se positionner en direction de celle-ci.

Par exemple, si vous êtes du chiffre Kua 8 :

- Votre Scheng Chi, direction de la vitalité, est le sud-ouest
- Votre Tien Yi, direction de la santé, est le nord-ouest
- Votre Nien Yen, direction de l'amour, est l'ouest
- Enfin, votre Fu Wei, direction du calme, est le nord-est
- Vos quatre directions les moins fastes sont le sud, le nord, l'est et le sud-est.

Pour puiser et profiter de votre Scheng Chi, choisissez pour bureau la pièce qui est située dans le sud-ouest. Lorsque vous travaillerez à votre bureau, faites en sorte de regarder en direction du sud-ouest.

L'idéal, pour profiter de cette direction très favorable, est de s'arranger, lors d'une construction par exemple, pour que la porte d'entrée soit située dans ce secteur ou en direction du Scheng Chi.

Pour profiter de votre direction du calme, qui est le nord-est, placez votre lit de manière à ce que sa tête soit dirigée en direction du nord-est.

### Cas de deux époux de groupes différents

Si deux époux sont de groupes différents, l'un est du groupe est et l'autre du groupe ouest, leurs directions favorables respectives ne seront pas les mêmes. Dans ce cas, afin que les deux en bénéficient, on fait en sorte que l'un dorme dans un bon secteur (qui sera défavorable pour le second), et que le lit soit positionné dans une bonne direction pour le second (elle sera défavorable pour le premier). Cette technique permet de tenir compte des deux époux. En Asie, lorsque l'on avait ce cas de figure, on privilégiait plutôt le père de famille, qui devait être et rester fort pour subvenir aux besoins de la famille (qui était très grande !) et la protéger.

En Occident, la différence homme-femme a tendance à se gommer, les deux époux travaillent, beaucoup de femmes élèvent également seules leurs enfants, il apparaît donc évident qu'il est nécessaire de tenir compte des deux personnes.

Le reproche est souvent fait au chiffre Kua d'être trop réducteur, puisqu'il ne tient compte que de l'année de naissance. Cependant, c'est une méthode encore fort utilisée par les maîtres Feng Shui, preuve qu'elle est efficace. Elle repose sur le fait que nous sommes sensibles au magnétisme terrestre et que celui-ci influence notre corps et nos émotions lorsque nous restons longtemps à un même endroit, au travail ou lorsque nous dormons. Le Feng Shui s'attache à harmoniser les lieux grâce aux différents aménagements, le sol recèle des failles et des cours d'eau, qui peuvent s'avérer très néfastes pour l'être humain. Autrefois, les maîtres Feng Shui connaissaient l'art d'observer un terrain et d'éviter ces courants souterrains néfastes. Un arbre tordu ou malade, une cassure de terrain, l'apparence de la végétation, des animaux, des habitants : tout était passé en revue. Aujourd'hui, nous n'avons la plupart du temps plus le choix de l'emplacement de notre habitation. Cependant, un géobiologue, connaissant les flux souterrains pourra vous conseiller quant aux endroits à éviter, et certains pourront même en neutraliser les effets.

Dans la philosophie asiatique, on considère que tout est lié. Aussi, le Feng Shui n'est pas utilisé seul, mais associé à d'autres techniques permettant d'harmoniser les lieux, l'homme et le ciel. C'est ce que l'on appelle le Taoïsme : il existe un lien étroit entre le ciel (les choses invisibles), la terre (les choses visibles ou non) et l'homme qui est censé faire le lien entre les deux. Pour cela, les Asiatiques allient la médecine chinoise, l'astrologie, les arts martiaux, la méditation et le Feng Shui. D'un élément déterminé grâce au chiffre Kua, on passe alors, grâce à l'astrologie, à quatre éléments supplémentaires (appelés les quatre piliers) qui viennent compléter l'élément du chiffre Kua en tenant compte de la saison de naissance, de l'heure, du jour. Cependant, ceci exige une assez grande dextérité et une bonne connaissance de la philosophie asiatique. D'autant que les résultats obtenus avec l'unique calcul du chiffre Kua restent spectaculaires !

# ÉCLAIRCISSEMENT SUR LES DIFFÉRENTES ÉCOLES DE FENG SHUI EXISTANTES

Ce qui revient le plus souvent dans les commentaires sur le Feng Shui et les ouvrages existants, est la difficulté qu'ont les personnes à s'y retrouver au milieu de toutes les écoles utilisées. Quelle méthode est la plus efficace ? Quelle école est utilisée ? Alors comment reconnaître une école d'une autre ? Et laquelle choisir ?

On entend souvent parler des écoles suivantes :

– École de la Forme

– École de la Boussole

Et parfois :

– École du Compas

En anglais, le mot “ compas ” signifie boussole. Lorsque vous entendrez donc parler de cette école, sachez qu'il s'agit ni plus ni moins que de l'École de la Boussole.

On l'a dit, un point commun de toutes les écoles de Feng Shui est la sectorisation des plans de votre habitat. Elle consiste à diviser le plan de votre intérieur : maison, appartement, studio, loft, local commercial, magasin… en huit secteurs égaux. Vous serez guidé pas à pas pour la réalisation de cette sectorisation dans les chapitres suivants.

## Présentation de l'École de la Boussole

Les secteurs sont dessinés et positionnés sur votre plan en fonction des directions cardinales : nord, sud, est, ouest, nord-ouest, nord-est, sud-ouest, sud-est.

C'est une des méthodes présentées dans cet ouvrage.

Le secteur situé au nord, par exemple, prendra pour énergie celle du nord, de l'élément eau, et représentera la carrière. On voit donc que chaque habitat sera unique selon la position du nord exact.

## Présentation de l'École de la Forme

Il y a deux techniques différentes qui portent le même nom, celui de l'École de la forme.

☯ L'une est aussi parfois appelée méthode des Bonnets noirs ou Feng Shui Occidental ; elle vient du Tibet. Ce n'est pas celle qui est décrite dans cet ouvrage.

Dans ce cas, la méthode est utilisée seule tandis que dans ce livre, la Forme est utilisée en complément de l'École de la Boussole.

Dans cette méthode, le nord et les directions cardinales ne sont plus prises en compte. Le Pa Kua est positionné sur le plan de l'habitat et de chaque pièce en ne tenant compte que de la porte d'entrée, quelle que soit sa direction (la carrière est toujours située au centre du mur contenant la porte). Nous constatons que selon la méthode utilisée, le Pa Kua ne sera pas du tout placé de la même manière.

Dans ce cas, on constate que tout habitat est sectorisé de la même manière, qu'il soit orienté au sud, au nord, ou dans toute autre direction.

Il n'est pas question ici d'émettre un jugement de valeur, mais il est important de ne pas mélanger les deux méthodes. Appliquez celle que vous aurez choisie jusqu'au bout, sans essayer de faire des parallèles avec l'autre. N'oubliez pas, cependant, que la méthode des Bonnets noirs est issue de moines tibétains, elle engendre donc un Feng Shui très spirituel, mais la société actuelle nous impose d'accorder une place importante au matériel.

☯ L'autre vient de Chine. C'est celle que nous développerons dans l'ouvrage. Il s'agit pour nous d'observer et de corriger si cela est possible, l'environnement d'un habitat ou d'un local, et son influence sur celui-ci et sur la maisonnée.

Ce que l'on voit de nos fenêtres : immeubles, routes, montagnes, cours d'eau, réverbères, hôpital... : voilà ce que nous étudions selon l'École de la Forme dans cet ouvrage.

N'oubliez pas que le Feng Shui est une discipline qui nous vient de Chine, et les traductions prêtent parfois à confusion. L'important est que vous appreniez à différencier les différentes techniques utilisées, à les reconnaître en fonction des explications fournies, et à en suivre une sans vous en écarter.

☯ Il existe également un Feng Shui vietnamien et un Feng Shui hindou. Le Feng Shui vietnamien ne diffère quasiment pas du Feng Shui chinois. Le Feng Shui hindou, appelé Vastu, fait intervenir les divinités hindoues. À mon sens, il est très intéressant, mais est plus difficilement accessible à l'esprit occidental.

# École de la Boussole

Vous le savez, un point commun de toutes les Ecoles de Feng Shui est la sectorisation des plans de votre habitat. Une consultation Feng Shui se fait principalement sur plan, car le Feng Shui pourrait s'apparenter à une “ science-art ”. Différents calculs permettent de guider le praticien, mais c'est grâce à son expérience et à son ressenti qu'il affine les calculs et les résultats obtenus.

La sectorisation consiste à diviser le plan de votre intérieur : maison, appartement, studio, loft, local commercial, magasin... en huit secteurs égaux. Vous serez guidé pas à pas pour la réalisation de cette sectorisation dans les chapitres suivants.

**Les secteurs du Pa Kua ou les huit aspirations de l'existence**

Le Pa Kua est, avec les cinq éléments, une des clefs de voûte de l'École de la Boussole.

Le Pa Kua est un octogone, contenant huit secteurs correspondant aux huit directions cardinales.

À chaque division correspond un élément qui permettra, par la compréhension du cycle de transformation des éléments, l'activation des secteurs de la maison.

Les huit aspirations regroupent tous les problèmes que nous pouvons rencontrer dans notre vie quotidienne, et nous pouvons ainsi ajuster et travailler sur tout ce qui nous tient à cœur : famille, enfants, amour, argent, santé, travail...

Pour activer un secteur dans une maison, plusieurs outils sont à votre disposition :

☯ **L'activation grâce aux éléments** en tant que matière (par exemple, l'élément feu est représenté par les flammes, les lumières, les bougies). Utilisez l'élément du secteur ainsi que l'élément parent. Par exemple, pour le sud, de l'élément feu, choisissez les éléments bois – comme des plantes et feu, puisque le bois produit le feu.

☯ **L'activation grâce aux couleurs** représentatives des éléments. Dans notre exemple d'activation du sud, de l'élément feu, utilisez les couleurs du feu : rouge, jaune vif, orange, et les couleurs de l'élément parent, le bois, comme le vert et le marron

☯ **L'activation grâce aux formes**

À chaque élément correspond une ou plusieurs formes. Pour le feu, la forme représentative est le triangle ou la forme pointue. Pour le secteur sud, de l'élément feu, choisissez donc de placer des objets de décoration aux formes pointues et triangulaires, ainsi que les formes correspondantes à l'élément bois, élément parent du feu : formes rectangulaires verticalement, comme des rideaux à rayures ou une bibliothèque haute.

☯ **L'activation grâce au symbolisme**

En Asie, à chaque secteur correspond un symbolisme qui se rapporte à la culture et aux croyances du pays. En nous Occidentaux, ces symboles ne résonnent pas. Nous choisirons donc d'utiliser nos propres symboliques, celles qui font appel à nos racines, à notre culture, à notre religion.

Pour cela, il est important que vous compreniez le sens et la profondeur de chaque secteur, de manière à pouvoir vous investir et retranscrire dans vos intérieurs ce que vous en ressentez, et de manière à activer chaque secteur avec des représentations qui vous parleront directement.

Par exemple, en Asie, le secteur est se trouve activé entre autres par un dragon sous forme de sculpture par exemple. Nous aussi connaissons les dragons, mais ils ne représentent pas la même chose qu'en Asie. Dans notre inconscient, le dragon est la bête légendaire qui protège et défend l'entrée au château de la belle au bois dormant. Certes, il nous apparaît comme un animal mythique, mais assez peu hospitalier puisqu'on l'imagine volontiers en train de cracher du feu sur le prince qui vient délivrer sa belle, l'épée ou la lance à la main. Or, pour les Asiatiques, un dragon est un animal symbolisant la chance. Il est dodu (mais pas parce qu'il a avalé quelque prince venant délivrer sa princesse !), il a l'air joyeux et accueillant. Il est coloré et est utilisé dans les toutes fêtes chinoises. Donc plutôt que d'utiliser un dragon, nous rechercherons la symbolique la plus appropriée au secteur est, celui de la santé.

Parallèlement aux activations, il faudra vérifier, dans chaque secteur et notamment ceux qui semblent bloqués dans votre vie, qu'aucun élément ne vient affecter l'emplacement. Par exemple, pour le secteur sud qui est de l'élément feu, vérifiez que vous n'avez pas placé un élément eau, comme une fontaine, un aquarium, ou une représentation de mer ou de lac. L'eau éteint le feu, et si le sud est affecté, cela aura un retentissement sur votre renommée et l'image que les autres ont de vous, ou même sur votre confiance en vous.

## Comment agit le Feng Shui ?

En Feng Shui, par des aménagements simples choisis selon des règles précises, la circulation du Chi est rétablie, améliorée, activée. Ceci nous rappelle étrangement une discipline de plus en plus connue et utilisée : l'acupuncture. L'acupuncteur fait un diagnostic précis de l'état énergétique général du patient en lui prenant les différents pouls chinois : où sont les faiblesses ou les excès de Chi ? À quel endroit celui-ci est bloqué, où ne circule-t-il plus ? Grâce à de petites aiguilles savamment positionnées au niveau des méridiens et des points énergétiques du corps, le Chi est de nouveau guidé, réactivé, calmé si besoin est ; le corps et l'esprit sont rééquilibrés.

Dans un intérieur, qui peut être comparé à un corps humain, le praticien Feng Shui va agir de la même manière. Par observation de l'habitat, il va déterminer les endroits où le Chi est trop rapide et dangereux, là où il stagne, bloqué par un coin sombre, là où il est absent ou trop faible. Et grâce à ces aménagements qui sont l'introduction de matières et de couleurs correspondantes aux cinq éléments, apparentés aux aiguilles de l'acupuncteur, grâce à des remèdes physiques comme les miroirs, les rideaux pour ralentir, le Chi va être maîtrisé, apprivoisé, son flux est régulé pour circuler également dans tout l'habitat.

Certains se demandent comment une couleur ou une image peuvent agir sur notre vie. Nous avons tous conscience que l'esprit humain recèle des capacités insoupçonnées et souvent non exploitées. Nous avons tous entendu parler des images subliminales, images fugaces glissées dans un film par exemple, qui imprègnent notre pensée. Le Feng Shui, ses couleurs, ses matières et ses symboliques agissent de la même manière. Si chaque jour vous passez devant l'image d'une bataille célèbre par exemple, et que celle-ci est située dans le secteur de l'amour, votre esprit va l'intégrer comme telle, et vous aurez des difficultés relationnelles. Si vous la remplacez par une image d'harmonie, vous l'influencez positivement. Il n'est pas rare de constater que les célibataires ont placé “ inconsciemment ” une image de solitude, ou de personne seule, dans leur secteur du mariage, et les exemples étonnants sont nombreux.

## La renommée - Sud

Son élément est le **feu**. Son chiffre Kua est le 9. Son énergie est celle du rayonnement, de l'expansion, l'éclat.

Secteur de la renommée, de la reconnaissance sociale et de la célébrité, ce secteur conditionne l'image que nous avons de nous-mêmes, notre confiance en nous, qui rejaillit sur le regard que nous portent les autres. Il peut donc agir sur l'image que nous donnons à notre entourage, à notre patron, à notre banquier, à nos voisins.

L'élément étant le feu qui représente le dynamisme, il agit aussi sur votre volonté d'avancer, sur la clarté avec laquelle vous voyez le chemin de votre vie et de votre carrière. Le feu étant un élément fort, il faut le traiter avec prudence, et rejoindre la voie du milieu : ni trop ni trop peu, car trop de feu brûlerait vos projets et leur réalisation.

Un secteur manquant à cet endroit peut entraîner une dévalorisation de vos compétences et de vos valeurs.

Si vous avez des difficultés dans votre vie dans le domaine de la reconnaissance sociale, cherchez si l'élément eau qui détruit le feu n'est pas trop présent. Si c'est le cas, il est impératif de l'enlever.

Activation :

Pour activer ce secteur, utilisez les couleurs du feu : le rouge, le bordeaux, le jaune vif, l'orange, le fuchsia ou le violet contenant une dominante de rouge (violet lumineux), et les couleurs représentatives du bois : vert et marron.

Placez des lumières, des bougies, de l'encens. Si votre cheminée y est installée, elle vous sera favorable. Utilisez également des plantes et des meubles ou des objets en bois. Le sud est le seul secteur où les plantes aux feuilles pointues comme les yuccas ou les dracénas sont favorables, car leurs feuilles ressemblent à de longs triangles, forme de l'élément feu.

Le tournesol symbolise le soleil et l'élément Feu.

**Le dracéna, comme le yucca, fait partie des plantes aux feuilles pointues qui seront à placer préférentiellement dans les secteurs de l'élément feu. Celui-ci sera alors activé par la forme pointue des feuilles et par la présence du bois.**

Choisissez des formes pointues, triangulaires et rectangulaires verticales. Par exemple, des rideaux avec des rayures verticales, dans les tons fuchsia et jaune seront favorables. Une lampe rouge pointue sera très activatrice.

Choisissez les symboliques qui représentent la brillance, la clarté, la renommée. Les tournesols en peinture ou en tissu, les soleils sous forme de miroir, sur une tenture colorée, les objets brillants qui accrochent la lumière sont très favorables. C'est à cet endroit qu'il faut accrocher vos diplômes, vos médailles et exposer les coupes que vous avez gagnées si vous en avez et que vous souhaitez les montrer. Les chevaux lancés au galop ou cabrés sont considérés comme les animaux les plus Yang, et sont très actifs dans ce secteur. Une belle sculpture de cheval en bois serait parfaite !

Le tournesol est la fleur du soleil par excellence. Elle le suit tout au long de la journée et sa forme comme sa couleur le symbolisent parfaitement.

Pour activer le secteur sud, de l'élément feu, placez une belle image de tournesol, seul ou dans un champ, ou encore un beau bouquet en tissu.

## La carrière - nord

L'élément du secteur nord est l'**eau**, son chiffre Kua est le 1. C'est le secteur de la carrière, mais surtout de la vocation. Si vous n'êtes pas satisfait de la profession que vous exercez ou de la manière dont vous la menez, si vous trouvez qu'elle stagne ou qu'elle n'avance pas dans un sens positif, observez ce secteur de votre maison : est-il affecté, ou mal activé ? C'est également le secteur des voyages et des déplacements.

Inspectez ce secteur si vous ressentez des difficultés à trouver votre voie, si des problèmes de communication semblent vous bloquer, tant au niveau de votre famille que de vos relations amicales et professionnelles.

Cet endroit de votre maison doit être en ordre, l'inverse risque d'engendrer le chaos au niveau de votre carrière ou du choix de votre voie professionnelle. Ce secteur doit être propre, dégagé et clair.

L'élément terre peut affecter l'eau, il ne faut donc pas y trouver de couleur jaune ou beige à l'excès, et il est préférable d'éliminer les poteries, jarres, sculptures en pierre. Vous pouvez garder ou placer juste un beau galet rond, symbolisant la mer et la stabilité pour votre carrière. Le chiffre 1 étant le chiffre Kua de l'eau, ne placez qu'un galet. Évitez dans ce secteur toute représentation d'instabilité ou de stress. Placez plutôt des meubles bas et solides. L'éléphant représente aussi la force et la stabilité. Placez aussi un symbole de votre vocation : si vous souhaitez devenir danseur, par exemple, accrochez dans ce secteur des images de danse, ou des ouvrages sur le sujet !

Activation :

Pour activer, utilisez du bleu, mais jamais à l'excès. Si le nord se situe dans une chambre, dans les sanitaires ou dans la cuisine, ne placez pas de bleu. Dans les salles d'eau, vous rajouteriez un élément eau déjà beaucoup trop fort. Il est courant de voir des salles de bains bleues, il y en a même de très jolies, mais il est préférable d'éviter. De plus, la salle de bains est une pièce dans laquelle nous passons de plus en plus de temps, c'est une pièce que nous aimons avoir chaude, or le bleu est une couleur froide ! Dans une cuisine, vous risquez de créer un fort conflit entre l'eau et le feu représenté par la cuisinière.

C'est également une couleur d'introspection et de méditation, mais un excédent n'incite pas à la communication avec les autres.

J'ai déjà eu le cas de personnes qui avaient dans leur jardin une piscine et un bassin, les volets et la porte de la maison étaient bleus, la chambre du garçon était également bleue. Et ce dernier a grandi dans la non-communication avec ses parents, développant à l'extrême son jardin secret et les non-dits avec sa famille.

Il est donc préférable d'utiliser le bleu par touches, sous forme d'un joli vase ou d'un beau tableau par exemple.

Dans le secteur nord, pour faire évoluer ou favoriser votre carrière, utilisez l'élément eau. Placez des représentations et sujets aquatiques, une fontaine, un aquarium ou un petit bassin d'intérieur. On trouve ces structures de décoration assez facilement, mais assurez-vous que l'eau reste propre et changez-la régulièrement, car l'eau stagnante est très mauvaise pour le Feng Shui.

Utilisez des représentations aquatiques pour favoriser la carrière au nord. Ce poisson métallique noir est particulièrement bien choisi car le métal nourrit l'eau du nord et sa couleur noire la représente. Sa taille imposante préfigure une carrière bien remplie et motivante.

Si vous n'aimez pas ce style de décoration, placez une image d'eau en tableau ou en photo. Évitez les chutes vertigineuses et la mer déchaînée qui vient mourir sur les rochers, ces représentations sont trop violentes et trop instables pour votre profession. À l'inverse, évitez les lacs, les étangs et les photos de mer trop calmes, cela imagerait une stagnation de votre voie professionnelle.

Préférez plutôt les rivières coulant tranquillement au milieu de la nature, ou une cascade fraîche et vivifiante. Faites en sorte que l'eau semble venir vers vous, car si elle semble s'éloigner, elle symbolisera l'argent qui fuit, car l'énergie de l'eau représente l'énergie de l'argent. Vous pouvez aussi utiliser la représentation d'un chemin sinueux en forêt.

Les cascades sont extrêmement favorables en Feng Shui lorsqu'elles sont bien placées. Cependant, veillez à ce que le courant soit dirigé vers vous et qu'il ne s'éloigne pas. En photo comme en réalité, l'eau qui s'en va symbolise l'argent qui fuit.

L'élément parent de l'eau étant le métal, vous pouvez utiliser favorablement le blanc et les couleurs métallisées, ainsi que les objets en métal comme un beau carillon bleu, doré ou argenté. Choisissez-le à six branches et à tubes creux. Le chiffre Kua 6 représente le métal, et les tubes creux permettent au Chi de virevolter et de se régénérer.

Les formes favorables à ce secteur sont les formes ondulées pour l'eau, et rondes pour le métal.

### Les ancêtres et la santé - Est

Son élément est le grand **bois**, son chiffre Kua est le 3. En Asie, les ancêtres ont une grande importance, car ils symbolisent les racines. Ils transmettent leur sagesse, leurs gènes et leurs acquis. C'est à cet endroit que les Asiatiques installent leur autel pour vénérer leur famille du passé.

Si vous avez des photos de vos parents ou grands-parents et que vous souhaitez les exposer, placez-les dans ce secteur.

Évitez les objets qui n'ont plus d'utilité et gardez cet endroit propre et lumineux. Sinon, cela pourrait créer un désintéressement des problèmes importants et une difficulté à vous projeter dans l'avenir. C'est votre pilier pour aller de l'avant, pour vous élancer dans le futur et dans vos projets.

Activation :

Le trigramme qui représente ce secteur est le trigramme “ Chen ” qui symbolise le dragon s'élançant dans le ciel ou le tonnerre. Étant également le secteur de la santé, il sera favorisé par la présence d'une belle plante luxuriante, d'arbres en fleurs, de fruits vrais ou non dans une coupe, de la couleur verte et de la matière bois (meubles, objets en bois). Vous pouvez également favoriser l'élément eau qui est l'élément parent du bois, par une touche de bleu ou une représentation d'eau. Si vous aimez les dragons asiatiques, placez-les dans ce secteur.

L'est est le secteur de la santé et son élément est le bois. Dans cet arrangement, le bois a été représenté par les récipients et par les graines qu'ils contiennent qui sont favorables au domaine de la santé. En effet, elles symbolisent l'alimentation saine et suffisante.

Ce secteur représente l'élan vers l'avenir. La musique, l'encens et le mouvement sont favorables dans cette partie de la maison.

Évitez le métal, destructeur du bois.

Favorisez les formes rectangulaires verticales, comme les rayures, et la forme ondulée de l'eau.

## Les enfants et projets - ouest

L'élément de l'ouest est le petit **métal** (ou métal Yin), son chiffre est le 7. Il est directement placé à l'opposé de l'est. Si l'est est correctement activé, vous pouvez prendre votre élan avec sérénité et force pour aller de l'avant, développer vos projets, créer votre propre famille, éduquer vos enfants.

Ce secteur est celui des enfants et par extension, des projets, de l'avenir, de la créativité. Le trigramme représentatif est “ Tui ”, qui représente le lac, la jeune fille de la famille heureuse, gaie, pleine de joie de vivre et de s'exprimer. Elle est dynamique et a soif d'apprendre.

Travaillez ce secteur si vous souhaitez avoir des enfants, pour favoriser ceux que vous avez déjà. Un projet professionnel ou personnel que vous menez peut représenter votre “ bébé ”, et il prend toute sa force dans cette partie de la maison.

Les œufs en marbre et en pierre sont recommandés dans les secteurs ouest (métal, enfants) et sud-ouest (terre, mariage et féminité).
Ils aideront à la conception d'un enfant si vous le souhaitez, grâce à la symbolique de l'œuf, et à sa matière bénéfique aux secteurs.
Ces œufs aideront aussi à la création et au cheminement de vos projets personnels et professionnels à l'ouest.

Activation :

Pour dynamiser, utilisez les couleurs du métal et de son élément parent, la terre : le blanc, le gris, le doré et l'argenté, ainsi que le jaune clair, le beige, les ocres. Placez des objets métalliques comme un carillon métallique à six ou sept tubes creux, ou tout objet en métal et en terre : céramiques, cristaux, galets. Pour aider les femmes qui ont du mal à concevoir, placez quelques œufs en marbre ou en pierre, ou des graines diverses.

Ce beau bouquet de fleurs blanches activera votre secteur ouest, celui des enfants et des projets, secteur d'élément métal. Une des couleurs activatrices du métal est le blanc. Le vase métallique permet également d'introduire cet élément.

Ce secteur doit être agrémenté de couleurs fraîches et vives. Utilisez un tableau multicolore et des représentations naïves. Placez également vos projets en construction, les dessins et créations de vos enfants.

Symbolisez le commencement, la naissance, en plaçant, par exemple, une belle image de printemps.

Évitez, dans ce secteur, l'élément destructeur : le feu. Si la cheminée de votre maison est dans cette partie de la maison, ou que le secteur est affecté par un coin manquant, la créativité en pâtira, des difficultés de conception pourront survenir. Contre le feu de la cheminée, il faut absolument utiliser l'élément tampon qui est la terre. Celle-ci calmera le feu tout en nourrissant le métal.

Les formes rondes et carrées activeront ce secteur.

### LA PROSPÉRITÉ - SUD-EST

Son élément est le petit **bois** ou le bois Yin et son chiffre est le 4.

C'est le secteur des biens matériels : finance, immobilier, bijoux... Activez-le pour favorisez votre prospérité, et pour régler vos problèmes d'argent.

Si ce secteur est situé dans les sanitaires, dans la cuisine ou dans un débarras, les finances auront du mal à remonter. Dans les sanitaires, qui représentent les évacuations d'eaux usées, l'argent risque d'en faire de même. Faites en sorte de réparer les fuites, et fermez toujours les portes des sanitaires et le battant des toilettes pour retenir l'énergie.

Dans la cuisine, l'énergie est brûlée, et pourront en résulter des problèmes financiers.

Dans les chapitres consacrés à la visite de votre habitat, des propositions seront faites pour toutes les pièces “ à problèmes ” comme les salles d'eau, la cuisine, les débarras.

Activation :

Pour activer ce secteur de l'élément bois, utilisez de belles plantes vertes, à croissance rapide. Évitez, comme à l'est, les plantes aux feuilles pointues qui seront réservées pour le secteur sud. Évitez également les plantes sèches, qui symbolisent la mort et le manque total d'énergie, ainsi que les cactus, trop piquants et trop agressifs, et les bonsaïs, dont on a empêché la croissance.

La Crassula ovata est une plante grasse très connue dans le Feng Shui pour activer le secteur sud-est de la prospérité. Ses feuilles dodues symbolisent l'abondance.

L'élément du sud-est (prospérité) est de l'élément bois. Pour le favoriser, on pourra placer des plantes, des fruits, des fleurs, des meubles en bois et comme couleurs le vert ou le bleu. L'agencement de cette photo a respecté l'utilisation de ces éléments. Sur la table a été placée une coupe contenant des raisins de verre reflétée par un miroir.

Utilisez par exemple des bambous, en intérieur et dans le sud-est de votre jardin, ou toute plante verte en bonne santé. Les fausses plantes sont bénéfiques si elles sont en soie ou en tissu, mais évitez le plastique, qui est une matière néfaste dans le Feng Shui. Les meubles et objets en bois seront favorables. L'endroit est également très bien choisi pour placer une belle représentation de verdure, comme une forêt, une colline verdoyante ou un champ de blé encore vert. Placez la couleur verte, à choisir parmi les plus lumineux comme le vert pomme.

**Cette image est issue d'une fresque murale dessinée sur le mur d'une enceinte de jeux pour enfants. La représentation est gaie et colorée, elle ne dénote pas avec l'activité et elle favorise dans le même temps l'élément eau pour l'est, le sud-est ou le nord.**

L'eau étant l'élément parent du bois, le secteur est parfait pour accueillir un aquarium. Vous avez sûrement constaté que tous les restaurants asiatiques en possèdent au moins un ! En Asie, la tradition consiste à placer un nombre impair de poissons : huit rouges et un noir. Ce chiffre n'est pas dû au hasard. Les chiffres impairs sont des chiffres Yang, et ils compensent, en plus du mouvement rapide des poissons, le côté froid et Yin de l'eau. La couleur rouge est dynamisante, c'est pourquoi l'on choisit huit poissons rouges. Le poisson noir est censé être une protection contre le vol. Enfin, le chiffre 8, symbolisant la richesse, en Feng Shui, est le chiffre le plus favorable, tandis que le chiffre 9 signifie la complétude (il existe neuf chiffres Kua). Si vous ne souhaitez pas d'aquarium chez vous, placez une fontaine d'intérieur dans ce secteur, agrémentée de petites plantes ou de fausses fleurs, ou toute symbolique ou représentation aquatique.

Enfin, si vous préférez, placez une représentation d'eau, cascade ou rivière, le courant semblant venir vers vous.

Les arbres à pierre sont également très favorables, car ils symbolisent l'élément bois tout en exhibant des éclats de pierres semi-précieuses représentant la richesse.

Certains objets vous poseront problème lorsque vous chercherez à déterminer leur élément. En voici un exemple très utilisé en Feng Shui : l'arbre à pierres. Il représente en même temps les éléments bois et

**terre. Les pierres utilisées sont des éclats de pierres semi-précieuses appelées " pierres de fortune ". Cet arbre est très efficace au sud-est, secteur de la prospérité. Si un objet présente cette particularité, il pourra être utilisé dans les secteurs correspondants à ses éléments, sauf si l'un prédomine. Amusez-vous à cherchez des objets d'un seul élément, comme par exemple un vase carré, en céramique, de couleur orange, qui sera totalement de l'élément terre.**

Évitez le métal, élément destructeur du bois, et les couleurs associées à cet élément (blanc, doré, argenté).

### LE MARIAGE ET L'AMOUR - SUD-OUEST

L'élément du secteur sud-ouest est la grande **terre** Kua 2, ou la terre Yang. C'est le secteur de l'amour, du mariage, de la rencontre avec l'âme sœur, des bonnes relations amicales, de voisinage et entre collègues. Son trigramme est " Kun ", symbole de la féminité et de la réceptivité par excellence. C'est donc également le secteur de la femme, de la féminité, de la maternité, qui sera complémentaire au secteur nord-ouest, celui du père.

Si la femme dans la maison a du mal à trouver sa place d'épouse ou de mère, qu'elle a du mal à s'affirmer, vérifier si ce secteur est bien activé, et qu'il n'est pas affecté par un symbole néfaste, comme la présence d'un tableau d'homme, ou par l'élément destructeur de la terre qui est le bois. Un plancher, un excès de plantes vertes ou de meubles en bois doit être corrigé. Enlevez les plantes et placez-les plutôt au sud, à l'est ou au sud-est. Si vous ne pouvez pas déplacer certains objets en bois, utilisez l'élément tampon entre le bois et la terre, qui est le feu, en ajoutant de la lumière et des touches de rouge.

Activation :

Favorisez les couleurs de la terre et de son élément parent, le feu : rouge, jaune, beige, ocre, fuchsia, rose, orange.

Utilisez des lumières vives sous forme d'halogène, de spots, d'abat-jour et les objets en terre comme l'argile, la céramique, les cristaux comme le quartz rose pour l'amour, les galets.

Le secteur de l'amour, le sud-ouest, est de l'élément terre. Il sera bénéfiquement activé par les cristaux et par les bougies. Celles-ci seront disposées par paire pour symboliser le couple. Leur couleur, rouge ou fuchsia, est particulièrement favorable à la passion.

Pour favoriser ce secteur, placez des objets par deux, des représentations d'amour et de paix.

En Asie, on utilise beaucoup les canards mandarins, mais vous pouvez placer d'autres animaux, des bougies par deux, les couleurs rose et jaune associées, des cœurs : tout ce qui pour vous représente la douceur de l'amour, la passion.

Cette statuette, qui est favorable au secteur du couple, le sud-ouest, représente également l'élément terre car elle est en pierre de savon. Ses formes sont douces et harmonieuses, et le Chi peut circuler autour comme à l'intérieur. C'est un objet très bénéfique à faire sinuer doucement le Chi dans une pièce.

Les fleurs symbolisent le romantisme. Les roses rouges, les fleurs fraîches (rouges pour la passion, roses et crèmes pour la tendresse, blanches pour les sentiments profonds, jaunes pour la communication).

Le symbole du double bonheur chinois est très actif. Vous pouvez le peindre en rouge, couleur du feu qui est l'élément parent de la terre, et l'encadrer, ou le peindre sur deux galets pour favoriser l'élément terre.

Le signe du double bonheur est favorable dans le secteur du mariage (sud-ouest) ou dans votre chambre. Il favorisera l'harmonie du couple et le bonheur conjugal.

Pour les célibataires cherchant l'âme sœur, utilisez en plus des pivoines dans ce secteur. En Asie, on considère qu'il ne faut pas placer ces fleurs lorsque l'on est marié, sous peine de voir son conjoint attiré par une autre personne. C'est une fleur que l'on offre en Asie aux jeunes filles à la recherche d'un époux. On constate souvent également que les hommes célibataires ont un intérieur très Yang : peu décoré, lignes un peu dures, peu de couleurs, pas de rideaux aux fenêtres, rien ou presque aux murs et peu de féminité. Les femmes célibataires, à l'inverse, on souvent un intérieur très Yin : beaucoup de couleurs, de décorations, de fleurs, de coussins, des rideaux aux fenêtres. Dans un cas comme dans l'autre, il est favorable de faire entrer la polarité inverse. Pour les femmes, un peu de masculinité (en ajoutant de la lumière vive, une représentation d'homme…) et pour les hommes, un peu de féminité (fleurs, coussins, couleurs chaudes...). D'une manière générale cependant, il faut éviter une représentation de personne seule et triste, pour les célibataires comme pour les couples.

Favorisez les formes rectangulaires horizontales et carrées.

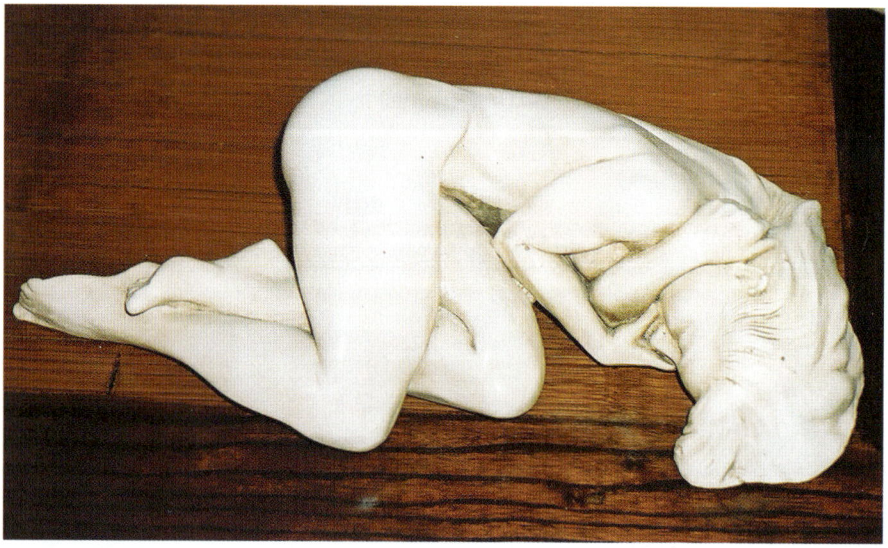

Cette sculpture symbolise la féminité mais dans la solitude et dans la fragilité. Une telle représentation induira la tristesse de la mère et de la femme, et risque même d'apporter un manque de communication dans le couple. Si vous êtes seule et que vous souhaitez rencontrer quelqu'un, cette sculpture est néfaste.

### Sagesse et éducation - nord-est

L'élément du nord-est est la petite **terre**, ou la terre Yin, son chiffre Kua est le 8. Le sud-ouest représentait le rocher, le nord-est représente les cailloux, le sable ou le gravier.

Ce secteur est favorable à l'éducation des jeunes enfants, et à la spiritualité. Si vous avez du mal à vous sentir en paix, à faire le vide et à prendre du recul par rapport aux situations, si vos enfants ont du mal à suivre à l'école, vérifier que ce secteur ne manque pas et qu'il est bien activé.

Activation :

Pour favoriser ce secteur, utilisez l'élément terre sous forme de cristaux, de représentation de montagne, d'une boule de cristal ou d'un presse-papiers en verre. Insistez sur les représentations de stabilité et de solidité. L'élément parent de la terre, le feu, est également très favorable : placez une bougie ou une belle lampe rouge ou d'une couleur chaude.

**Les cristaux sont favorables en Feng Shui pour activer l'élément terre dans le secteur de la spiritualité, au nord-est, par exemple.**

Vous pouvez également utiliser des symboliques de spiritualité, comme des anges ou des représentations zen. L'encens est très bénéfique dans ce secteur.

L'élément destructeur de la terre étant le bois, vérifiez qu'il n'est pas présent à l'excès sous forme de plantes et d'objets en bois.

Ce bouddha serein en céramique est bénéfique au nord-est, secteur de la spiritualité, ou au nord-ouest, celui des bienfaiteurs. Dans le premier, il favorisera votre développement personnel et spirituel. Dans le second, il représente les aides que vous pouvez attendre du Ciel. Dans les deux cas, la céramique, de l'élément terre, est bénéfique (le nord-est est un secteur terre, le nord-ouest est de l'élément métal).

Utilisez les formes favorables au secteur : la forme rectangulaire horizontale et triangulaire pour le Feu.

### Les bienfaiteurs - nord-ouest

L'élément du nord-ouest est le **métal**, son chiffre est le 6. Au sud-ouest se trouvait le secteur de la féminité, qui entre en résonance avec ce secteur du père, de la masculinité, de la force, de la solidité et de l'autorité. Le trigramme Chien représentant ce secteur est celui du ciel.

Si le père de famille ne se sent pas à l'aise, qu'il a des difficultés relationnelles avec ses enfants ou ses collègues de travail, et qu'il a tendance à passer de plus en plus de temps à l'extérieur, son secteur est peut-être affaibli ou trop Yin. Ce secteur doit être Yang afin de soutenir le père. Les lignes doivent être épurées, les dominantes doivent être métalliques, dorées, argentées, blanches et grises. On pourra rehausser l'élément terre, grâce à des touches de couleurs chaudes et à une représentation de montagne pour la solidité et la stabilité.

Activation :

Placez une représentation d'une personne qui vous a aidé ou qui vous soutient, comme un père, un grand-père, un oncle ou un ami. Personnellement, j'y ai installé une photo de mon père soutenant mon neveu assis sur un rocher, la photo du parrain de mon compagnon qui fit partie de son éducation, quelques cristaux et une mappemonde argentée.

Le nord-ouest représentant également les voyages, l'étranger, l'ouverture vers les autres et le monde, les globes et mappemondes ainsi que les cartes de voyages sont activatrices.

Ce secteur est celui des aides de l'extérieur, visibles ou invisibles. Les anges et les représentations religieuses, si on le souhaite, sont très bénéfiques.

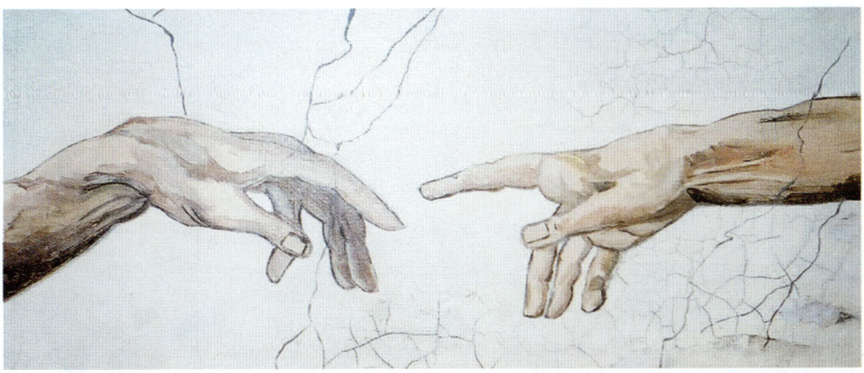

Ce détail de peinture bien connue, où Dieu remet l'étincelle divine à Adam, activera bénéfiquement le secteur nord-ouest des influences extérieures et des bienfaiteurs. Cela attirera pour vous l'aide de personnes solides et de confiance, tant dans le domaine personnel, professionnel que financier.

Évitez l'élément feu, qui est l'élément destructeur, et s'il est présent par exemple sous forme d'une cheminée, introduisez l'élément tampon qui est la terre.

Utilisez les formes rondes, ovales et carrées.

Le Pa Kua présenté dans le chapitre suivant vous résume les différentes activations ou types d'activation selon chaque secteur : couleurs, matières, symboliques et formes activatrices.

## Établir le plan de votre habitat

Le Feng Shui se base sur l'utilisation des plans de votre habitat.

L'analyse d'un habitat se fait à partir de son plan, sur lequel vous apprendrez à superposer le Pa Kua. Ceci vous permettra de déterminer où se situe chacun des huit secteurs de vie.

Si vous n'avez pas de plan, il est nécessaire d'en établir un à l'échelle.

Prévoyez le matériel suivant :

– Un mètre ruban

– Du papier millimétré

– Un crayon de papier

– Une gomme

– Une boussole

– Une feuille de carton

– De la colle

– Une aiguille ou la mine d'un critérium

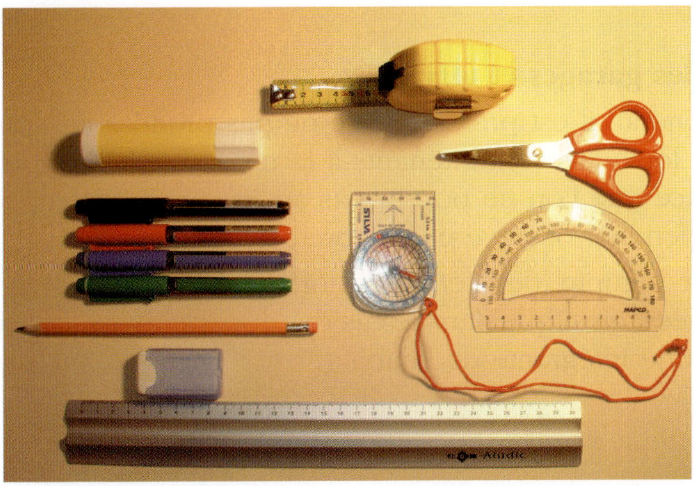

Lorsque vous aurez tracé votre plan à l'échelle et même s'il n'est pas de forme régulière (carré ou rectangulaire), il faut en trouver le centre de gravité pour ensuite y superposer le centre du Pa Kua.
Pour cela, coller le plan sur un carton assez rigide, puis découpez-le en suivant les contours extérieurs des murs. À l'aide d'une aiguille ou d'une pointe, cherchez le point d'équilibre du carton. Il faut un peu de

**patience et d'habileté, mais c'est le moyen le plus simple pour chercher un centre de gravité. Lorsque le carton tient en équilibre, appuyez sur votre aiguille pour repérer le point central.**

Les maîtres Feng Shui utilisent une boussole particulière, le Luo Pan, qui comporte de nombreuses données. Cette boussole se trouve la plupart du temps dans le commerce mais les inscriptions sont en chinois. Elle demande donc de l'expérience. Mais pour commencer, une boussole simple suffit.

Établissez une échelle pertinente, par exemple 1 m = 1 cm. Mesurez les murs par l'intérieur, et reportez ces mesures sur papier en utilisant l'échelle établie.

Reportez, sur le plan, la dénomination de chacune des pièces, des portes, des fenêtres, la position des lits, des bureaux, de la cuisinière, de l'évier, des meubles les plus importants. Notez les poutres, angles saillants, terrasse, mansardes.

Si vous avez plusieurs étages, faites le plan de chacun d'eux.

### Cas des garages et terrasses

En général, il est préférable de ne pas prendre en compte les garages lorsqu'ils sont attenants à la maison, car ils représentent un espace que l'on ne pourra pas aménager. Leur emplacement sera cependant observé et interprété.

Tenez compte des terrasses lorsqu'elles sont couvertes ou aménagées, ainsi que dans le cas des appartements, car elles font alors partie intégrante de l'habitat.

## Trouver le centre de votre habitat

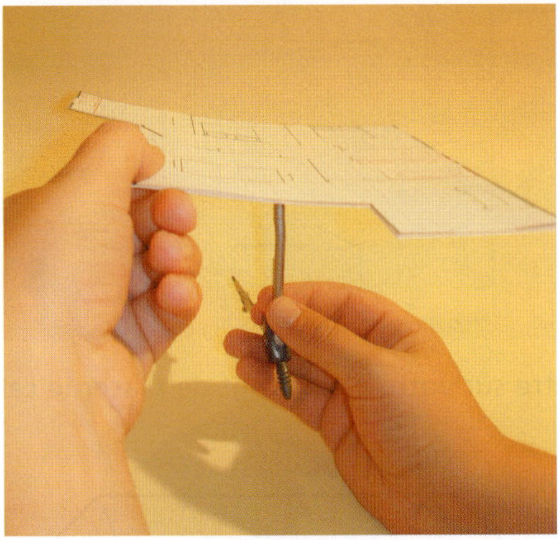

Pour trouver le centre d'un habitat de forme irrégulière, collez sa représentation sur un carton rigide, découpez-la en suivant les contours, et à l'aide d'une aiguille ou de la pointe d'un compas, cherchez le point d'équilibre du carton en le posant sur la pointe. Vous avez alors trouvé le centre de gravité de l'habitation.

Pour positionner le Pa Kua sur le plan de votre habitat, il est nécessaire d'en trouver le centre exact.

Si votre intérieur est parfaitement carré ou rectangulaire, il suffit de tracer les diagonales dont le croisement vous indique le centre.

Par contre, s'il a une forme irrégulière, le centre est plus compliqué à trouver. Comme nous l'avons dit, la méthode la plus simple est de coller votre plan sur un morceau de carton suffisamment rigide. Découpez votre plan en suivant les contours des murs et en englobant les terrasses couvertes et balcons.

À l'aide d'une aiguille ou de la pointe d'un critérium, cherchez le centre de gravité qui correspond au point d'équilibre de votre carton : c'est le centre de gravité du carton et donc le centre de gravité de votre habitat. Notez-le au crayon.

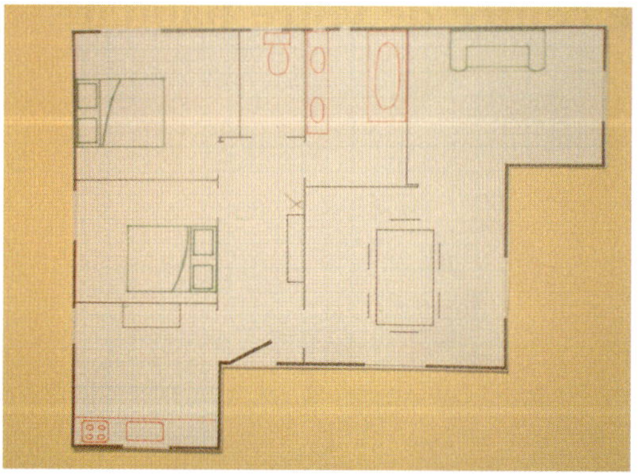

Reportez le centre sur votre plan avant de placer le calque du Pa Kua.

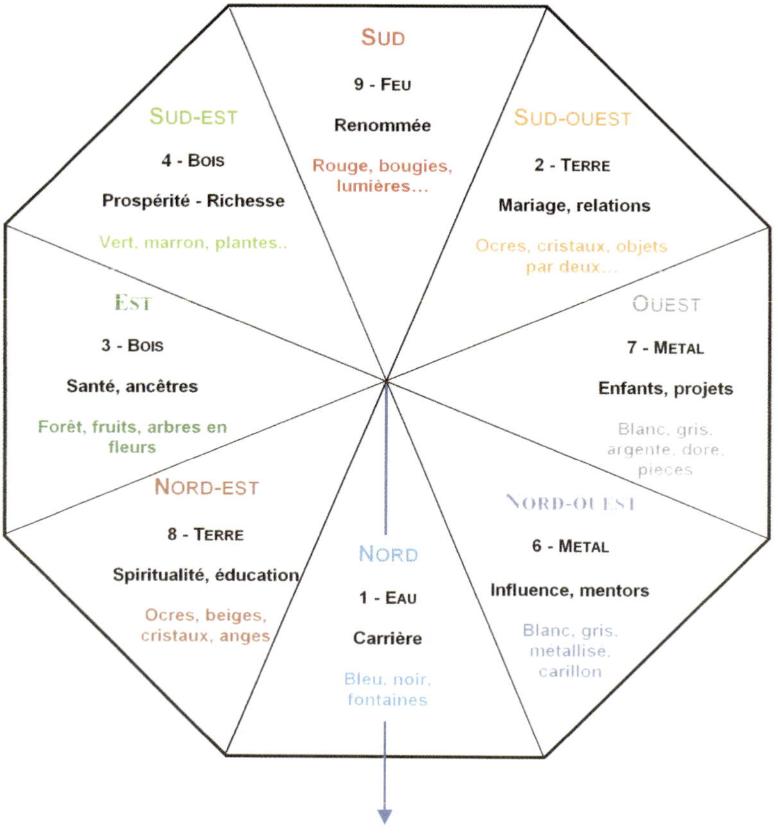

Cas des maisons à étages : reportez la sectorisation du Pa kua à chaque étage, comme s'il s'agissait de plusieurs habitats indépendants. Vous pouvez aussi le replacer sur chaque pièce que vous voulez activer, comme le salon ou votre bureau.

Placez votre plan à plat, les bords du plan parallèles aux murs, mais prenez garde de le positionner dans le même sens que dans la réalité. Placez votre boussole au centre du plan trouvé plus haut et reportez le nord.

Lorsque vous placez votre boussole, vérifiez qu'elle n'est pas faussée. En effet, certaines structures métalliques comme les pieds de tables, ou magnétiques comme un ordinateur, une chaîne hi-fi, un téléviseur, un téléphone, peuvent dévier l'aiguille de la boussole. Prenez donc soin de vous éloigner de toute source qui peut vous induire en erreur : placez-vous dans un endroit le plus vide possible.

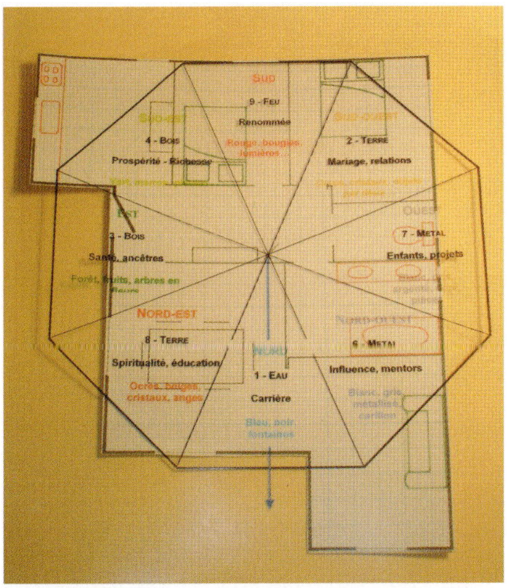


Placez le Pa Kua en alignant son centre au centre de l'habitat et le nord déterminé à la boussole au nord du Pa Kua (représenté par la grande flèche). Chaque pièce se voit alors attribuer un secteur de vie. Vous pouvez alors commencer à analyser votre Feng Shui.

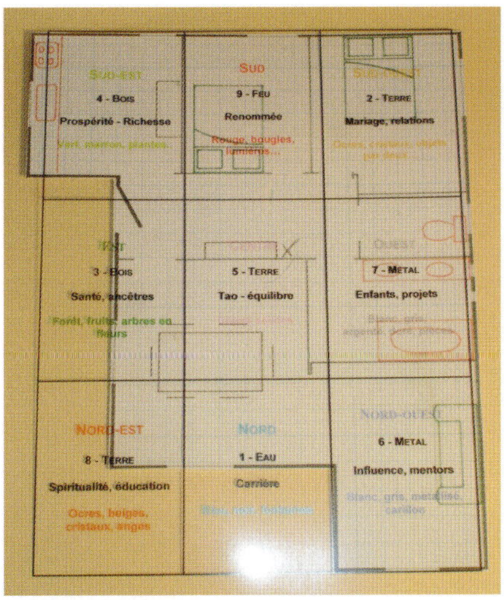


On peut utiliser, à la place du Pa Kua, un carré Lo Shu, mais le calcul est alors moins précis.

Décalquez le Pa Kua fourni et placez-le sur le plan, en superposant le nord au nord de votre plan. Reportez ensuite chaque délimitation de secteur, enlevez le calque et tracez chaque délimitation en passant par le centre. Vous pouvez faire ces tracés en couleur de manière à faire ressortir les divisions. Reportez la dénomination de chaque secteur : aspiration de l'existence, chiffre, élément du secteur. Votre plan a été divisé selon le mode de l'École de la Boussole du Feng Shui.

**Observez** : si vous avez des difficultés financières, cherchez le secteur sud-est, de la prospérité ; vous avez des soucis avec vos enfants, cherchez le secteur ouest, celui des enfants... Se situent-ils dans une pièce à problèmes comme les sanitaires, un secteur manquant ou la cuisine ? Cette observation vous donne les premières indications quant aux blocages que vous ressentez dans votre vie quotidienne.

*Histoire vraie*

*Un chef d'entreprise voulait voir son chiffre d'affaires augmenter et souhaitait pour cela s'implanter dans un domaine déjà saturé. L'accueil, le standard et le bureau du directeur furent travaillés selon les principes de la Boussole. Nous avons mis l'accent sur le sud-est (richesse), le sud (renommée), le nord-ouest (bienfaiteurs), le nord (carrière).*

*À peine quelques semaines plus tard, l'homme m'appela, ravi des effets du Feng Shui. Les clients lui faisaient enfin confiance et les commandes affluaient !*

*Ce genre de résultat est une magnifique récompense !*

*Des résultats sont obtenus dans des domaines aussi divers que le mariage, les enfants, le travail, l'entente entre collègues. Le Feng Shui peut donc agir sur tous les domaines de votre vie.*

**Remarque sur la sectorisation et la sous-sectorisation**

La sectorisation globale de la maison, parfois appelé “ Grand Tai Chi ”, où Tai Chi représente l'équilibre naturel de l'Univers, va être la première étape de la sectorisation d'un habitat. Elle se déroule comme nous l'avons vu précédemmentt.

Il existe ensuite la sous-sectorisation, parfois appelée “ Petit Tai Chi ”, autrement dit, petit Univers.

Il faut comprendre que le Feng Shui est en fait utilisé pour recréer l'harmonie naturelle et “ divine ” existant dans le Tao, c'est-à-dire dans l'Univers. Or, cet équilibre existe effectivement au niveau de l'Univers, mais peut être recréé grâce au Feng Shui à l'échelle d'un pays, d'une ville, d'une maison, mais aussi d'une pièce et à la limite, d'une table.

Vous pouvez donc refaire la sectorisation d'une pièce en particulier, en recherchant son centre et en superposant le Pa Kua comme vous l'avez fait sur la maison. Cette technique permet, pour le salon et le séjour et pour les pièces où vous passez le plus de temps, en réactivant chaque secteur par un élément de décoration adapté, de recréer un espace de vie où l'énergie circule parfaitement. Vous verrez qu'en appliquant cette méthode, votre salon / séjour sera particulièrement agréable et le Chi y circulera très harmonieusement.

Vous pouvez répéter cette façon de faire sur un bureau et éventuellement au niveau de votre chambre, mais en faisant attention de ne pas donner trop d'importance à certains domaines. En effet, la chambre doit rester la pièce intime de votre couple, et il est préférable d'éviter d'y placer des photos de vos enfants, de votre grand-mère, ou un symbole d'argent ou de travail qui ne doit pas prédominer au sein de l'intimité du couple. Dans ce cas, activez particulièrement le secteur amour de votre chambre, ainsi que le travail, l'argent et la renommée dans votre bureau par exemple, et tous les secteurs dans votre salon.

## Secteurs manquants d'un habitat

La forme idéale d'un habitat est le carré ou le rectangle. La forme carrée se réfère à la terre, alors que la forme ronde se réfère au ciel. C'est pourquoi, d'une manière générale, je déconseille les intérieurs ronds. Les personnes vivent " la tête dans le ciel ", et sont trop portées sur le spirituel et pas assez sur le matériel et la vie humaine.

La plupart du temps, les maisons ou appartements ont une forme irrégulière, ce qui engendre la création de secteurs manquants.

Les formes en L, en U, en T ou de formes modernes, avec de nombreux décrochés, sont donc particulièrement problématiques. Les secteurs manquants agissent comme des manques énergétiques. Le secteur touché n'est donc pas parcouru par le Chi, et comme une amputation, ce manque s'en ressent. Par exemple, si le secteur nord-ouest, secteur du père et des bienfaiteurs est manquant, le père peut avoir du mal à s'affirmer dans la famille, les bienfaiteurs ne font pas partie de votre vie, vous recevez peu d'aide de l'extérieur. Si le secteur sud-est, secteur de la prospérité est manquant, vous aurez des difficultés financières ou matérielles.

Pour corriger cet aspect, utilisez des miroirs, des plantes et de la lumière à l'intérieur de votre habitat, contre le mur adjacent au secteur manquant. Ces remèdes créent une énergie forte qui se dirigera vers l'extérieur et qui " agrandira " symboliquement le secteur. Si vous habitez une maison, à l'extérieur, " fermez " le secteur manquant grâce à des plantes, des poteries, un bassin, en respectant l'élément de la division qui doit être réactivé. Vous trouverez plus de précision sur les secteurs manquants dans le chapitre sur l'École de la Forme.

## Effets d'un secteur affecté

Les secteurs du Pa Kua et de l'habitat peuvent être affectés :

– Par des secteurs manquants (référez-vous au chapitre sur les secteurs manquants). L'effet des extensions, qui sont l'inverse d'un secteur manquant, a également été présenté. Il est généralement positif, sauf si l'extension est excessive.

– Par la présence des toilettes, salles de bains, cuisine.

– Par un excès d'éléments destructeurs.

– Par la présence d'un escalier en colimaçon.

### ☯ Effets au nord

Le nord est le secteur de la carrière, son élément est l'eau. Si le secteur est affecté ou manquant, cela engendrera des problèmes au niveau professionnel et dans l'évolution de votre carrière. Vous pourrez passer à côté de votre vocation, votre évolution au niveau du travail pourrait être bloquée.

Une extension raisonnable et une bonne activation dans ce secteur auront au contraire une influence favorable au niveau de vos perspectives professionnelles, vos possibilités de monter en grade et d'avoir des responsabilités dans votre carrière. Il vous sera possible de réaliser vos projets et de suivre votre vocation.

Si l'extension est trop grande ou que l'activation est trop forte, maîtrisez vos ambitions et ne vous laissez pas illusionner par des projets irréalisables. Elle peut aussi entraîner une surcharge de travail pouvant affecter votre famille ou votre santé.

### ☯ Effets au nord-est

Secteur de la spiritualité et de l'élément terre, une énergie manquante ou de mauvaise qualité affectera vos possibilités de réflexion profonde. Vous aurez du mal à vous concentrer, à prendre le temps de réfléchir à vos décisions. Vous pourrez également manquer de motivation pour avancer personnellement et professionnellement.

Au contraire, une bonne activation ou une extension, permettront la réflexion et la motivation. Vous saurez équilibrer habilement spiritualité et matérialité. Vous aurez une idée claire sur les décisions à prendre et sur les directions à suivre pour mener votre vie.

Une extension trop importante ou une surabondance d'activations, par contre, risquent de vous insuffler une impulsivité qui vous conduira à l'erreur et à l'échec. Vos prévisions ne s'avéreront pas exactes.

### ☯ Effets à l'est

Secteur de la santé et des ancêtres, son élément est le bois. Un secteur affecté par un secteur manquant ou une pièce néfaste entraînera une santé fragile et un grand manque de vitalité. Les relations avec votre famille (parents, grands-parents, oncles, tantes...) seront tendues ou peut-être inexistantes. Vous risquez d'avoir l'impression de ne pas avoir de bases solides sur lesquelles vous appuyer pour aller de l'avant, comme si les fondations de votre avenir n'étaient pas posées.

L'activation et l'extension joueront le rôle inverse et permettront une bonne santé, ou des guérisons plus rapides. Les relations avec votre famille seront favorables et vous pourrez vous appuyer et compter sur eux. Si ce n'est pas avec votre famille que vous avez de bonnes relations, vous aurez des amis sincères et solides qui pourront vous aider et vous soutenir.

Si l'activation (ou l'extension) est trop grande, la famille du passé pourra prendre une trop grande importance dans votre vie et il pourrait exister de leur part, un droit de regard envahissant sur votre vie. Vous pourrez aussi souffrir d'hyperactivité et d'agitation.

### Effets au sud-est

Le sud-est est le secteur de la prospérité, son élément est le bois. Un manque d'énergie dans ce secteur créera des difficultés financières et matérielles. Les rentrées d'argent pourront être suffisantes, mais vous aurez du mal à le garder et à faire des économies.

Une bonne activation ainsi qu'une extension seront favorables, puisqu'elles dynamiseront les opportunités matérielles et l'acquisition des biens financiers.

Un excès d'énergie, par contre, focaliserait votre esprit sur le domaine financier, et créerait un certain désintérêt de votre famille et des joies simples de la vie.

### Effets au sud

L'élément du secteur est le feu. La renommée est touchée si le secteur est affaibli. Les ragots vont bon train, et vous avez du mal à vous faire respecter. Des idées fausses peuvent circuler sur vous, au travail comme dans votre quartier et même dans votre famille. Vous pourrez manquer de confiance en vous, et avoir une image de vous faussée par le jugement d'autrui.

Une extension ou une activation correcte auront pour effet de vous faire briller en société. Les autres auront une image de vous très favorable. Vous aurez confiance en vous et n'hésiterez pas à vous mettre en avant.

Trop imposante, cette activation risque de vous rendre arrogant et orgueilleux. Maîtrisez votre ego !

### Effets au sud-ouest

L'élément est la terre et le secteur est celui du mariage. Son secteur est aussi celui de la femme et de la mère. Des tensions pourraient apparaître dans votre couple, avec des risques de séparation ou d'infidélité. La femme peut se sentir dévalorisée, elle ne trouve pas sa place, elle peut ne pas se sentir féminine. Pour les célibataires, ils ont du mal à rencontrer l'âme sœur.

Si les tensions n'apparaissent pas au niveau du mariage, elles pourront se situer au niveau des relations amicales et affectives, avec vos amis ou vos enfants.

Une extension ou une activation permettront à la femme et au mariage de s'épanouir. Les relations amicales seront de bonne qualité.

Une trop grande extension risque de vous focaliser sur votre couple, au point de vous désintéresser des questions financières et de vos amis, ou bien elles prennent une telle place que vous négligez votre couple. Pour les célibataires, les rencontres se multiplient mais les relations ne se stabilisent pas.

### ☯ Effets à l'ouest

Secteur métal, il est celui des enfants, des projets et des économies. Ici, un manque de Chi peut créer des mésententes avec vos enfants ou entre frères et sœurs, des difficultés scolaires pour eux. Vous aurez du mal à vous projeter dans l'avenir et à mener à bien vos projets. L'argent ne restera pas au foyer et aura tendance à fuir, vous plongeant dans des soucis financiers.

Si l'ouest est en extension ou activé, les relations avec vos enfants seront harmonieuses, vos projets seront des réussites et vous pourrez prétendre à un avenir financier radieux.

Trop imposant ou trop sollicité, ce secteur fera prendre trop d'importance aux enfants qui chercheront à vous dominer. Vous placerez vos projets trop en avant au point de mal en mesurer les difficultés.

### ☯ Effets au nord-ouest

Secteur métal, il est le siège de la présence ou de la venue des bienfaiteurs dans votre vie personnelle, financière et professionnelle. Il représente aussi la force du père et de l'homme.

Quand le secteur est absent ou défavorisé, vous vous sentez isolés et vous avez l'impression de ne recevoir d'aide de personne. Le père peut se sentir exclu de la famille et n'arrive pas à affirmer son autorité.

Il aura moins envie de passer du temps auprès de sa famille, et de s'occuper de ses enfants. Il pourra avoir du mal à s'investir dans sa vie de couple.

Quand il est réactivé, le père trouve sa place tout naturellement, il allie sa vie de famille et sa vie professionnelle harmonieusement. Des personnes de l'extérieur vous proposent leur aide toujours au bon moment.

À l'excès, ce secteur induit que le père prend trop d'autorité sur ses enfants et sur son épouse, ou bien qu'il passe trop de temps au travail. Les bienfaiteurs deviennent des relations trop encombrantes qui envahissent votre vie quotidienne.

### ☯ Effets au centre

Des sanitaires, par exemple, au centre d'un habitat, sont extrêmement néfastes. Elles engendrent un déséquilibre au niveau familial, financier, professionnel. Elles peuvent affecter la santé, créer des tensions ou des fatigues pour tous les membres de la famille. Utilisez des couleurs terre : beige, ocres, jaunes, roses clairs et placez-y des pierres et des galets.

# PARTIE 2

# L'environnement de la maison

*" Voir un monde dans un grain de sable, un firmament dans une fleur des champs, l'infini dans le creux de la main et l'éternité en une heure "*

William Blake

L'École de la forme nous permet de vérifier la qualité des énergies apportées par les structures environnantes sur l'habitat et les habitants. Même si la correction est difficile, particulièrement dans les grandes villes, apprenez à déchiffrer l'environnement qui vous entoure.

# École de la Forme

L'École de la forme est complémentaire de l'École de la Boussole. Elle s'attache à observer l'environnement de la maison et son influence sur la vie des habitants. Cet aspect est primordial, car l'énergie qui entrera dans l'habitat est insufflée par la présence des structures favorables et néfastes autour de l'habitation. Comme son nom l'indique, elle permet également d'observer les diverses formes qui constituent une maison ou un appartement : forme globale de l'habitat – est-il régulier ou non – formes créées par la décoration ou l'agencement intérieur.

En Asie, on dit qu'il est difficile d'obtenir des résultats tout à fait satisfaisants au niveau de notre vie si l'environnement est peu favorable. En clair, lorsque vous aurez harmonisé tout votre intérieur en ayant vérifié que toutes les structures sont bénéfiques et en ayant respecté toutes les données de l'École de la Boussole, si devant votre porte d'entrée trône un cimetière ou un hôpital, tout sera faussé. En effet, avant d'entrer, le Chi se chargera négativement et entrera sous cette forme dans votre intérieur. Tout le Chi qui sera ainsi réparti chez vous aura une charge lourde et néfaste, voire dangereuse.

Cependant, dans la philosophie asiatique, on prend la plupart du temps le problème à la racine. On évite ainsi de se créer des problèmes que l'on aura ensuite du mal à résoudre. Cette façon de faire est valable pour le Feng Shui comme pour la médecine chinoise : pour faire en sorte de ne pas tomber malade, les Asiatiques vont suivre des règles au niveau de la diététique chinoise. En Feng Shui, pour éviter d'avoir de mauvaises configurations, il faudrait d'abord choisir un habitat dont l'environnement est favorable. L'autre point délicat dans l'École de la Forme, c'est qu'elle est beaucoup plus facile à appliquer pour une maison que pour un appartement. Dans ce second cas, il faudra analyser l'environnement de l'immeuble, mais il est ensuite très difficile de corriger pour l'appartement même. Nous nous attacherons donc à dresser les grandes règles à respecter pour le choix de votre maison et comment corriger les points qui peuvent l'être.

Dans cette école, plusieurs pôles sont à analyser :

☯ La recherche des protections par la présence des animaux dits protecteurs ou gardiens célestes. Ils sont au nombre de quatre, et dans certains ouvrages, ils sont au nombre de cinq. Ces animaux, le phénix, la tortue, le dragon et le tigre (ainsi que le serpent pour le cinquième) sont représentés sur le terrain par les structures adjacentes comme les montagnes ou les immeubles, les cours d'eau, les arbres, les murs... Ces protections sont plus faciles à repérer, voire même à recréer sur le terrain, pour une maison que pour un appartement.

Des structures hautes et droites, surtout s'il s'agit d'une usine, envoient un Chi néfaste vers votre habitation, car elles représentent des flèches empoisonnées. Si l'usine dégage en plus de mauvaises odeurs ou beaucoup de pollution, elles engendrent un mauvais Feng Shui pour votre famille.

☯ La recherche et la neutralisation, si cela est possible, des flèches empoisonnées qui sont des structures pointues ou anguleuses dirigées vers l'habitat. Celles-ci envoient vers l'habitat l'inverse d'un Chi vital : elles envoient un Shar Chi, énergie très défavorable et dangereuse. Pour les débusquer, il faut exercer son œil et regarder le paysage ou l'environnement différemment. Généralement, lorsque l'on regarde autour de soi, notre cerveau nous pousse à rechercher les structures agréables et harmonieuses. Or les flèches empoisonnées sont tout le contraire. Il va donc falloir s'habituer à voir ce qui est laid et agressif ! Ce n'est qu'à partir de ce diagnostic qu'il vous sera possible de le corriger pour vous protéger de leur effet nocif. Cet aspect peut heureusement s'appliquer aux maisons aussi bien qu'aux petits habitats comme les studios et les appartements.

☯ En plus des flèches empoisonnées, il existe d'autres structures qui envoient un Shar Chi vers l'habitat. Ce ne sont pas des formes pointues ni anguleuses, mais des ensembles dégageant soit une mauvaise image, soit une mauvaise odeur, comme les décharges. Bien entendu, nous apprendrons à corriger leur effet nocif.

☯ L'observation et la correction de la forme des habitats (plans réguliers comme les carrés et les rectangles ou irréguliers) ; et des formes des objets de décoration.

## *Les quatre animaux célestes*

Non seulement ils doivent être présents pour protéger l'habitat, mais en plus, ils permettent de créer et de faire circuler l'énergie tout autour de la maison et de la lui offrir.

Ces quatre gardiens sont porteurs d'une symbolique très forte.

### • *Le Phénix vermeil*

Le phénix est un des animaux célestes qui sont censés garder et favoriser votre habitation. Une telle vue sur la mer, dont chacun rêve, représente un phénix, une ouverture sur le monde, une liberté où tout vous sourit et vous est permis.

Cet animal mythique a de grandes qualités. Il a d'abord celle de l'acuité : il voit loin et très nettement. Cela lui permet de se guider parfaitement et de repérer de loin les opportunités de se poser, de se nourrir. Il connaît son chemin.

Sa deuxième qualité est qu'il a la capacité de renaître de ses cendres. En toute chose et en tout projet, existe l'espoir et l'étincelle de la réussite. Le phénix nous invite à prendre notre envol, à nous élancer vers l'avenir, à croire en notre étoile et à agir avec l'aisance et la liberté de l'oiseau en vol.

Symboliquement, le phénix est représenté par l'avant de votre maison. Regardez-la de loin pour déterminer son phénix. C'est là où vous dessineriez le " visage " de la maison si l'on comparait l'habitat à une personne. Sa présence permet de bénéficier d'opportunités intéressantes aux niveaux professionnel, financier et personnel.

Il se situe souvent devant la porte d'entrée (mais ce n'est pas toujours le cas) et doit être symbolisé par une étendue ouverte, une vue dégagée appelée aussi " hall clair " (parc, espace ouvert, éclairé).

De la même manière que lorsque vous assistez à un événement il est dérangeant d'avoir une personne plus grande devant vous, ou pour pouvoir faire des mouvements amples et aisés, vous choisissez la position qui vous laissera le plus d'espace devant vous.

Gardez toujours devant la porte d'entrée et la porte arrière de la maison un espace dégagé. Pour les petits jardins, toujours réserver un petit carré vert et éclairé devant l'entrée.

L'énergie doit pouvoir, dans la maison, arriver sans avoir à faire du saut d'obstacle ou des détours interminables. Elle doit également se charger positivement avant de pénétrer dans la maison. Elle doit donc rencontrer des éléments favorables qui vont lui fournir l'effet souhaité. C'est pourquoi l'avant de la maison doit être ensoleillé, clair et agréable. Le jardin de devant devrait toujours être plus bas que celui de derrière.

Dans une maison, veillez à dégager le phénix, s'il y a des amas de pierres, d'herbes, un grillage rouillé ou cassé... Ne laissez surtout pas les poubelles et détritus à l'avant de la maison : leur énergie est très néfaste, et outre les odeurs désagréables, elles bloquent vos opportunités et ne vous permettent pas de vous épanouir au niveau de votre avenir. Si vous ne pouvez pas déplacer les ordures, essayez de les cacher en installant une barrière de bois. Si les poubelles font partie du quartier et que vous ne pouvez ni les déplacer ni les cacher, essayer de planter une haie ou des canisses chez vous, qui les dissimuleront à votre vue.

Une fois dégagé, l'avant doit être agrémenté d'une pelouse bien entretenue, de fleurs multicolores, de lumières, de sculptures agréables à l'œil, ou d'une allée bien entretenue qui dirigera favorablement le Chi jusqu'à la maison.

Dans un appartement, décorez votre pas de porte. Utilisez un tapis rouge et accueillant et placez une plante verte de chaque côté de l'entrée. Si cela est possible, accrochez une belle représentation de paysage verdoyant et fleuri juste en face de votre porte lorsque vous sortez. De cette façon, à chaque fois que vous sortez de chez vous, vous aurez cette image devant les yeux, ce qui vous aidera à trouver l'énergie d'aller de l'avant et de vous propulser non seulement dans votre journée mais dans votre avenir personnel et professionnel. Si cela ne vous est vraiment pas possible, placez cette image sur votre porte de manière à la voir avant de sortir, donc sur la face interne de la porte.

En plus de cet espace dégagé et visuellement agréable, l'idéal serait de trouver, pour une maison, un petit monticule, comme pour reposer les pieds lorsque l'on est assis dans un fauteuil confortable. En effet, nous avons comparé la maison à une personne, et l'avant à son visage. Pour aller plus loin, plus que le visage, ce pourrait être l'avant du corps et l'on peut imaginer la maison comme une personne assise dans un fauteuil. Le phénix est le devant de ce siège.

Pour créer ce monticule, si vous en avez la possibilité, faites placer de la terre ou des pierres dans votre jardin devant la maison. Ce peut aussi être un muret. Faites pousser de la pelouse sur la terre et placez-y des fleurs rouges. Si ce sont des pierres, créez un petit jardin de rocaille en plaçant de la terre dans les interstices et en cultivant des plantes de rocaille.

Dans l'idéal, le phénix doit présenter de l'eau – rivière, petite cascade, bassin – un chemin ou une route. Ces deux structures créent un mouvement favorable au renouvellement du Chi. Il existe des formules plus poussées en Feng Shui qui tiennent compte, en plus de la présence d'un flux, de son sens de déplacement. On calcule à la boussole la direction au degré près d'où il vient, et la direction au degré près où il se dirige. Les deux mesures permettent de déterminer la qualité énergétique exacte dont profite ainsi l'habitat.

La présence d'eau ne doit cependant pas être trop violente, car elle entraînerait avec elle le Chi favorable et l'affaiblirait. Il vaut mieux une rivière au flux moyen qu'un torrent. Une route sera nettement plus propice si elle est située devant la maison que si elle est derrière où elle déstabilise la maisonnée. Cependant, il vaut mieux une route tranquille que trop rapide comme une nationale ou une autoroute. Trop de voitures engendreraient du stress et de l'anxiété. Vous risqueriez de ne pas réussir à stabiliser votre carrière ou votre vie personnelle.

Il ne faut jamais que vous ayez un arbre ou un poteau juste devant la porte d'entrée. Cette configuration est un cas grave qui peut engendrer des problèmes de santé touchant la circulation sanguine. C'est un des cas observés en priorité par les maîtres Feng Shui. Une structure dressée ainsi juste devant la porte d'entrée agit comme un couteau qui coupe le Chi en deux avant qu'il entre dans la maison. Si c'est votre cas, il est préférable de couper l'arbre ou de placer au-dessus de la porte un miroir Pa Kua (voir “ les remèdes Feng Shui ”), ou un carillon métallique à cinq branches accroché devant votre porte.

Le phénix est appelé vermeil parce que dans la maison idéale, il devrait être situé au sud. Son élément est donc le feu. Cela est très rarement le cas, puisque nous ne choisissons plus ou presque plus l'implantation de la maison sur le terrain. Il garde du sud sa luminosité et ses capacités à illuminer votre avenir.

Si vous n'avez pas un phénix satisfaisant à l'extérieur de votre habitat, placez-en une représentation sur le mur sud de votre intérieur. Une tenture rouge ou un autre oiseau symbolisera le phénix.

### *La tortue noire*

Les qualités de la tortue sont la longévité et la stabilité. Elle assure la protection de toute la maisonnée en lui servant de “ dossier ” comme une carapace solide. Elle doit donc être à l'arrière de la maison. La tortue peut être représentée par une montagne, un haut bâtiment, un mur. C'est la partie de la maison opposée au “ visage ” que représente le phénix. C'est également la façade qui souvent, possède le moins d'ouvertures (fenêtres, portes-fenêtres, portes...).

**Une tortue doit être placée à l'arrière de votre habitat. Elle vous donne de la stabilité, et une carrière bénéfique. Elle peut être présente sous forme d'immeubles, de collines ou, comme ici, d'arbres.**

Elle symbolise le soutien de la part de personnes influentes, la longévité et la protection. Le fait que votre maison possède une belle tortue vous offrira des opportunités d'aides venant de l'extérieur et une capacité à construire des projets solides.

Dans les jardins, il est préférable que la partie arrière soit plus haute que la partie avant de la maison.

Si ce n'est pas le cas, on plantera des arbres très feuillus ou des arbustes, on pourra également récréer une butte, construire un mur, placer des rochers, ou placer une tortue décorative en céramique à l'arrière de la maison.

Dans l'idéal, la tortue est située au nord, à l'opposé du phénix. Son élément est donc l'eau, c'est pourquoi sa couleur est le noir. Comme nous l'avons dit, il est rare que l'implantation de la maison respecte cette configuration. Tenez surtout compte du fait que la maison doit s'asseoir et s'appuyer sur quelque chose de haut à l'arrière.

**La tortue doit être présente à l'arrière de votre maison sous forme d'une hauteur comme une colline, une maison, un immeuble assez haut, un ou plusieurs arbres. Cette surélévation offrira à votre habitat protection et stabilité. Si vous n'en avez pas , vous risquez de vous sentir mal à l'aise, votre carrière ne vous satisfera pas et les personnes saines seront absentes de votre entourage. Compensez en plaçant des meubles hauts au nord, une représentation de montagne ou une tortue en céramique.**

Dans une pièce, la tortue devra être recréée lorsque vous serez à votre bureau, grâce à la présence d'un dossier haut ou d'une image de montagne derrière vous. Pendant votre sommeil, une tête de lit agira également comme soutien et protection.

Et d'une manière générale, on se sent plus à l'aise lorsque l'on est assis dos à un mur. Qui n'a pas ressenti de l'inquiétude, quand, par exemple au restaurant, il est assis dos au passage des autres clients ? Si quelqu'un reste debout derrière soi ou bien que l'on entend parler, on aura tendance à se retourner souvent pour voir qui est dans notre dos.

Si vous n'avez pas de tortue au dos de votre maison, placez des meubles hauts et solides dans le secteur nord de votre habitat, ou une représentation de tortue ou de montagne.

### *Le dragon vert*

Le dragon est un des gardiens célestes de votre maison. Cet animal est considéré par les Asiatiques comme un animal qui apporte la chance et le bonheur dans toute la maisonnée. Si vous possédez une représentation de dragon, placez-la à l'est de votre habitat, sa direction privilégiée.

Le dragon, en Asie, n'a pas la même symbolique qu'en Occident. Il n'est pas l'animal agressif qui crache du feu et qui attaque les princes charmants.

Ce dragon-là, au contraire, apporte la chance aux habitants. Il est celui qui désire la réalisation des projets que promet le phénix dans l'avenir. Il nous donne une force créatrice et sans cesse renouvelée, car son élément est le bois, c'est pourquoi on l'appelle le dragon vert. En Feng Shui, le Chi est aussi appelé " souffle cosmique du dragon ". En effet, pour les Asiatiques, le dragon est l'animal mythique qui forme les paysages : les cours d'eau sont ses veines, les collines et montagnes forment son dos, l'herbe le colore en vert. Son souffle doit arriver sain dans l'habitat, sans être pollué par des structures hostiles.

**Ce type de paysage peut symboliser la présence d'un dragon vert**
**Si votre habitat en est proche, vous en bénéficiez directement. Si vous n'avez pas de dragon à la gauche de votre maison, placez un paysage vert sous forme de photo ou de tableau sur le mur est de votre intérieur.**

Lorsque l'on regarde en direction du phénix, il doit être présent à gauche de la maison et représenté par une colline, une herbe verte, des arbustes ou des arbres, une haie, un mur ou une maison.

Dans un jardin, si ce n'est pas le cas, on pourra placer une lumière vive du côté gauche de la maison, ou recréer le dragon à l'aide d'arbustes très verts et plus fournis qu'à droite. On pourra également élever un monticule de terre gazonnée.

Si vous êtes en appartement ou que vous n'avez pas la possibilité d'avoir un dragon, placez dans le secteur est de votre habitat une sculpture de dragon, quelle que soit sa matière, ou une photo de colline verdoyante.

En ville, le dragon pourra être symbolisé par la présence d'autres maisons ou immeubles. Certaines villes comme Monaco ou Hong-Kong ont été construites selon des principes Feng Shui qui respectent la présence des quatre animaux célestes. On constate que ces deux villes connaissent une forte croissance !

Dans l'idéal, il serait placé à l'est, ce qui est rarement le cas, donc on tiendra surtout compte de sa présence ou de son absence à gauche de la maison.

### *Le tigre blanc*

Le tigre doit idéalement être placé à droite de votre habitat lorsque vous regardez le phénix. Il est blanc car son élément est le métal. Il doit être plus petit, à l'extérieur de votre habitat, que le dragon, car il est considéré comme impulsif et imprévisible. Ce sera donc un muret en pierres, une maison plus basse que la votre, quelques végétaux à fleurs blanches. Dans l'habitat, placez à l'ouest des meubles bas. Évitez les représentations de tigre dans votre habitat car il peut se retourner contre vous.

Le tigre est un animal impulsif, fort et agressif. Il peut agir à tout moment, sans crier gare. Il symbolise la puissance et l'action.

Il est masculin comme le métal, son élément, c'est pourquoi il est blanc, couleur du métal. Il permet de défendre fermement le bonheur que le dragon apporte au foyer.

Il doit être situé à droite de l'habitat lorsque l'on regarde en direction du phénix. Il doit cependant être plus bas que le dragon à gauche, sous peine de le voir se retourner contre les habitants…

Cela peut être une colline, un muret, une rangée d'arbres…

Dans un jardin, on pourra le symboliser en plantant des fleurs blanches basses. S'il est plus haut que le dragon, on utilisera une lumière vive dont l'élément feu maîtrisera le métal du tigre.

Dans un intérieur, ne placez pas de représentation de tigre, car il peut être dangereux. Si vous en avez un en tableau que vous affectionnez particulièrement, placez-le dans le secteur ouest de votre habitat. Pour recréer le tigre dans votre intérieur, placez plutôt des meubles bas (plus bas que ceux de l'est) ou un carillon métallique à six ou sept branches.

Cette configuration des quatre animaux, naturelle ou recréée, prévaut sur le Feng Shui de la Boussole. Avoir un bon Feng Shui intérieur sans une bonne configuration extérieure entraînera des difficultés à obtenir d'excellents résultats.

Dans une pièce, on cherchera à respecter un bon Feng Shui de la forme par exemple dans une chambre ou pour un bureau.

## Les montagnes

Elles sont considérées comme propices mais elles ne doivent jamais être directement en face d'une porte d'entrée, car elles bloquent les opportunités et les perspectives d'avenir.

Leur forme détermine leur élément et influe sur la destinée des gens :

☯ Les montagnes de l'élément “ feu ” ont des pics pointus et acérés. Ce sont les montagnes du type des Hautes-Alpes, que l'on appelle les montagnes jeunes. Elles offrent à l'habitat une énergie dynamique favorable au travail et à l'action.

Elles sont bénéfiques aux personnes de l'élément feu et de l'élément terre (car le feu nourrit la terre). Elles sont également bénéfiques aux maisons dont l'avant est au nord et l'arrière (tortue) au sud.

☯ Les montagnes de l'élément terre ressemblent à des plateaux, leur forme est rectangulaire et massive.

Ce type de montagne est favorable aux personnes de l'élément terre et métal, ainsi qu'aux maisons dont l'avant est dirigé vers le sud-ouest ou le nord-est

☯ Les montagnes de l'élément bois sont de forme assez haute, au sommet arrondi.

Ces montagnes sont favorables aux personnes des éléments bois et feu. Elles le sont également aux maisons dont l'avant est dirigé vers l'ouest ou le nord-ouest, et l'arrière à l'est ou au sud-est.

☯ Les montagnes de l'élément métal ont l'aspect de collines aux sommets arrondis, à la base large et aux pentes douces. Ce sont les vieilles montagnes des Vosges ou d'Auvergne.

Ces montagnes favorisent les personnes de l'élément métal ou eau, et aux maisons dont l'avant est dirigé vers l'est et l'arrière à l'ouest ; ou les maisons dont l'avant est au sud-est et l'arrière au nord-ouest.

Toute structure pointue et agressive dirigée vers votre habitat, même une montagne, est considérée comme une flèche empoisonnée. Elle envoie un Chi néfaste pour votre foyer, qu'il est nécessaire de corriger.

☯ Les montagnes de l'élément eau sont de forme ondulée et ont plusieurs sommets arrondis. Elles sont très favorables au travail.

Ce type de montagne est favorable aux personnes des éléments eau ou métal, ainsi qu'aux maisons dont l'avant est au sud et l'arrière au nord.

Une montagne à l'arrière de votre maison joue le rôle de dossier, que l'on appelle tortue. Cependant, si elle est trop imposante par rapport à la taille de votre habitat, elle vous étouffera et aura tendance à vous pousser à vous renfermer sur vous-même. Vous aurez moins de courage et d'entrain à entreprendre les choses.

☯ L'élément d'une montagne change selon l'endroit d'où on la regarde. Si, de votre maison, sa forme lui confère un élément bois par exemple, et que d'une autre maison, sa forme est plutôt pointue, de cette dernière, la montagne aura un élément feu.

☯ Montagne et père :

L'élément d'une montagne ne peut pas s'accorder aux éléments de toute la famille, aussi, en général, on cherche à ce que l'élément de la montagne s'accorde à celui du père de famille ou de la personne qui dirige la maison sur le plan financier et matériel.

## Éviter le Chi néfaste – Flèches empoisonnées

Les principales difficultés viennent des flèches empoisonnées dirigées vers la maison.

## Que sont les flèches empoisonnées ?

Les flèches empoisonnées sont des structures hostiles et agressives pointées vers la maison, qui envoient un Chi néfaste appelé Shar Chi. Elles sont encore plus dangereuses si elles sont dirigées directement vers la porte d'entrée. Elles sont appelées flèches empoisonnées car elles agissent comme telles, en perforant la maison ou la pièce qu'elles pointent.

Les flèches empoisonnées existent également dans les intérieurs. Elles sont particulièrement dangereuses si elles sont dirigées vers les lits, la table de la salle à manger ou les bureaux.

Il existe aussi des structures qui envoient un Shar Chi stagnant ou pollué comme les cimetières. Ce sont des structures à connotation négative ou dégageant de mauvaises odeurs ou du bruit.

***Les flèches empoisonnées extérieures les plus courantes :***

- Angles de toits triangulaires
- Cheminées d'usines
- Bords anguleux des bâtiments ou de maisons voisines
- Réverbères, pylônes
- Arbres ou poteaux juste en face de la porte d'entrée
- Toit de clocher
- Ponts et routes suspendues menaçants
- Routes et allées droites arrivant sur la maison, une maison située à l'extérieur d'une courbe, au centre d'une route ou d'une allée en “ Y ”, en “ T ”, en “ U ”, ou à un carrefour.
- Maison située dans un cul-de-sac

Une habitation ne doit pas être positionnée à l'extérieur d'une courbe de route ou de rivière car le Chi engendré est trop fort et s'avèrera épuisant pour la famille. Il peut même bloquer certaines opportunités. Pour contrer cet aspect, si vous le pouvez, placez un bosquet d'arbres de chaque côté de la courbe pour la " redresser " symboliquement, ou une haie végétale entre la courbe et la maison.

Les immeubles et structure qui entourent votre habitat influencent votre vie. Leur emplacement peut être propice ou non et surtout, ils peuvent envoyer vers vous un Shar Chi dû aux flèches empoisonnées, qui doit être corrigé, par exemple en plaçant des fleurs ou des plantes sur votre balcon.

Les routes et allées peuvent envoyer un Shar Chi sur votre maison car elles se comportent comme des flèches empoisonnées. C'est le cas des routes en T, en U, en Y ou quand l'habitat est à l'extérieur d'une courbe ou à un croisement. Vous pouvez corriger grâce à des plantes qui feront écran ou à des lumières.

### *Shar Chi stagnant ou pollué*

- Décharges, poubelles
- Usines ou chantiers faisant du bruit ou dégageant de mauvaises odeurs
- Hôpitaux
- Prisons
- Cimetières
- Commissariats

## Contrer les flèches empoisonnées venant de l'extérieur

☯ Entre la ou les flèches empoisonnées, plantez de hauts arbres feuillus, des arbustes, des haies, de la végétation assez haute, qui feront écran.

☯ Utilisez des lumières : placées contre la façade et pointée vers la ou les flèches empoisonnées. Ne placez pas de lumière pour contrer une flèche créée par une route, vous risqueriez d'éblouir les conducteurs et ainsi d'aggraver le problème.

☯ Les miroirs Pa Kua

Le miroir Pa Kua est communément utilisé en Asie et dans le Feng Shui comme puissant protecteur. Il s'utilise en extérieur, pour protéger l'habitat et le membres de la famille contre les influences néfastes de l'extérieur : angles saillants, flèches empoisonnées, structures hostiles…

Ces miroirs sont très puissants et sont très utilisés par les Asiatiques pour se protéger de l'extérieur. Ils ne se placent qu'à l'extérieur de l'habitat, jamais à l'intérieur, car ce sont des symboles forts qui pourraient déséquilibrer l'énergie d'un intérieur.

Accrochez-le au-dessus ou à côté de la porte d'entrée ou sur la façade. Ne l'accrochez pas sur la porte même, car le Chi serait repoussé de l'habitat.

Dans le commerce, on trouve trois sortes de miroir Pa Kua :

– les miroirs convexes (bombés)

– les miroirs concaves (creux)

– les miroirs plats

Vous pourrez vous protéger des flèches empoisonnées émanant des balcons et structures agressives des immeubles voisins en plaçant un écran de plantes sur votre balcon ou à vos fenêtres.

L'angle d'un bâtiment dirigé vers votre maison est très néfaste car il envoie un Shar Chi, un Chi dangereux. Il est impératif de corriger cet aspect par l'utilisation d'un miroir Pa Kua plat ou convexe, ou encore un carillon métallique entre l'angle et votre maison.

Si la flèche est directement dirigée vers votre porte d'entrée, elle est encore plus dangereuse et peut même entraîner des problèmes de santé.

• Les convexes sont utilisés pour repousser un ensemble de flèches empoisonnées. Si par exemple, votre maison est touchée sur une même façade par un angle de maison et par un pylône, le miroir convexe réfléchira les deux flèches d'un même coup. Ils sont également propices pour contrer le Shar Chi d'un bâtiment imposant comme une usine ou un cimetière.

• Les miroirs plats sont plus forts et utilisés contre une flèche seule. Ne les utilisez pas pour contrer une flèche provenant d'un voisin, vous lui renverriez l'effet néfaste de plein fouet. Dans ce cas, choisissez le miroir convexe.

• Les miroirs concaves, eux, sont utilisés pour attirer l'énergie d'une structure positive, comme celle d'un bassin, d'une fontaine, d'un arbre fleuri, ou d'un champ verdoyant.

Avoir une vue sur un cimetière, comme sur un hôpital ou une prison dégage pour les maisons alentours une énergie très Yin et néfaste. Cela risque d'entraîner fatigue, mélancolie, tristesse et même dépression. Pour corriger si c'est votre cas, placez de la lumière entre ce type de structure et votre habitat. Si vous ne pouvez pas le faire dans le jardin ou que vous habitez en appartement, installez des voilages de couleurs vives à vos fenêtres pour activer la polarité Yang. Brûler régulièrement de l'encens et allumez la musique.

*Les miroirs en Asie...*

*On utilise très souvent le remède du miroir Pa Kua. En Asie, dans les villes, les personnes utilisent la technique du miroir contre toutes les flèches empoisonnées voisines. À Singapour, par exemple, la police passe tous les soirs pour ôter les miroirs, protecteurs de la maisonnée, mais éblouissant les automobilistes. Tous les matins, les miroirs sont déjà remis ! Il existe même, et malheureusement, des guerres Feng Shui entre voisins et également entre les plus grands instituts comme les banques ! Ils utilisent pour cela des structures hostiles en forme de canon dirigé vers le concurrent et force d'autres armes...*

Un carillon métallique à cinq branches vous permettra de contrer une flèche empoisonnée dirigée vers votre habitat.

☯ Les hôpitaux, les cimetières ou les prisons sont très Yin. Pour recréer l'activité et la vie, placez des lumières vives et Yang entre eux et la maison.

☯ On pourra également utiliser une lumière intense dans le cas où la porte d'entrée ouvre directement vers un mur, un arbre, un poteau ou une montagne, et dans le cas où l'on ne peut modifier la façade d'entrée.

🌓 Les carillons

Placés entre la source du Shar Chi et l'habitat, ils dévient et transforment ce souffle dangereux. Ils doivent être à cinq branches, à tubes creux et en général métalliques, pour repousser le Chi néfaste.

🌓 Utilisation des cinq éléments et du cycle de transformation :

Il existe un moyen efficace de détruire le Shar Chi, en utilisant le cycle destructif des éléments. Lorsqu'une flèche empoisonnée est dirigée vers un habitat, elle charge le Chi négativement. Par exemple, si elle vient du sud, son élément est le feu, mais un feu chargé négativement. On placera, entre la flèche et l'habitat, l'élément qui détruit l'élément du Chi néfaste, dans notre exemple, on utilisera l'eau qui détruit le feu.

• Si la direction d'où vient Shar Chi est le sud, il est donc de l'élément **feu**, on utilise l'eau pour corriger. Ce pourra être une fontaine, un bassin, un carillon, un mobile ou un objet de décoration bleu accroché devant ou sur la porte. Peignez la porte ou l'encadrement en bleu (bleu marine, bleu lavande, bleu ciel...).

• Si le Shar Chi vient du nord, il est de l'élément **eau**. L'élément destructeur est la terre. Construisez un mur de pierres ou de briques, ou disposez quelques pierres devant la maison, par exemple sous forme de rocaille. Vous pouvez aussi utiliser un mobile en céramique ou de faux cristaux. Les couleurs correctrices seront les jaunes ou les ocres.

• S'il vient de l'est ou du sud-est, son élément est le **bois**. L'élément destructeur est le métal. Utilisez des objets dorés ou argentés, ou un grand carillon éolien métallique à cinq branches à l'entrée de la maison. Vous pouvez peindre la porte ou son encadrement en blanc ou en gris perle.

• S'il vient de l'ouest ou du nord-ouest, son élément est le **métal**. L'élément destructeur étant le feu, utilisez une lumière forte entre la porte d'entrée et la flèche, ou des objets rouges. Vous pouvez aussi peindre la porte ou son encadrement en rouge, ou accrocher un objet rouge.

• S'il vient du sud-ouest ou du nord-est, son élément est la **terre**. L'élément correcteur est le bois, que vous pouvez introduire en plaçant un carillon en bambou ou de grandes plantes de chaque côté de la porte. Les haies, arbres et arbustes qui pourront faire écran seront également efficaces. Les couleurs de la porte ou de l'encadrement seront les verts et les marrons, ou le bois naturel.

***Les flèches empoisonnées intérieures les plus courantes :***

- Les poutres surtout carrées
- Les angles de murs
- Les coins de murs que l'on a dans le dos lorsque l'on travaille, si le bureau est en diagonale
- Angles de murs ou de conduit de cheminée
- Angles agressifs de meubles
- Longs couloirs ou longs escaliers (surtout placés en face de la porte d'entrée)
- Les lampes, sculptures ou objets de décoration pointus ou piquants

### Contrer les flèches empoisonnées intérieures

Dans les intérieurs, il faut prendre garde à toutes les flèches empoisonnées comme les piliers apparents, les poutres, les rangées de livres, les angles saillants, les objets pointus.

☯ Les escaliers dont les marches ne sont pas jointes créent des fuites d'énergie et des flèches empoisonnées. Celles-ci sont particulièrement néfastes si elles sont dirigées vers un lit, un bureau ou une table de repas. Le remède le plus efficace est de les combler en faisant appel à un menuisier. Si vous ne pouvez pas, placez une guirlande de fleurs ou de feuilles le long de la rampe pour ralentir et conserver le Chi fuyant.

☯ Les escaliers ou couloirs trop droits, dans lesquels le Chi n'a pas le temps de sinuer, représentent des flèches empoisonnées, surtout face à une porte d'entrée, de bureau ou de chambre. L'énergie est trop rapide et devient ainsi dangereuse. Le sommeil sera agité, le travail ne sera pas productif.

• Dans ces cas, on adoucira le Chi en utilisant des tissus, des plantes, des poteries, des lumières, en fonction de l'élément du secteur.

Sur les murs, accrochez des images, représentations ou encadrements colorés et agréables. Les miroirs et lumières, comme des appliques, permettent aussi au Chi de ralentir et de sinuer. Les tissus comme les rideaux placés à mi-chemin du couloir ou en bas de l'escalier, drapés ou non, ralentissent l'énergie. Les carillons suspendus, en métal, en bois ou en céramique sont propices. Les plantes et poteries placées sur le chemin trop rapide du Chi vont le calmer.

☯ Les plantes aux formes agressives ou torturées dégagent un Shar Chi : les cactus (trop agressifs), les bonsaïs (trop torturés), les plantes aux feuilles pointues ou piquantes (comme le dracéna ou le yucca), les plantes sèches ou malades, les fleurs séchées qui représentent la mort.

• Mieux vaut les jeter et les remplacer par des plantes aux feuilles adoucies et des bouquets de fleurs fraîches. Les cactus et bonsaïs, s'ils ne sont pas trop nombreux, seront utiles sur le rebord intérieur ou extérieur des fenêtres pour protéger votre habitation des vols et agressions.

☯ Les objets agressifs, tranchants, pointus, les représentations d'armes, de guerre, d'attaque, doivent être pris en considération. Notre subconscient enregistre chaque jour ces informations qui agissent comme des images subliminales en plus d'affecter la qualité du Chi. Mieux vaut privilégier les symboles de paix, d'harmonie, de joie et de bonheur.

Ce tableau représente des guerriers berbères sur des chevaux, et tenant des armes. Évitez les représentations de guerres et de batailles, car elles dégagent de l'agressivité, des tensions. Là où ces images seront placées, le secteur de vie se trouvera affecté. Si par exemple vous placez un tel tableau dans le secteur du couple, la communication ne s'établira pas, mais des disputes, voire des séparations, pourront apparaître.

*Histoire vraie*

*Un client se plaignait de difficultés financières et de problèmes de santé. Dans une des pièces de la maison étaient accrochées au mur une multitude d'armes et d'armures : épées, lances, fleurets et autres outils de combat. Il s'agissait de très belles armes façonnées, mais leur effet était néfaste sur la santé et le travail du père. Trois solutions ont été proposées :*

*La plus radicale : les enlever, ce qui n'a pas été suivi.*

*L'intermédiaire, les déplacer, ce qui a été fait. Elles ont été placées dans un autre secteur, dans un endroit moins visible et proche d'une cheminée (le feu détruisant le métal des armes, l'effet était moins grave). Le résultat fut intéressant puisque les problèmes de santé se déplacèrent : des oreilles (otites à répétition), les douleurs passèrent aux jambes, or, les secteurs concernés par la position des armes étaient les oreilles en premier, puis les jambes. Les armes agissaient comme un couteau qui blessait la partie du corps en question.*

*Pour compléter donc, il a été conseillé d'attacher à chaque arme un petit ruban rouge signifiant le feu pour calmer le métal. Il aurait pu être question de les accrocher sur un fond de tissu rouge.*

*Peu de temps après, des améliorations notables s'étaient fait sentir tant au niveau de la santé que des finances !*

☯ Utilisation des lumières

• Contre les poutres apparentes : placez un ou plusieurs spots dirigés vers les poutres, vers les angles saillants ou en direction des renfoncements sombres où le Chi stagne.

• Pour atténuer l'effet néfaste de toilettes situées juste au-dessus de la porte d'entrée, en éclairant à l'étage inférieur et en dirigeant les spots vers le plafond pour rehausser le Chi alourdi.

• Pour calmer le Chi vigoureux dû à des escaliers ou à un couloir directement placé en face de la porte d'entrée, accrochez des appliques régulièrement aux murs.

☯ Les miroirs

• Utilisez-les pour “ dissimuler ” un pilier en le recouvrant entièrement ou partiellement, ce qui le fera symboliquement disparaître. Un tel pilier est particulièrement dangereux s'il est placé en face de porte d'entrée lorsque l'on entre.

Un angle, comme ici un angle de mur, crée un Shar Chi en envoyant une flèche empoisonnée. Si elle est dirigée vers votre lit ou votre bureau, elle s'avérera dangereuse. Une guirlande fleurie placée devant l'angle, adoucira et vous protégera du Shar Chi. On peut également utiliser un tissu ou une guirlande de perles.

☯ Les cristaux

• On peut placer un cristal à facettes devant un angle pour casser la flèche créée.

☯ Les guirlandes de fleurs, de lierre ou de vigne, et les guirlandes lumineuses

• Placées devant un angle de mur concave ou convexe, un angle de meuble, ou toute structure hostile, elles corrigent bénéfiquement les flèches empoisonnées.

• On peut utiliser ces décorations sur les poutres pour les adoucir.

• Elles sont également utiles pour ralentir le Chi dans les escaliers, en les enroulant autour de la rampe.

☯ Les couleurs

• Peignez vos poutres d'une couleur cérusée claire pour atténuer leur effet alourdissant. Choisissez parmi le blanc, le vert, le jaune, le bleu, le rose. L'atmosphère est immédiatement allégée et harmonisée.

• Vous pouvez aussi peindre de jolies frises sur les poutres pour en atténuer les effets néfastes, comme des feuilles ou des fleurs.

☯ Les baguettes de bois arrondies

• On trouve facilement, dans les magasins de bricolage, des baguettes en bois à coller sur les angles. Choisissez-les arrondies et jouez avec les couleurs favorables au secteur où se trouve l'angle.

## Secteurs manquants d'une maison ou d'un terrain

### Description des secteurs manquants et des extensions

Les habitats et les terrains à la forme régulière, comme les carrés ou les rectangles, sont les plus favorables. Le Chi y est régulier. L'habitat a plus d'influence sur vous que le terrain car vous y vivez directement et qu'il est concrètement matérialisé par de murs, des pièces et des couleurs.

Les formes régulières comme les ronds et les octogones pour un habitat pourraient être positives. Cependant, dans les philosophies asiatiques, le rond symbolise le ciel tandis que le carré ou le rectangle représente la terre. L'octogone rappelle, quant à lui, la forme du Pa Kua. Or le rôle de l'être humain est de vivre sur terre et non dans le ciel ou dans les étoiles. Une habitation ronde ou octogonale risque d'induire une spiritualité trop développée. Vous n'aurez pas les pieds sur terre et vous aurez le sentiment de manquer de repères. Outre le fait qu'il est difficile de meubler une habitation ronde, elle risque en plus de vous déstabiliser et de ne pas favoriser votre profession et vos finances. Ces formes sont utilisées en Asie pour les temples et les lieux de prière. Les formes carrées et rectangulaires, quant à elles, représentent la terre, elles feront des habitats forçant à la stabilité et à la sécurité.

Actuellement, la plupart des plans d'habitations neuves ont des formes irrégulières et des décrochés importants, ce qui, en Feng Shui, crée des déséquilibres.

Lorsque nous aurons superposé le Pa Kua, des secteurs ne seront pas représentés. On les appelle des **secteurs manquants**. Ils sont absents physiquement et énergétiquement. Le Chi ne circulera pas à cet endroit, et ne pourra pas nourrir le secteur en question. En médecine chinoise, l'ablation d'un organe, par exemple la vésicule biliaire, ne nous empêche pas de vivre. Cependant, sur le plan de l'énergie, l'absence de cet organe déséquilibre le fonctionnement du corps s'il n'est pas pris en considération. Il est nécessaire d'équilibrer grâce à l'acupuncture, l'homéopathie ou l'oligothérapie (soin par les oligo éléments). La vésicule biliaire est l'organe qui soutient le foie. Absente, le bois est affaibli, ce qui engendre une certaine désorganisation, un manque de créativité, et une absence de centrage. Les personnes sans vésicule pourront s'éparpiller dans plusieurs activités sans en mener une à bien, ou se désintéresser de tout.

Dans une habitation, un secteur manquant agira de la même manière. Il créera l'absence d'un élément et de l'énergie correspondante.

Lorsque la forme irrégulière est peu prononcée, on considère qu'il n'y a pas de secteur manquant mais au contraire une extension dans un secteur qui lui sera bénéfique, car le Chi y sera accru. Il existe une formule qui considère qu'un secteur n'est pas manquant à partir du moment où l'excroissance est inférieure à un tiers du côté où elle est située.

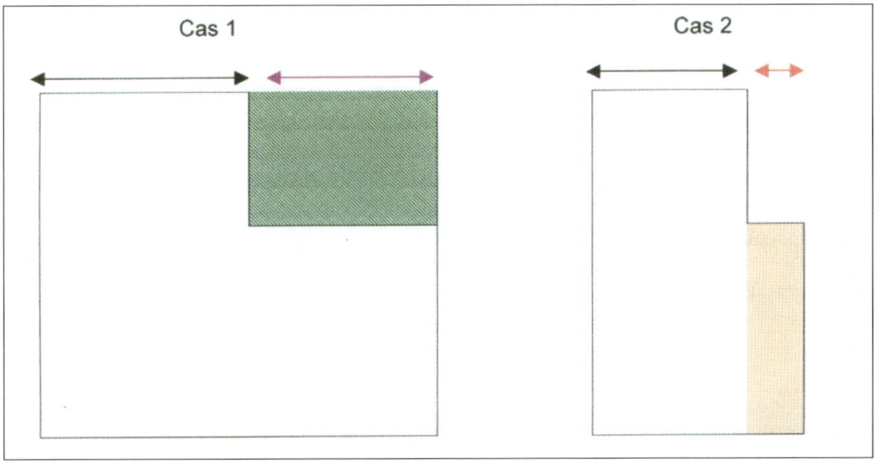


Dans le cas 1, la partie en vert est supérieure à un tiers du côté de la maison. Nous avons affaire à un secteur manquant, donc à une déficience en Chi.

Dans le cas 2, la partie en orange est inférieure à un tiers du côté de la maison. Nous avons affaire à une extension, donc à un bénéfice en Chi dans le secteur concerné.

### Formes en hachoir

Les secteurs manquants d'une habitation ou d'un terrain lui donnent des formes parfois particulières. Les formes en Feng Shui sont des véhicules d'énergie. Celle que vous habitez aura donc une influence bénéfique ou néfaste sur votre vie, sur votre santé, sur vos relations et votre travail. Une forme irrégulière entraîne déséquilibre et disharmonie. Observez cette forme : a quoi vous fait-elle penser ?

La forme en L, avec une partie longue, peut ressembler à un hachoir, ce qui aura pour effet de couper vos chances, ou vos opportunités, vos relations ; ou bien la forme d'une botte : les chances peuvent alors s'accumuler au fond de la chaussure et devenir inaccessibles pour la maisonnée. La forme en U symbolise également le hachoir à deux poignées.

La forme en L ressemble, à l'envers, à un revolver, ce qui peut engendrer des tensions, des disputes, du stress et des ruptures au niveau de vos relations familiales, amicales ou professionnelles. Des trahisons, des incompréhensions et des problèmes juridiques pourront apparaître. Le déséquilibre pourra créer dépression, maladie, mal-être.

Il est donc impératif de corriger ces aspects, dans un appartement comme dans une maison.

### Influence des secteurs manquants

Lorsque vous aurez tracé le Pa Kua sur la maison, le secteur manquant se situera dans un des secteurs du Pa Kua qui sera donc affecté. Dans le chapitre référant à l'École de la Boussole, les effets des secteurs manquants ont été détaillés.

## Corrections des secteurs manquants

Heureusement, il y a plusieurs moyens de corriger les effets néfastes des secteurs manquants.

Il existe des corrections intérieures et extérieures. Pour les appartements, on ne pourra utiliser que les solutions intérieures. Pour les maisons, les deux techniques seront applicables. Si vous pouvez faire les deux, le résultat n'en sera que renforcé.

### Recréer le secteur manquant à l'extérieur

À l'extérieur de la maison, il faut symboliquement recréer ou combler le secteur manquant.

Les secteurs manquants sont des parties tronquées des habitats. Quand il est important, il induit un déséquilibre au niveau du secteur amputé. Par exemple au sud-est, votre situation financière sera difficile. Les maisons modernes en sont malheureusement remplies. (suite p. 152)

Pour corriger, fermez symboliquement le secteur à l'extérieur de l'habitat, par exemple grâce à une ou plusieurs plantes. Sinon, dans les intérieurs, placez des miroirs qui donneront l'impression d'agrandir le mur rentrant, ainsi que des plantes et des lumières.

Il faut placer une structure au coin et sur les bordures de la partie manquante, comme si cette zone était fermée.

On pourra également placer, au centre de la zone manquante, une structure qui recréera du Chi vivifiant.

L'illustrations vous montre les différentes manières de procéder.

Pour choisir le type de structure, cherchez l'élément du secteur manquant et utilisez les matières adaptées.

Les jardinières suspendues remplies de fleurs colorées dispensent un Chi très Yang et très propice sur les terrasses, ou pour combler un secteur manquant de votre habitat.

☯ Pour les secteurs bois (est et sud-est), placez des plantes en pot ou en terre au coin du secteur manquant. Placez un arbuste ou des fleurs en jardinières au sol ou suspendues. L'élément eau étant l'élément parent du bois, vous pouvez également utiliser un carillon bleu ou un bassin.

☯ Pour les secteurs métal (ouest et nord-ouest), utilisez des sculptures métalliques, un carillon métallique, ou des éléments en terre puisqu'elle nourrit le métal : poteries, jarres, mobile en céramique, jardin de rocaille. Vous pouvez également installer une table en fer forgé dans ce secteur.

☯ Pour les secteurs terre, utilisez jarres et poteries ainsi que l'élément qui nourrit la terre : le feu, en plaçant de la lumière (réverbère, lumières suspendues). Choisissez des éléments solides et lourds si vous le pouvez.

☯ Pour le secteur feu, au sud, dont l'élément parent est le bois, utilisez de la végétation et de la lumière

☯ Pour le secteur nord, dont l'élément est l'eau et l'élément parent est le métal, choisissez des structures d'eau comme un bassin, ou des décorations bleues, et du métal.

Bien sûr, l'idéal serait de rebâtir le secteur manquant en dur, mais cette solution est plus onéreuse. Si vous en avez les moyens ou que vous aviez prévu des travaux, sachez que le jeu en vaut la chandelle car les déséquilibres engendrés peuvent avoir de fortes conséquences sur votre équilibre.

### Corrections intérieures

Appliquer correctement ces solutions pour les appartements, car dans ce cas, on ne pourra pas les appliquer à l'extérieur.

☯ Utilisation des miroirs

Placez un miroir sur chaque mur formant le secteur manquant. L'idéal est d'en placer deux, mais si vous ne le pouvez pas, placez-en au moins un. Choisissez-les de taille conséquente, car plus ils seront grands, plus ils agrandiront la pièce. Le Chi est ainsi symboliquement recréé.

☯ Utilisation des lumières

Placez des appliques sur les mêmes murs, ou si vous ne pouvez pas, installez contre chaque mur une lampe posée sur un guéridon. Un halogène ou des spots dirigés vers le mur sont également bénéfiques.

☯ Utilisation des plantes

Le fait d'installer une ou plusieurs plantes contre les murs formant la partie manquante est propice car les végétaux dégagent une forte énergie Yang qui se diffusera vers l'extérieur. Il comblera ainsi l'énergie absente. Une plante, placée devant l'angle du mur, corrigera en même temps le Shar Chi envoyé par celui-ci.

☯ Utilisation d'un cristal à facettes

Accrochez un cristal taillé au coin du mur. Non seulement il permet de contrer la zone manquante, mais cassera également l'angle qui envoie une flèche empoisonnée.

## Forme des terrains

Les terrains, nous l'avons vu, devraient également avoir une forme régulière, sous peine d'entraîner des disharmonies pour la vie des habitants. Dans une maison, le terrain peut se corriger assez facilement. La forme du terrain sur lequel est implanté un immeuble influe sur tous les habitants des appartements. Bien sûr, vous ne pourrez pas corriger ce terrain, mais vous pourrez, par observation de sa forme, faire un diagnostic et peut-être comprendre les déséquilibres de votre vie.

Comme pour la forme des habitations, selon le lieu où se situe l'irrégularité du terrain, le secteur du Pa Kua sera affecté et un déséquilibre créé. Reportez-vous au chapitre concernant le Pa Kua pour connaître les effets d'une partie manquante.

**Les terrains carrés ou rectangulaires sont très favorables**

Le bâtiment devra être le plus au centre possible et parallèle aux bords du terrain pour éviter les déséquilibres.

S'il est sur l'une ou l'autre des moitiés du terrain, les entreprises ne fonctionnent pas, même si on connaît un début prometteur.

Dans ce cas, il faut placer un éclairage ou un massif d'arbres dans la partie la plus vide.

**Les terrains en L entraînent un manque de Chi dans le secteur concerné**

Ils peuvent induire un manque de sécurité chez les habitants, ainsi que de fortes tensions au sein de la famille.

**Les formes triangulaires ou en losange apportent des pertes financières et relationnelles**

La position de la maison est alors très importante. Sa porte d'entrée ne devra pas être face à un des sommets du triangle. Cet aspect correspond à l'envoi d'une flèche empoisonnée vers l'habitation, ce qui peut engendrer de graves problèmes de santé. Sur un terrain en losange, il faudra placer la maison parallèlement à l'une des bordures, sinon vous aurez des complications dans votre vie quotidienne.

- Dans ce cas, placez des plantations végétales entre l'angle agressif et la maison.
- La maison sera mieux dans un angle qu'au milieu du terrain, on évitera ainsi les pointes d'angles.
- Il faut casser les angles du triangle ou du losange, en plaçant par exemple une barrière et en plantant des fleurs, des arbustes, un jardin potager.

**Les formes très irrégulières devront être corrigées**

Pour corriger les terrains irréguliers, on utilisera des lumières et de la végétation contre les bordures obliques.

Pour les terrains en losange ou en triangle, on place ces corrections dans chaque coin.

Pour les terrains en L, utilisez ces mêmes solutions contre les bordures formant la partie manquante.

## Importance des allées

Les allées dirigeront le Chi de la rue ou de la route vers la maison. Leur présence, leur forme et leur position sont donc importantes. Cette analyse peut se faire également pour un immeuble, car la manière dont il est desservi par le Chi lui conférera sa qualité énergétique.

Les allées et les chemins, dans un jardin, dirigent le Chi. La manière dont on aime se promener dans nos jardins et aller jusqu'à la maison nous indique comment le Chi circule.

*Histoire vraie*

*Lors d'une consultation chez une personne, je suis arrivée au portail. Je suis entrée et naturellement, au lieu de me diriger vers la porte d'entrée principale, j'ai pris sur ma gauche pour aller frapper à la porte-fenêtre du salon. Pourtant, une allée menait à la porte principale et aucune à la porte du salon. Mais, l'allée était très droite et mal dégagée, les plantes commençaient à l'envahir. Après analyse, je constatais que la porte principale était en plus placée dans une position extrêmement néfaste. Le Chi se dirigeait donc directement ailleurs, et nous en faisions de même inconsciemment. Pour favoriser ce mouvement, il a été conseillé d'installer une allée ou des pas japonais qui emmèneraient l'énergie et les personnes vers la nouvelle porte d'entrée, vers le salon.*

☯ Une allée ne doit pas être trop étroite par rapport à la porte car cela diminue les perspectives professionnelles et financières.

☯ Elle ne doit pas non plus être trop droite et dirigée directement vers la porte, elle agirait comme une flèche empoisonnée, surtout si elle est étroite et longue. Le cas est moins grave si elle fait au moins la largeur de la porte. Si elle forme une flèche empoisonnée, il y aura des tensions dans la famille. Il peut y avoir aussi des problèmes de santé. Si elle est trop droite, on utilise des plantes et des lumières pour en adoucir les bords.

☯ Si l'allée s'ouvre en U, placer une fontaine, une lampe, des plantes au centre.

☯ Elle ne doit jamais être plus étroite que la porte d'entrée et ne doit pas être envahie de végétation.

☯ Elle ne doit pas non plus se rétrécir en arrivant vers la porte d'entrée, elle symboliserait la chance qui s'amenuise, le travail et les affaires qui diminuent.

☯ Une allée ne doit pas être trop en pente ou comporter des marches trop raides. Si la maison est plus basse que la pente, les habitants seront inquiets car leur position est en permanence menacée. Si l'allée descend vers la maison, placer une lumière éclairant le toit derrière la maison.

☯ Si l'allée remonte vers le bâtiment, il faut placer deux masses (rochers, statues…) au début de l'allée, car sinon l'énergie aura du mal à aller jusqu'à la maison. Les habitants seront alors fatigués et se sentiront isolés.

Faites en sorte que les allées soient sinueuses et agréables pour amener lentement le Chi, former de larges courbes, être agrémentées de plantes et de fleurs qui ralentissent l'énergie. Elles doivent inviter à la promenade car chaque personne qui y marche crée de l'énergie positive.

Utilisez des pas japonais qui pourront conduire à un bassin, à un banc de détente, à une aire de jeux et à la porte d'entrée. Les pas japonais sont de larges pierres plates qui se posent presque à même le sol (il faut creuser le sol de quelques centimètres – un peu plus que la largeur de la pierre – et placer du sable au fond pour caler le pas). On les appelle des pas japonais parce qu'en marchant dessus, il faut faire de grands pas.

# PARTIE 3

# Visite guidée, pièce par pièce, de votre intérieur

" *Appliquez-vous à garder en toute chose le juste milieu* "
Confucius

L'aménagement Feng Shui de chacune des pièces dépend de leur positionnement dans la maison et de l'élément qui leur est imparti. Pour connaître cet élément, reportez-vous au tracé du plan de votre habitat et la superposition du Pa Kua. Chaque secteur étant porteur d'une aspiration de vie, d'une direction et d'un élément, selon où se trouve le nord, chaque pièce va devoir être activée différemment.

## L'ENTRÉE

L'entrée d'un habitat est appelée la bouche du Chi. Elle est le lien entre vous et l'extérieur, elle agit comme un véritable sas entre les deux mondes. Plus elle est accueillante, plus votre maison ouvrira les bras aux relations enrichissantes, à la prospérité et aux possibilités en tout genre, professionnelles et sociales.

La qualité du Feng Shui à cet endroit est capitale, puisqu'elle va se transmettre à toute la maison. Si le vestibule est encombré de vêtements, de chaussures, et qu'il est peu éclairé, la première impression que vous avez en entrant chez vous, mais également qu'ont les visiteurs, et donc le Chi, est mauvaise. Il est donc important de soigner votre entrée, du côté extérieur comme du côté intérieur.

Les entrées des lieux de culte comme les cathédrales, les églises, les temples jouent le rôle le plus important. À l'entrée des cathédrales, on plaçait généralement une pierre plate sur laquelle les fidèles marchaient et étaient censés se décharger énergétiquement pour mieux recevoir l'énergie divine. C'est le rôle que jouent symboliquement nos paillassons !

### Les protections

Les entrées des temples bouddhistes sont de véritables joyaux. Si vous avez un jour l'occasion d'en visiter un, prenez le temps de déchiffrer et d'observez toutes les symboliques qui y sont placées. Les couleurs utilisées sont un ravissement pour l'œil et tout est invitation à la prière et à la méditation. Vous êtes généralement accueillis par des grands lions ou autres animaux protecteurs comme les Chien Fu. Ce sont des animaux mythiques et féroces destinés a garder le temple. Ils peuvent être placés sur les piliers du portail, mais également en haut d'un escalier menant au temple. Les animaux sont souvent considérés comme protecteurs, puisque les lions étaient déjà des gardiens dans les temples Égyptiens. On évitera cependant de placer des tigres à l'entrée d'une habitation, car ils sont réputés imprévisibles et impulsifs et l'on considère qu'ils peuvent se retourner contre les habitants.

Pour la protection enfin, et si vous craignez les vols, utilisez deux cactus placés de part et d'autre de l'entrée. Ils sont généralement considérés comme défavorables car trop agressifs, mais ils sont de puissants défenseurs de vos habitats. N'en placez pas trop cependant, car ils peuvent donner l'impression que vous ne souhaitez recevoir personne, et se mettre à agir comme des répulsifs à amitié ou à relations !

## L'accueil extérieur

### Exposition

L'entrée devrait être exposée si possible de manière à recevoir un maximum de lumière, puisque la chaleur et le soleil représentent une énergie Yang. Si l'entrée est située au nord, elle risque d'être froide et le Chi entrant également. Ceci risque d'engendrer chez les habitants une certaine tristesse et un manque de dynamisme. Dans ce cas, il faudra faire en sorte de recréer une énergie vitalisante en choisissant une couleur chaude soit pour la porte en elle-même, soit pour le vestibule, grâce aux couleurs ou à l'éclairage.

La maison étant une extension de nous-mêmes, l'impression que vous donnez au travers de l'accueil que vous faites aux invités est très importante.

La personne qui vous rend visite voit en premier lieu le seuil de votre porte. Il faut qu'elle ait envie de pénétrer chez vous. Visuellement, votre seuil doit donner une impression de chaleur, d'équilibre et de propreté.

La couleur de la façade est donc évidemment très importante, et elle doit aussi inviter les visiteurs. Si la façade ou la porte sont de couleur terne et triste, elles reflèteront cet état d'esprit sur vous et les personnes qui viennent vous voir.

Le rouge, les ocres et le jaune sont des couleurs dynamiques et chaudes. N'abusez pas de l'orange vif, car s'il est dynamisant, il n'est pas stabilisateur, et risque d'apporter un sentiment d'insécurité aux habitants comme aux visiteurs.

Si vous en avez la possibilité, installez un point d'eau comme une cascade dans votre jardin, dans les secteurs adaptés (nord ou sud-est). Il activera le Chi dont bénéficiera à coup sûr toute la maisonnée. Si possible, l'eau doit être visible depuis la porte d'entrée et située à gauche de celle-ci.

### Près de la porte

Avant d'entrer, que vous habitiez dans une maison ou dans un appartement, le Chi doit être guidé et purifié. Le seuil doit pour cela être agrémenté de décorations et d'ornements, et être bien éclairé.

Nous avons vu dans le chapitre concernant les flèches empoisonnées, comment les contrer et les déjouer, surtout si elles pointent directement vers la porte d'entrée. Faites bien attention qu'aucun arbre, ni poteau, ni réverbère ne soit directement positionné en face de votre porte d'entrée, sinon, il est nécessaire de corriger, soit en enlevant l'arbre si vous le pouvez, soit en utilisant un carillon ou un miroir Pa Kua. Évitez de placer un miroir Pa Kua directement sur votre porte, vous interdiriez par cette action l'entrée au Chi. Placez-le plutôt au-dessus, ou d'un côté ou de l'autre, de l'encadrement. Une allée trop droite arrivant directement sur la porte d'entrée agit comme une flèche empoisonnée. Si elle se rétrécit en arrivant sur la porte, son effet est encore décuplé, et l'on estime que les opportunités de la famille s'approchent de la maison en diminuant. Dans un tel cas, il faut adoucir les bords de l'allée en utilisant des plantes, des parterres fleuris, des lumières. Si l'allée est rétrécie, agrandissez-la symboliquement en plaçant deux pots de fleurs de chaque côté plus étroit.

On ne doit voir aucune poubelle en regardant votre porte d'entrée ou en sortant de chez vous, que ce soit près de la porte d'entrée ou près du portail. Les énergies dégagées par les ordures près de la bouche du Chi sont très néfastes, et peuvent engendrer une mauvaise énergie pour la santé, les opportunités, le travail, les tensions. Si vous ne pouvez pas faire autrement que de les placer à cet endroit, essayez de créer un petit cabanon ou une petite barrière à ordures, en bois. Ceci diminuera l'effet néfaste des détritus.

De la végétation et de l'eau, voilà de quoi rendre une place et les maisons adjacentes très prospères. Les deux éléments, l'eau et le bois, sont activateurs et des mouvements financiers et des rentrées d'argent..

Pour guider le Chi vers l'intérieur d'un habitat mais également d'un local professionnel, il faut installer des structures qui feront office de piliers, de poteaux indicateurs.

Lors de la consultation Feng Shui d'un appartement, il est nécessaire de tenir compte de l'entrée de l'immeuble, car c'est la bouche du Chi par laquelle entrera l'énergie qui devra nourrir l'appartement. Les entrées d'immeubles doivent donc également être claires, agréables et dégagées.

Comme les deux piliers de chaque côté d'un portail sont importants pour permettre de faciliter l'entrée du Chi dans le jardin et dans votre propriété, les structures proches de la porte d'entrée seront propices.

Les décorations les plus couramment utilisées pour cela sont les plantes et végétaux. En Asie, on trouve toujours, de chaque côté des entrées, des arbustes en pot et principalement des citronniers ou des orangers.

Ces deux arbres fructifères sont très bénéfiques, car en plus de servir de guides à l'énergie, ils symbolisent la prospérité, ce qui permet donc d'inviter l'argent à entrer dans la maison.

Plus les arbres sont porteurs de fruits, plus la prospérité arrivera facilement dans votre habitat. En Europe, le climat ne permet pas de garder ces arbres dehors toute l'année, vous pourrez donc les rentrer et les mettre de chaque côté de la porte mais à l'intérieur de votre habitat, dans le vestibule. Vous pouvez aussi opter pour des faux arbres fructifères en pot.

Les plantes également favorables à l'entrée des habitations sont les buis en forme de boule, ou les petits pins en pot, les gros pots de fleurs.

Certaines villes ou certains quartiers sont rendus très favorables par la présence de structures Feng Shui. Cette fontaine est déjà très activatrice grâce au mouvement d'eau qui favorise le Chi, mais sa forme en Pa Kua (octogone) la rend en plus protectrice pour toutes les maisons voisines.

## La porte d'entrée

Les portes représentent, dans un habitat comme dans un immeuble, la bouche du Chi. La qualité de l'énergie entrant dans le bâtiment déterminera la qualité de vie des habitants. Les lions agissent comme des protecteurs contre les agressions extérieures et les plantes de chaque côté d'une porte dirigent le Chi favorable vers l'intérieur.

On évite généralement les portes de couleur bleue, car elles sont trop froides, et n'invitent pas aux échanges. Si c'est le cas chez vous, utilisez un bouton de porte ou un heurtoir doré, brillant et bien visible. Si votre porte est bleue, vous pouvez également utiliser un verni laqué, car la brillance est Yang et compense le côté froid du bleu.

Placez également un paillasson aux couleurs assez vives. Ceci invitera le Chi à entrer.

On préfère les portes rouges ou de couleurs chaudes, le rouge étant vitalisant et protecteur. Les couleurs foncées mais laquées sont favorables.

Si votre porte n'est pas rouge et que vous ne souhaitez pas en changer la couleur, un paillasson rouge, ou un carrelage de cette couleur sont bénéfiques.

Pour déterminer la couleur favorable d'une porte ou d'une façade, on utilise aussi parfois la théorie de l'assise. L'assise est représentée par la tortue, l'arrière de la maison. Si l'arrière de la maison est situé au sud-ouest, par exemple, l'élément du sud-ouest étant la terre, on choisira une couleur terre ou feu – élément parent de la terre – pour la porte d'entrée ou la façade. Si l'arrière est situé dans une direction bois, est ou sud-est, on pourra choisir une porte verte ou en bois.

Les boutons ou poignées de porte devraient être brillants et chromés ou dorés. Un heurtoir doré est également très favorable. En Asie, ils ont souvent la tête d'un lion pour conférer dynamisme et protection à l'habitat.

La sonnette doit avoir un son agréable, car si le Feng Shui se travaille avec le visuel et la décoration, il se travaille aussi avec les odeurs et le bruit !

C'est pourquoi vous pouvez placer, proche de votre porte, un carillon métallique, en bois ou en céramique, selon le secteur de votre entrée, et si vous aimez le son de ces objets agités par le vent ou par l'ouverture de la porte. On aime installer, à l'intérieur de la maison, de petites cloches ou un petit carillon qui, à chaque ouverture de porte, tintera et favorisera le Chi.

Dans un immeuble, le Chi a généralement des difficultés à circuler jusqu'aux appartements car il doit se frayer un chemin à travers des ascenseurs et autres escaliers tortueux. Cette porte laquée et brillante est très Yang et la lumière permet d'attirer favorablement le Chi jusqu'à l'habitation.

L'ouverture de la porte doit se faire aisément, sans blocage ni frottements, et la fermeture doit être facile, le contraire pourrait créer des tensions chez vous.

### Le vestibule et hall d'entrée

Nous l'avons vu, le seuil, la porte d'entrée et le vestibule sont déterminants dans le Feng Shui de votre habitation. Non seulement pour l'impression qu'ils donnent et l'accueil qu'ils offrent, mais également parce que chaque fois que vous entrez ou que quelqu'un entre chez vous, l'énergie est activée, autant qu'elle soit favorable ! Le hall d'entrée doit vous ressembler et la décoration doit être personnelle.

La première chose que l'on voit en entrant dans un habitat en détermine la qualité énergétique.

☯ Il ne doit pas y avoir de miroir face à une porte d'entrée.

C'est la première leçon que j'ai tirée du Feng Shui lorsque je l'ai découvert. Une amie qui commençait à apprendre le Feng Shui m'avait donné quelques conseils pour mon appartement.

Or, en face de ma porte d'entrée se situaient les toilettes. On lui avait appris, à ce moment-là, à placer un miroir sur l'extérieur de la porte des W.-C. pour empêcher le Chi d'aller s'y perdre. Elle m'a donc conseillé ce miroir, pour que l'énergie entrant par la porte d'entrée ne se jette pas directement dans les sanitaires. Je me suis bien sûr exécutée, et j'avais placé un beau miroir juste en face de l'entrée. Au bout de quelques jours, le miroir est tombé et s'est cassé. Je pensais l'avoir mal accroché ! Je suis donc allée en chercher un autre, que j'ai accroché, cette fois, bien solidement. Quelques jours plus tard, et de manière inexpliquée, il est de nouveau tombé. J'ai essayé une troisième fois, avec le même résultat (j'avais pourtant percé un trou dans la porte, et y avait mis une vis solide). Ce n'est qu'après ce troisième échec que j'ai eu la chance de rencontrer une praticienne en Feng Shui, qui m'a expliqué que le Chi entrait rapidement, était accéléré par le couloir et qu'il se heurtait violemment sur le miroir, pour enfin ressortir.

Cet événement m'avait interpellée, et c'est en partie pour cette raison que j'ai été convaincue si vite des effets de cet art étonnant. J'ai heureusement, depuis, appris à corriger ce problème de toilettes face à l'entrée.

Vous comprenez donc pourquoi on ne mettra pas de miroir face à la porte d'entrée, de manière à lui éviter de se heurter et de ressortir : imaginez un miroir face à vous lorsque vous conduisez la nuit : vous seriez éblouis car la lumière se réfléchit et est décuplée.

Si c'est le cas chez vous, il est préférable de l'ôter. Si vous ne pouvez pas, ou que vous souhaitiez conserver ce miroir, placez un voilage léger devant, et ne l'ouvrez que lorsque vous voulez vous y regarder. Il existe des tringles à rideaux très pratiques qui se collent sur les surfaces lisses comme les miroirs. Choisissez la couleur du voilage en fonction de l'élément du secteur.

Par exemple, si le secteur est le sud, placez une couleur représentant le feu (comme du rouge orangé) ou la couleur de l'élément parent du feu, le bois (vert lumineux). Choisissez une couleur suffisamment lumineuse car c'est elle qui va attirer l'œil à chaque entrée et elle doit être accueillante et dynamisante.

☯ Pour agrandir un vestibule trop étroit ou trop sombre, placez un grand miroir sur le mur de droite ou de gauche, il agrandira votre entrée. Selon les anciens, en Provence, on plaçait toujours un miroir de cette façon, car on disait que les personnes qui entraient et se regardaient dedans purifiaient leur esprit des mauvaises pensées. On trouve des similitudes assez étonnantes avec les constructions et aménagements traditionnels et le Feng Shui... Souvenez-vous : celui-ci ne doit pas refléter la porte.

☯ Un vestibule doit être bien éclairé. Si vous trouvez le vôtre trop sombre, ajoutez des éclairages agréables, multipliez-les plutôt que d'en mettre des violents. Il faut trouver l'équilibre entre sensation d'intimité et lumière !

☯ Si vous habitez une maison dont les salles d'eau, toilettes ou salle de bains sont juste au-dessus de l'entrée, il est impératif de corriger, car le Chi engendré par les eaux usagées s'abat sur l'entrée et rend l'énergie très néfaste. Pour corriger, placez de petits spots orientables dans le hall d'entrée, et dirigez-les vers le plafond. La lumière permettra de rehausser le Chi.

Faites la même chose si vous habitez un appartement dont les salles d'eau des voisins sont juste au-dessus de votre porte.

☯ N'exhibez pas vos vêtements, parka, manteaux ni vos chaussures dans l'entrée. Il est préférable d'avoir une armoire dans laquelle vous rangez qu'un portemanteau visible. Placez une armoire à chaussures dans votre entrée.

☯ Il n'est pas favorable d'avoir un pilier ou un mur juste devant les yeux en entrant dans une habitation. Cela coupe l'énergie et la rend défavorable. Si tel est le cas, décorez les, rendez-les agréables grâce à des plantes, à une image agréable et accueillante ou à de la lumière.

☯ Une porte d'entrée donnant sur un long couloir : ce cas est néfaste, car le Chi est accéléré et ne prend alors pas le temps d'aller visiter l'habitation. Il est important de le ralentir, de le canaliser pour qu'il aille nourrir les autres pièces.

Pour cela, placez en quinconce sur les murs des décorations colorées et agréables. Vous pouvez placer des tableaux, des images comme des photos de fleurs, de paysages, des photos colorées piochées ça et là au détour de votre shopping. Il existe par exemple de très jolies photos de pigments tibétains très vifs et très colorés, ou d'épices et de fruits sur les marchés… Utilisez aussi un ou plusieurs miroirs qui ne réflèteront cependant aucune porte. Laissez votre imagination vous guider et pensez gaieté et couleur pour séduire ce Chi ! Les appliques pour diffuser une lumière agréable tout au long du couloir et ainsi guider le flux est bénéfique.

Si vous en avez la place, installez un meuble bas et posez dessus un vase avec des fleurs, ou un joli vase rond, une statuette…

Pour corriger le Chi dans un habitat, ne perdez jamais de vue le Pa Kua que vous avez tracé sur vos plans : il vous indique d'une part les secteurs que vous souhaitez travailler, et d'autre part les éléments favorables à chaque secteur (élément du secteur et son élément parent). Si votre couloir traverse les secteurs terre : nord-est, centre et sud-ouest, insistez sur les poteries, les cristaux, les représentations de paysages incluant une montagne, ainsi que l'élément feu sous forme de rouge, de lumière et de bougies. Si les secteurs sont plutôt de l'élément bois, est ou sud-est, utilisez plutôt des représentations de plantes, de fleurs, de forêt…

Pour ralentir le Chi dans un couloir trop long, un rideau est favorable. Vous pouvez par exemple placer un voilage, ou un rideau de perles, toujours en respectant les couleurs et matières adaptées à l'élément du secteur.

On peut aussi utiliser un carillon, un mobile, un lustre ou un cristal à facettes suspendu au plafond au centre du couloir.

Les fresques et frises murales permettent également de ralentir l'énergie.

☯ Des toilettes ou une salle de bains face à la porte d'entrée sont très néfastes, car le Chi va s'y perdre immédiatement. Cet aspect est encore plus dangereux si les toilettes sont au bout d'un long couloir !

Ne placez pas de miroir sur l'extérieur de la porte des toilettes. Suivez d'abord les conseils relatifs au long couloir pour ralentir le Chi. Selon la configuration de votre intérieur, l'idéal est également de soustraire à la vue la porte des sanitaires.

J'ai vu le cas dans un restaurant asiatique où la porte des toilettes était cachée par un paravent qu'il fallait juste contourner pour s'y rendre.

☯ Je vous conseille l'observation des intérieurs de restaurants asiatiques pour les enseignements Feng Shui qu'ils apportent.

Le fait que l'on cache la porte diminue l'effet néfaste de la perte d'énergie. Bien sûr, on ne peut pas toujours mettre de paravent, mais vous pouvez soit accrocher un rideau coloré devant, ou peindre un trompe-l'œil, ou accrocher une jolie image colorée ou profonde comme un paysage (mais pas un paysage de mer pour ne pas activer l'eau de cette pièce, plutôt une vallée ou un champ fleuri).

☯ Un escalier montant directement face à une porte d'entrée accélère le Chi vers le haut, ce qui est défavorable. D'ailleurs, ce genre de configuration se détecte généralement car le rez-de-chaussée, qui n'a pas été visité donc pas nourrit par le Chi entrant, semble “ déserté ”, vide et froid. Pour inciter l'énergie à prendre le temps de circuler dans le rez-de-chaussée avant de monter à l'étage, plusieurs solutions :

☯ Créez une séparation en bas de l'escalier grâce à un rideau en tissu ou de perles

☯ Placez un carillon entre l'entrée et le bas de l'escalier. Choisissez-le en métal, en terre cuite ou en bois selon le secteur.

☯ Le long de la montée d'escalier, placez des images, un miroir et de la lumière pour inciter le Chi à prendre son temps avant de monter à l'étage.

☯ Si l'entrée donne directement sur une cuisine, les personnes qui entrent ont souvent faim, et le Chi se jette dans le feu de la gazinière.

Il faut créer une séparation entre les deux, soit grâce à un carillon, soit grâce à un cristal taillé, soit par des plantes selon la configuration.

☯ Si l'entrée fait face à une chambre, ceux qui y dorment se sentiront inquiets et leur sommeil sera mauvais. Fermez toujours la porte de la chambre et utilisez les séparations habituelles entre les deux portes (rideaux, frise murale, plantes), et sur la porte de la chambre, placez une belle représentation colorée.

☯ Si l'entrée se fait directement dans le salon ou la salle à manger, la séparation entre le monde extérieur et votre monde intérieur n'existe pas, il est donc avantageux de placer une séparation virtuelle entre les deux, ne serait-ce qu'à l'aide d'un paravent, d'une console ou d'un meuble bas sur lequel vous disposerez des plantes ou de jolies poteries.

☯ Les couleurs de l'entrée seront choisies parmi les couleurs chaudes comme les ocres, les jaunes, les rouges, les roses, plutôt que des couleurs froides comme le bleu ou le vert.

☯ Il est favorable de placer un point d'eau à l'entrée dans le vestibule, comme une fontaine, un bassin d'intérieur ou une représentation d'eau en tableau ou en photo. Cet aspect favorise l'entrée de l'argent. Il faut cependant qu'il soit placé à droite en entrant et non à gauche, car en Asie, on considère que cela peut pousser aux infidélités.

Une fontaine placée à l'entrée d'un habitat ou d'un local professionnel activera l'entrée et le mouvement d'argent. Elle doit cependant être placée à droite en entrant.

Dans le cas de la photo, la fontaine est accompagnée de plantes en pleine santé qui favorisent l'acquisition de biens matériels.

Le dragon, pour les asiatiques, est un animal mythique protecteur et bienfaiteur.

☯ Selon le Pa Kua, si votre entrée est située au nord (carrière), on vous conseille d'activer avec de l'eau, mais évitez les trop grandes quantités de cet élément qui risque de refroidir toute la circulation du Chi et de le noyer. On évitera également les murs bleus dans un vestibule, car cette couleur n'invite pas aux échanges ni à la communication avec autrui, et vous risquez de faire fuir vos relations amicales et de créer des tensions au sein de votre couple ou de votre famille. Cette couleur n'est pas assez dynamique pour vitaliser tout un habitat.

Placez quelques fleurs bleues et des touches de bleu grâce à quelques objets de décoration et choisissez une couleur légère (crème, blanc cassé, jaune clair).

☯ Si l'entrée est située au sud (renommée), placez un beau miroir soleil ou des tournesols pour accueillir vos invités et vous ravir les yeux. N'y placez pas vos diplômes ou médailles, l'image paraîtrait trop prétentieuse. Favorisez le rouge, les couleurs chaudes, les lumières et les plantes.

Les soleils, sous forme de miroirs comme sur cette image, ou imprimés sur un tissu ou un objet, sont activateurs du secteur sud (élément feu).
C'est le secteur de la renommée et de la reconnaissance sociale, où l'on doit briller et se présenter sous notre meilleur jour.
Le soleil symbolise la clarté à laquelle aucune zone d'ombre et de tristesse ne résiste.

☯ Si l'entrée est située dans les secteurs est (santé) et sud-est (richesse), de l'élément bois, favorisez les plantes en bonne santé et en pleine croissance, et placez une représentation d'eau à droite en entrant. Si vous avez la place sur un meuble, placez une belle coupe de fruits, derrière laquelle vous installerez un miroir qui doublera la coupe et les chances de prospérité, à condition que le miroir ne soit pas directement face à la porte.

☯ Si l'entrée est située dans les secteurs nord-est (spiritualité) ou sud-ouest (mariage), secteurs de l'élément terre, favorisez les couleurs terre et feu, comme le rouge, les ocres, les jaunes et les poteries, les terres cuites, et la lumière. Pour le mariage, favorisez les symbolismes d'amour.

☯ Si l'entrée est située à l'ouest (enfants et projets) ou au nord-ouest (bienfaiteurs), secteurs de l'élément métal, favorisez les décorations métalliques, dorées, argentées et blanches, et placez un carillon métallique. Pour l'ouest, placez des couleurs multiples et vitalisantes, pour le nord-ouest, symbolisez la stabilité et la force comme par la présence d'une représentation de montagne ou d'un buffet bas.

Dans tous les cas de figure, référez-vous aux choix d'activation donnés dans la partie "École de la Boussole". Choisissez parmi les décorations, couleurs, matières et symboliques que vous préférez.

## La cuisine

La cuisine symbolise la santé et la longévité car c'est l'endroit où l'on prépare la nourriture. C'est le foyer de la maison. Cette pièce est une pièce très Yang, car lors de la préparation des repas, le feu est allumé, l'eau coule, vous allez dans un sens et dans l'autre, vous sortez les casseroles, les rangez, les ressortez... Il faut donc calmer le Chi dans cette pièce plutôt que de l'activer. Utilisez donc plutôt des couleurs Yin que Yang. Le vert est une des couleurs les plus favorables pour la cuisine, ainsi que le bois, le jaune clair, le rose clair, l'orange ou l'orangé qui sont des couleurs fruitées et gaies. Les couleurs doivent être gaies et fraîches. Si vous ne placez pas de vert, placez au moins une ou plusieurs plantes.

Les éléments principaux de la cuisine sont le feu et l'eau, ce qui rend cette pièce si délicate à aménager au niveau du Feng Shui.

☯ Si la cuisinière et l'évier sont directement côte à côte, l'aspect est néfaste et dangereux pour la santé des habitants, car l'eau et le feu se côtoient et que l'eau détruit le feu. Dans ce cas, il faut séparer les deux grâce à l'élément tampon, qui est le bois. Si vous en avez la place, installez une planche à découper en bois ou une petite plante, vraie ou fausse. Si vous n'avez pas la place, placez une planche de bois verticalement entre l'évier et la gazinière.

☯ Il est préférable que la porte de la cuisine ne soit ni face à celle d'une chambre, ni à celle des salles d'eau, et surtout pas de la porte d'entrée. Si, de la porte d'entrée, on voit la gazinière, cela peut s'avérer être très dangereux, et si l'on ne peut pas déplacer la plaque de cuisson, il est mieux de fermer la porte de la cuisine, ou de placer un rideau de perles ou de fleurs dans l'encadrement de la porte de la cuisine. Dans les autres cas, mieux vaut tenir les portes fermées et placer, entre la cuisine et la chambre ou entre la cuisine et les salles d'eau un mobile, un carillon ou placer une belle image sur les portes qui font face à celle de la cuisine.

L'évier doit être préférentiellement éloigné de la cuisinière, car les éléments eau et feu seraient en conflit. Si ce n'est pas le cas dans votre habitation, placez un objet vert, une plante ou une planche de bois entre les deux.

☯ Les cuisines américaines, même si elles sont conviviales, sont moins Feng Shui que les cuisines indépendantes. Les odeurs se diffusent dans tout l'espace de vie, ce qui n'est pas bénéfique. De plus, le fait de voir la cuisinière de la salle à manger ou du salon est peu indiqué. Il est bon, dans ce cas, d'essayer de soustraire à la vue la cuisine, à l'aide d'un paravent ou d'un rideau, ou grâce à une console sur laquelle vous pourrez placer quelques plantes.

☯ Les plans de travail et cuisinières centrales sont favorables, et elles permettent de choisir facilement la meilleure position pour cuisiner (regardez votre Tien Yi, direction personnelle de la santé, si vous le pouvez en vous référant au chapitre sur les directions personnelles).

☯ Il serait préférable que l'évier et la cuisinière soient placés de telle manière que la personne qui cuisine ou qui fait la vaisselle voit la porte d'entrée de la cuisine. Il est défavorable de se sentir surpris lors de ces tâches. On trouve, dans certains ouvrages, le conseil de placer un miroir au-dessus de la cuisinière pour voir derrière soi. Cependant, il convient d'être très prudent car cela peut doubler le foyer, et le feu étant déjà très fort, le danger peut être encore plus grand. En règle générale, il est préférable qu'aucun miroir de la maison ne reflète la cuisinière. Placez plutôt une petite clochette au-dessus de la porte de la cuisine qui, symboliquement, préviendra l'entrée de quelqu'un.

☯ On évite de placer la cuisinière sous une fenêtre, pour éviter de perdre l'énergie qui permet la cohésion familiale. Si vous n'avez pas le choix, placez un petit rideau léger devant la fenêtre.

☯ Si vous concevez et aménagez votre cuisine, essayez de faire en sorte que la personne qui y cuisinera le plus regarde dans sa direction du Tien Yi, direction personnelle de la santé, tout en essayant de respecter le fait qu'elle ne tourne pas le dos à la porte. Si vous devez choisir entre le fait qu'elle voit la porte et sa direction de santé, choisissez qu'elle soit face à la porte, et qu'elle regarde néanmoins l'une de ses directions personnelles favorables quand elle cuisine.

☯ L'est et le sud-est, secteurs de la santé et de la prospérité, sont deux des secteurs les plus favorables pour placer la cuisine, à condition d'utiliser l'élément bois et les matières naturelles plutôt que les matières trop métalliques. Ces secteurs sont favorables car leur élément est le bois, et qu'il est l'élément tampon entre l'eau de l'évier et le feu de la cuisinière. Sinon, choisissez une couleur neutre comme le crème ou le blanc cassé et rehaussez grâce aux meubles, aux rideaux ou aux accessoires. D'une manière générale, on conseille de faire en sorte que la cuisine soit placée dans un de vos secteurs personnels défavorables.

☯ Le sud est à éviter absolument pour la cuisine si cela est possible, car le sud est de l'élément feu, et la cuisine en elle-même est également de l'élément feu. Ceci risque de créer des tensions, de la nervosité, les relations familiales et les repas sont en déséquilibre. Si c'est votre cas, utilisez plutôt des couleurs terre comme le beige, le beige rosé, le jaune clair, les ocres clairs, de manière à calmer l'élément feu (la terre calme le feu dans le cycle de transformation des éléments). Placez une plante pour favoriser la croissance et la santé.

☯ Le secteur nord est peu propice à placer la cuisine car c'est un secteur de l'élément eau, qui affadit la nourriture et qui est trop froid pour mitonner de bons petits plats familiaux. Choisissez des couleurs plutôt claires et légères comme le blanc cassé, le beige, le jaune clair.

☯ Les secteurs ouest et nord-ouest ne sont pas non plus des secteurs très favorables pour y placer la cuisine, car le feu fait fondre le métal, ce qui, dans le cas de l'ouest, est défavorable aux enfants et aux projets. Selon les Asiatiques, avoir une cuisine dans le secteur ouest est défavorable à garder les biens et l'argent que l'on gagne. Au nord-ouest, la cuisine est favorables au père et à l'arrivée de bienfaiteurs. Si tel est votre cas, il est important de choisir les couleurs et les matières correctrices pour rehausser l'élément métal maltraité. Utilisez quelques éléments métalliques sans excès, un peu d'inox et d'aluminium, et favorisez la terre qui va nourrir le métal. Placez également une plante pour activer la santé. Enfin, il est impératif de réactiver ces deux secteurs dans l'ouest et le nord-ouest du salon, du séjour et de votre bureau si vous en avez un. Pour cela, placez une représentation de montagne pour favoriser le nord-ouest, et une tirelire à l'ouest.

☯ Dans les secteurs nord-est et sud-ouest, le feu de la cuisine nourrira la terre. Cependant, au nord-est, l'espace est un peu froid et est dédié à la spiritualité, ce qui engendre des possibilités d'isolement par rapport à vos amis. Si c'est le cas chez vous, utilisez des couleurs chaudes pour la cuisine. Dans le cas du sud-ouest, secteur des relations affectives et amicales, la cuisine engendrera au contraire de nombreux repas entre amis et des dîners aux chandelles.

☯ Les plantes, les fruits, les fleurs, vrais ou en représentation, sont favorables. Par exemple, choisissez un plateau fleuri, ou un set de table avec des fruits. Les coupes de fruits et les fleurs sont également bénéfiques car elles purifient l'espace. Tenez votre cuisine aérée et propre.

**Posez des fruits sur la table de votre cuisine. Ils apporteront santé et abondance au sein de votre foyer. Ils peuvent être vrais ou faux, mais ne les laissez pas s'abîmer dans la coupe ou dans le panier !**

Pour ceux qui installent leur cuisine, voici les meilleurs emplacements des différents éléments d'une cuisine :

- Au nord, le frigo, l'évier, le lave-vaisselle seront bien placés.

- Au sud, le four et la cuisinière, de l'élément feu, trouveront leur place.

- À l'est et au sud, placez des meubles en bois, l'évier, le lave-vaisselle ou le frigo, et des plantes.

- Au nord-est et au sud-ouest, la cuisinière ou le four, la table.

- À l'ouest et au nord-ouest, placez vos appareils ménagers et votre micro-ondes.

La cuisine est le lieu de la santé dans un foyer, aussi, elle doit être propre, rangée et aérée. Idéalement, vous ne devez pas tourner le dos à la porte lorsque vous cuisinez et vous devez regarder votre direction personnelle de la santé (Tien Yi).

## Le salon

C'est la pièce dans laquelle vous allez recevoir vos amis et vos relations, où la famille se réunit, où vous allez vous détendre, vous reposer, lire, regarder la télévision ou écouter de la musique, discuter, échanger des idées. Cette pièce doit être à la fois conviviale, accueillante, intime, chaleureuse. Elle doit être suffisamment spacieuse, car c'est la pièce qui est censée recevoir le plus de monde. L'inverse risque d'engendrer un sentiment d'oppression et de créer un Chi stagnant. Si plusieurs pièces se touchent et sont dans le même cas, abattez des cloisons de manière à profiter d'un grand espace accueillant.

Utilisez dans le secteur sud, élément feu, des lampes rouges, des plantes aux feuilles pointues ou non, et des bougies. La polarité Yang qui doit être attribuée au sud est ici bien mise en avant par un mouvement dynamique et ascendant grâce à des structures hautes et verticales.

Cette pièce devrait se trouver le plus au centre de l'habitation possible, car elle symbolise le cœur de votre intérieur. Elle doit aussi se trouver proche de l'entrée de votre habitat, car c'est ce que vous offrez directement au regard d'autrui. Si vos invités doivent traverser toute l'habitation pour rejoindre cette pièce d'accueil, l'intimité est “ violée ” d'une certaine manière (surtout si vous n'avez pas fermé les portes et que votre chambre n'est pas rangée !). Un salon reculé aurait plus pour vocation la réception d'après repas, la pièce où les hommes s'installent, cognac à la main, pour discuter des derniers mouvements de la Bourse, tandis que les femmes restent entre elles… Cette pièce ressemble alors plus à une bibliothèque qu'à un salon.

Le séjour, en fait, est une extension du hall d'entrée, de ce qui est visible de vous dans votre habitat.

Il ne doit pas être loin de la cuisine, par praticité, mais également parce que l'énergie de la cuisine est proche de l'énergie du séjour : elle est ouverte vers l'extérieur et le partage avec les amis, la famille ou les relations.

Toute la décoration va jouer pour créer l'ambiance que vous souhaitez : le mobilier, sa forme, sa couleur, sa matière et la manière dont vous allez le disposer, les revêtements au sol et aux murs, la présence ou non de tapis, l'organisation des fauteuils et canapés, la présence d'une cheminée et son positionnement, la situation de la pièce par rapport à la maison.

– Les secteurs idéaux pour recevoir le séjour sont les pièces les plus Yang et les plus ensoleillées : sud, sud-est, est, sud-ouest. Le nord et le nord-est sont des pièces trop froides et trop Yin pour en faire des pièces de réception, même s'il n'est pas toujours évident de choisir. Si votre salon se trouve au nord ou au nord-est, compensez par des couleurs chaudes qui favoriseront la polarité Yang.

### *Règles de bases pour un salon harmonieux*

☯ Comme pour les habitations, le séjour devra être de forme carrée ou rectangulaire. Si ce n'est pas le cas, utilisez un miroir sur le mur adjacent au secteur manquant, ce qui aura pour effet d'agrandir et d'éclairer la pièce.

☯ Le centre de la pièce ne doit pas être encombré, cela détermine la qualité des relations que vous aurez avec votre famille et vos amis.

☯ Les poutres au plafond donnent une sensation d'écrasement. Évitez donc de vous placer dessous. Pour atténuer les effets néfastes des poutres :

- Vous pouvez utiliser des spots dirigés vers le haut, qui gommeront les angles crées et qui permettront au Chi trop lourd de s'élever de nouveau.
- Si cela est possible, peignez-les d'une couleur claire comme le blanc, le jaune ou le vert cérusé. Cela donne un effet très joli, tout en redonnant une impression de légèreté à la poutre.
- Il est également possible de placer un tissu tendu au plafond ou même un faux plafond.

☯ Les poutres ne sont pas les seules responsables d'un malaise lorsque vous êtes dans le salon. Les angles saillants et structures pointues sont des flèches empoisonnées dirigées vers les personnes qui envoient un Shar Chi néfaste. Si tel est le cas, déplacez les fauteuils, et si vous ne pouvez pas, gommez les angles en utilisant des structures décoratives comme une plante, une guirlande de fleurs ou de feuilles, une guirlande illuminée. Laissez-vous guider par votre imagination pour les corrections !

☯ Le désordre est proscrit dans cette pièce, ainsi que les coins sombres, car tous créent un Chi stagnant néfaste. Rangez et placez de la lumière ou des bougies (par exemple une colonne de bougies) dans les coins les plus sombres. De même, trop de meubles étouffent la pièce. Si vous pouvez en ôter, faites-le, sinon, éclairez au maximum dans les recoins, et comme les meubles affaissent le Chi, remontez-le grâce à de la lumière montante comme des halogènes, des appliques, des bougies, des plantes hautes, des rayures verticales pour les rideaux ou les murs par exemple.

### *Positionner les canapés et les fauteuils*

☯ Évitez de placer les fauteuils et canapés sur le chemin du Chi, c'est-à-dire entre une porte et une fenêtre ou entre deux fenêtres. Cela crée une sensation de fatigue, surtout si l'on passe beaucoup de temps à cet endroit.

☯ Les canapés et fauteuils devraient toujours être positionnés de manière à avoir le dos contre un mur. Si l'on tourne le dos à une porte ou à une fenêtre, la personne est fragilisée, et cela lui donne une sensation d'insécurité. En Asie, on considère que l'on peut, dans cette position, être surpris à tout moment par un adversaire.

Si vous pouvez déplacer les canapés, faites donc en sorte de les coller contre un mur. Si vous ne le pouvez pas, installez, derrière le dossier du fauteuil, une console ou un meuble, sur lequel il pourra y avoir des plantes ou des décorations. Ce meuble donnera une certaine assise.

☯ Les canapés et fauteuils doivent être positionnés soit en rond, soit en carré, soit en octogone. Il est préférable d'avoir plusieurs petits canapés qu'un grand fauteuil, de manière à pouvoir les installer autour d'un centre comme une table ronde. Le fait de placer les sièges les uns en face des autres, et de fermer cet espace à l'aide d'une plante ou d'un petit meuble comme un pouf, favorise vos relations amicales.

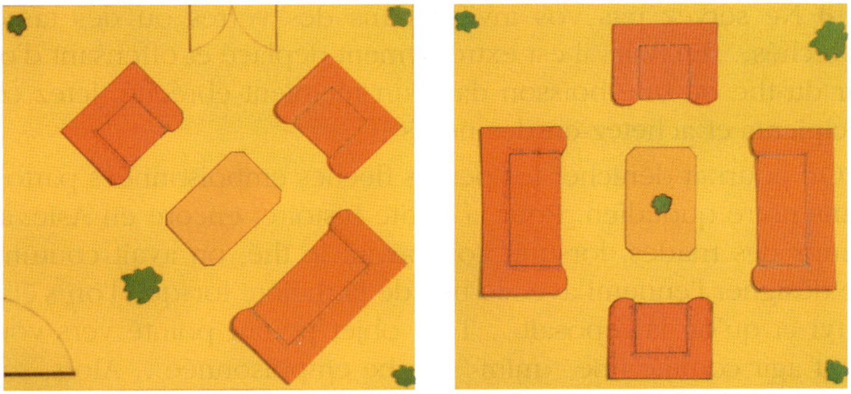

Pour créer une atmosphère intime dans votre salon, disposez vos canapés et fauteuils de manière à former un cercle, un carré ou une forme régulière. Utilisez une plante ou un pouf pour fermer cette forme si elle ne l'est pas. La télévision ne doit pas être le centre d'intérêt principal du salon et il vaut mieux la mettre à l'écart, si possible dans un meuble fermé. Au centre des sièges, placez une table basse ronde, ovale ou aux coins adoucis.

Si les canapés sont disposés de façon à ce que vous puissiez regarder la télévision en étant à l'aise, mais pas pour que vous puissiez discuter avec vos proches, cela entraîne un mal-être inconscient de la part des invités qui préféreront s'installer ailleurs.

Si c'est le cas chez vous, peut-être avez-vous constaté que vos invités, d'office, ont tendance à aller dans la cuisine ou dans votre salle à manger plutôt que d'aller s'asseoir au salon ? Cela peut même amener les gens à moins vous visiter car ils ressentent un malaise à l'idée de venir vous voir. Créez donc un sentiment d'intimité, d'accueil et de détente en plaçant vos canapés et fauteuils face à face. Favorisez les tables basses rondes, car elles ne présentent aucun angle qui pourrait agresser les personnes. Si vous avez une table carrée ou rectangulaire, faites en sorte qu'aucun invité ne s'asseye face à un angle. Dans le salon et dans le Feng Shui en général, utilisez un maximum de structures douces et rondes, plutôt que des formes anguleuses et pointues.

☯ Ne servez pas vos invités dans des verres ou des tasses ébréchés... En Asie, il est extrêmement déplacé et offensant d'offrir du thé ou une boisson dans un récipient ébréché. Jetez ces récipients et achetez-en des neufs !

On pourrait dénicher les petites flèches empoisonnées partout dans notre quotidien. Pour la petite histoire, encore en Asie, au temps des triades, lorsque l'on buvait le thé, on avait coutume de désigner l'ennemi avec le bec de la théière lorsque l'on s'était servi et qu'on la reposait... Tout objet pointu pointé vers vous peut agir comme une " mini " flèche empoisonnée... Alors, sortez les boucliers !

☯ Les télévisions émettent des ondes nocives et dégagent une image néfaste. L'idéal est de les cacher lorsque vous ne les regardez pas, et pour cela, utilisez un meuble de télévision avec des portes. Les plantes vertes corrigent en partie leur effet néfaste.

La télévision dans un habitat représente un excès de l'élément métal. Essayez donc de la placer dans les secteurs ouest ou nord-ouest. Elles dégagent des ondes électromagnétiques puissantes et néfastes, aussi, elles ne devront pas être trop imposantes ni mises excessivement en valeur. L'idéal est de choisir un meuble de télévision fermé.

## *Et maintenant : conseils de décoration pour votre séjour*

### *Quelles couleurs et quelle ambiance pour votre salon ?*

Selon le secteur de l'habitation où se situe le salon, choisissez les couleurs et les revêtements des murs et des sols.

Si vous ne voulez pas utiliser de couleur aux murs, ce qui est souvent le cas, gardez des couleurs neutres comme le blanc, le beige ou le crème, et colorez la pièce grâce aux objets de décoration.

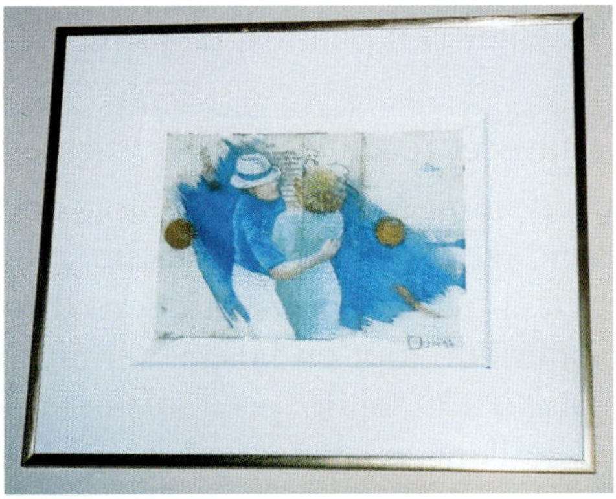

Ce couple à dominante bleue sera très bénéfique pour favoriser l'amour au sud-ouest ou l'élément eau du secteur nord. Ce type de décoration agrémentera agréablement vos murs blancs.

☯ Si votre salon se situe au ***sud***, son énergie est celle du feu. L'élément parent étant le bois, favorisez ces deux éléments dans votre salon.

La pièce de cet appartement est située dans un endroit ensoleillé, ce qui lui confère une forte polarité Yang. Les plantes ajoutent encore au dynamisme de l'ambiance. Les éléments présents sont le bois et le feu, ce qui est particulièrement bénéfique pour un secteur sud. Par contre, les rideaux jaunes pourraient s'apparenter à l'élément terre car la couleur n'est pas trop vive. Ils calment alors le secteur sud qui pourrait être trop Yang.

Au sol, vous pouvez utiliser du plancher, un sol de coco qui est de l'élément bois, ou du carrelage dans les tons verts, marrons, ou beige avec des touches de rouge ou de vert. Le jaune clair, le violet, le beige calmeront la pièce si vous la jugez trop Yang.

Aux murs, utilisez les couleurs chaudes également mais pas trop foncées. Si vos murs restent clairs, vous pouvez utiliser une frise collée ou en pochoir à dominante rouge ou verte. Pour favoriser l'élément bois, la frise pourra représenter des plantes, des feuilles, des fleurs…

La note globale de la pièce devra être : le rouge, les lumières et le végétal ! N'hésitez pas à installer des plantes, des fruits, des fleurs, des meubles en bois.

Favorisez les formes triangulaires et rectangulaires verticales.

Le sud est le secteur de la renommée, cette pièce doit donc être colorée et dynamique, bien rangée. Travaillez cette pièce comme si vous vous apprêtiez à aller à un entretien d'embauche : tout dans le paraître extérieur, tout en faisant sentir que l'intérieur n'est pas mal non plus ! Ce serait, pour résumer, la pièce " tape à l'œil ". Utilisez de l'encens pour favoriser le feu et diffuser une odeur agréable. Les diffuseurs de parfums sont également très efficaces.

☯ Si votre salon se situe au ***nord***, son élément est l'eau. L'élément parent de l'eau est le métal. Cependant, le nord étant une direction froide, il faudra rehausser de touches Yang et chaudes sous peine de glacer tous vos invités ! Choisissez donc des couleurs blanches, gris perle, dorées et argentées, ainsi que des objets en métal et placez par exemple des coussins moelleux et colorés ou des tentures aux murs.

Utilisez des représentations gaies et agréables de nature, par exemple une rivière courant à travers un sous-bois.

Choisissez des formes ondulées et sinusoïdales.

Le nord étant le secteur de la carrière, donnez une idée de stabilité dans cette pièce en utilisant des meubles lourds, des meubles bas, des éléphants ou des symboles de force en général.

Le secteur nord, celui de la carrière est de l'élément eau. L'eau étant nourrie par l'élément métal et par la couleur bleue, une association des deux est très bénéfique pour obtenir une carrière stable ou ascendante ainsi que pour vous lancer dans la branche qui vous convient.

☯ Si votre salon est situé à l'est ou au sud-est, qui sont de l'élément bois, favorisez cet élément et son élément parent, l'eau.

Agrémentez d'un plancher, de plantes, de meubles en bois, de matières rustiques, chaudes et naturelles, comme le lin, le coton... Un bassin ou une fontaine seront bénéfiques. Accentuez sur les couleurs vertes et marrons, et quelques touches de bleu si vous le souhaitez.

Utilisez principalement des formes rectangulaires verticales comme les rayures, tant pour le papier peint, le tissu mural que pour les rideaux, les bibliothèques hautes et les vases par exemple.

L'est est le secteur de la santé et des ancêtres. Donnez à votre salon une tonalité de fraîcheur, de renouveau, en utilisant des fruits, des fleurs, des arbres en fleurs... Le vert clair est plus approprié à l'est, le vert plus foncé au sud-est.

De belles pommes vertes sont favorables à l'est, secteur de l'élément bois et de la santé. Ici au nombre de quatre, chiffre de l'élément bois, elles sont très favorables.

Le sud-est est le secteur de la prospérité, l'ambiance du salon doit donc être un peu chic : vous pouvez placer des objets de valeur, brillants, des collections. Les coupes de fruits symbolisent l'abondance de la nourriture sur la table. Insistez sur les fleurs aux couleurs multicolores.

Une coupe ou un panier de fruits vrais ou faux seront particulièrement actifs dans le secteur sud-est, celui de la prospérité ; et est, celui de la santé. Ils représentent l'abondance de nourriture et le foisonnement de biens. S'ils sont reflétés par un miroir, ils sont doublement actifs.

☯ Si votre séjour est à l'***ouest*** ou au ***nord-ouest***, de l'élément métal avec un élément parent qui est la terre, favorisez le blanc, le gris perle, l'argenté ou le doré, ainsi que les objets métalliques. Cependant, pour éviter que la pièce ne soit trop froide et trop Yang, utilisez les couleurs favorisant la terre comme le jaune, le rose, les ocres, le beige, ainsi que les poteries, les jarres, les pierres, les cristaux. Introduisez principalement des formes rondes et ovales.

Le secteur ouest est le secteur des enfants et de l'avenir, placez donc des symboles de jeunesse, des dessins d'enfants, des peintures naïves, des photos de votre famille heureuse. Vous pouvez placer des plateaux dorés ou argentés de style marocain par exemple.

Le nord-ouest étant le secteur du père et des bienfaiteurs, placez des symboles masculins, une montagne en photo ou en tableau, un symbole d'homme aux épaules solides. L'ambiance de la pièce doit être Yang, mais pas trop froide : utilisez des couleurs favorables à la terre (jaunes, roses, ocres) pour égayer.

☯ Enfin, si votre séjour est situé dans les secteurs terre, le sud-ouest ou le nord-est, il faudra favoriser cet élément et l'élément parent : le feu. Il faudra insister sur le feu pour le nord-est, car comme le nord, cette direction est peu ensoleillée et donc froide. Choisissez parmi les rouges, jaunes, violet lumineux, fuchsia, ocres, beige. Les lumières, les bougies, les soleils et les tournesols, les poteries, céramiques, porcelaines, sculptures favoriseront ces secteurs. Favorisez les formes carrées.

Le nord-est est le secteur de la spiritualité, essayez donc de donner à votre salon une note de détente et de calme, favorable à la réflexion. Faites toujours en sorte que votre salon vous ressemble. Placez des symboles qui ont trait à la sagesse, à la spiritualité, sans transformer cette pièce en temple ! Introduisez des symboles de stabilité comme une montagne ou un meuble solide, ou bien insistez sur des rideaux un peu lourds ou des tissus pour ralentir le Chi.

Pour favoriser le secteur de la spiritualité, au nord-est, placez des divinités. Essayez de choisir des représentations qui vous plaisent ou qui font partie de votre religion. Faites en sorte qu'elles ne soient pas agressives.

Le sud-ouest est le secteur du couple, de l'affectif et des relations sociales et amicales, donnez donc une tonalité d'accueil, d'échange, une atmosphère agréable pour les discussions entre amis. Introduisez des symboles d'harmonie, de paix et de partage.

Des bougies, des roses rouges, des cristaux, des cœurs,
et une atmosphère romantique, tout y est pour activer le secteur
de l'amour et du couple, le sud-ouest !

***Sous-sectorisation***

Refaites une nouvelle sectorisation de votre séjour : recherchez le centre du salon, le nord exact et placez le Pa Kua comme indiqué précédemment… Comme nous l'avons expliqué, il est intéressant de superposer le même Pa Kua que celui de la maison à un salon ou à un bureau (small Tai Chi), en l'adaptant à la taille de la pièce. Cela permet de recréer une harmonie immédiate dans une pièce en particulier. Grâce à cette méthode, un bien-être est immédiatement perceptible.

Activez ces sous-secteurs tout en douceur, par touches, sans plus vous préoccuper du secteur global dans lequel se trouve la pièce. Par exemple, au nord de votre salon, placez une petite fontaine ou une décoration bleue.

***Remarque concernant la sous-sectorisation***

Il est important, cependant, de faire une remarque sur ce sujet. Les secteurs de la sous-sectorisation d'une pièce empiètent sur les secteurs globaux de la maison. Il arrive même parfois que ces deux secteurs se contredisent. Quel secteur doit-on privilégier ? Le secteur global ou le sous-secteur de la pièce ? La sectorisation globale de la maison va vous être utile à choisir la couleur générale d'une pièce, ainsi que le revêtement au sol, et les grandes décorations afférentes au secteur. La sous-sectorisation sera utilisée par des ***touches*** de décoration, pour réactiver un flux énergétique favorable, ainsi que pour positionner la télévision, les plantes...

Prenons un exemple : si votre salon est situé dans le secteur global sud de la maison, lorsque vous aurez effectué une sous sectorisation de la pièce, toutes les directions seront représentées et situées dans le secteur sud global de la maison. L'énergie générale de la pièce est celle du feu, secteur sud de la sectorisation globale. Pour activer les sous-secteurs de la pièce, vous ajouterez une petite touche discrète de décoration pour chaque secteur. Toujours sur notre exemple, le sous-secteur nord (élément eau) doit être activé, et nous sommes dans le secteur sud global (élément feu), or, l'eau éteint le feu. Évidemment, ne placez pas un aquarium de deux cents litres ou un bassin d'intérieur pour activer ce sous-secteur nord ! Choisissez plutôt une petite image de rivière douce, ou un joli vase bleu de taille moyenne.

Gardez à l'esprit ceci : dans le Feng Shui, comme dans toutes les disciplines s'appuyant sur la philosophie asiatique, tout est dans l'équilibre et dans la voie du milieu, le Tao. Par exemple, toujours sur le secteur sud, essayez de vous imaginer : l'élément de ce secteur est le feu, visualisez maintenant des murs rouges, des canapés fuchsia, avec des coussins oranges, les rideaux jaunes vifs. Ne ressentez-vous pas cette quantité de Yang, même sans être dans une telle pièce ? Maintenant, ajoutez du vert, des plantes, des poteries, un beau vase bleu ou noir ou une représentation d'eau coulant doucement. C'est plus calme non ? Et moins chaud !

***L'équilibre réside dans une dominante de l'élément du secteur global et dans des touches activant les sous-secteurs.***

***Les revêtements muraux :***

☯ Pour créer une ambiance douce et chaleureuse, appliquez des revêtements muraux en tissus aux murs, qui sont Yin. Ils alourdissent le Chi mais créent en même temps une ambiance calme, qui peut favoriser les discussions sérieuses et les échanges d'idées. Ils sont moins Yin lorsqu'ils contiennent des fils d'or ou d'argent qui dynamisent le tissu. Ils sont également plus Yang si leur couleur est vive, comme le rouge, le jaune ou le fuchsia.

☯ Pour une ambiance plus dynamique et des soirées animées, utilisez des couleurs vives et des revêtements comme des peintures laquées qui sont Yang. Plus les couleurs seront vives et les matières lisses et brillantes, plus l'ambiance sera dynamisée. Attention cependant, car ce type de décoration n'est pas forcément bénéfique à la détente et à la récupération. Vous pouvez, dans ce cas, épuiser vos forces, et même avoir peu envie de passer du temps chez vous. Si vous avez ce genre de décoration et que vous ressentez un certain stress et de la difficulté à vous poser, introduisez la polarité Yin dans votre intérieur, par exemple en ajoutant de gros coussins moelleux sur les canapés, et en plaçant des doubles rideaux. Les tapis ralentissent également le Chi.

Le métal est une matière Yang mais très dure et très froide. Si votre intérieur présente une dominante de blanc, de gris, de structures métalliques, de tables en verre, des canapés peu confortables, comme cela se fait beaucoup en ce moment dans le design d'intérieur, essayez de compenser la froideur par des matières naturelles, comme les sols en coco, le lin, les plantes, et les couleurs chaudes. En effet, garder un intérieur aussi froid peut vous empêcher de recevoir beaucoup d'amis, favoriser les relations superficielles et peu enrichissantes.

### *Les rideaux*

☯ Les rideaux lourds ou les doubles rideaux, surtout dans des couleurs sombres tels que les marrons, les beiges foncés, les roses foncés ralentissent également le flux du Chi. Ils peuvent fournir une atmosphère chaleureuse, mais trop épais ou trop foncés, ils risquent d'engendrer la stagnation de l'énergie. Si vous avez de tels rideaux et que vous souhaitez rehausser le Chi pour favoriser des soirées plus animées, et que vous ne souhaitez pas changer vos rideaux, cousez quelques fausses fleurs en tissu coloré, ou placez de manière régulière de petits rubans rouges et jaunes, ou encore, installez des bandes de tissu coloré, si possible verticalement car les rectangles verticaux symbolisent la puissance du bois en croissance.

☯ Les rideaux légers comme les voilages et de couleur vive sont Yang car ils laissent passer la lumière et s'envolent facilement lorsque les fenêtres sont ouvertes.

Ce type de voilage choisi dans des couleurs claires et pastel est bien équilibré en Yin et en Yang.

☯ Les stores en bois sont plutôt Yin mais les stores métalliques sont plutôt Yang. Ils peuvent donner un certain sentiment de stress, quelle que soit leur matière, car ils représentent des lignes très droites qui peuvent créer des flèches empoisonnées.

### *Les imprimés*

☯ Les imprimés des tissus ou des papiers peints aux murs vont augmenter ou diminuer le côté Yin. Les formes carrées, qui symbolisent la terre, sont stabilisatrices.

Les meubles massifs, le bois et le plancher au sol, créeront une ambiance agréable et détendue. Pour dynamiser, agrémentez de plantes vertes hautes en bonne santé, et ajoutez des éclairages montants comme des appliques ou des halogènes.

Les formes pointues, triangulaires et rectangulaires en hauteur sont Yang, car elles symbolisent le feu et le bois en croissance.

Les meubles hauts favorisent également le dynamisme, mais n'en placez pas trop, car ils pourraient pousser à l'instabilité.

### *Les plantes*

D'une manière générale, toutes les plantes sont Yang, car elles sont vivantes et représentent la croissance en hauteur, l'élan. Les fleurs sont également dynamisantes et créent une sensation de bien-être. Veillez cependant à ce qu'elles soient toujours fraîches, enlevez les fleurs fanées, et changez l'eau régulièrement. Certains praticiens sont contre les fleurs coupées car elles peuvent représenter la mort, mais si vous les aimez, utilisez-les sans crainte.

Il faut, cependant, absolument éviter les fleurs sèches, symbole de mort. Jetez-vos bouquets de fleurs sèches et remplacez-les par des fraîches. Attention également aux pots-pourris et au blé séché.

Ne gardez pas de cactus ni de bonsaïs, les uns sont trop piquants et trop agressifs, les autres sont symboles de souffrance. Si vous ne souhaitez pas les jeter, gardez-en juste quelques-uns uns et placez les près de vos fenêtres pour les utiliser comme protections contre les éventuels voleurs et agresseurs.

Vous pouvez remplacer les plantes et fleurs fraîches par des fausses, de préférence en tissu qu'en plastique, qui est une matière totalement artificielle et néfaste au niveau du Feng Shui. Par contre, dans le cas du tissu, dépoussiérez vos fleurs et plantes très régulièrement, car la poussière engendre un Chi stagnant défavorable.

Pour symboliser l'élément bois, vous pourrez aussi placer des guirlandes fleuries lumineuses ou non, des guirlandes de lierre. Les frises murales collées ou peintes peuvent également activer l'élément bois, surtout si elles représentent des feuillages ou des fleurs.

Prenez-garde aux plantes grimpantes qui peuvent détériorer vos murs !

### *Les tableaux, images et encadrements*

Favorisez les images de bonheur et de convivialité. Prenez garde aux images qui peuvent être agressives comme des représentations de guerres, de batailles, de duels. Un joli paysage, des fleurs, une forêt sont très bénéfiques car ils représentent l'équilibre entre le Yin et le Yang, harmonisant ainsi toute la pièce et les personnes s'y trouvant.

### *Les fontaines et aquariums*

L'eau est très bénéfique dans un salon, car elle dynamise et rafraîchit en même temps. Elle donnera à votre espace une dimension Yang, symbolisant la vie. Faites cependant attention au secteur du salon où vous les placez, privilégiez le nord, le sud-est ou l'est du Pa Kua du salon.

### *Les éclairages*

Les éclairages prennent une part importante dans l'ambiance d'une pièce. Les spots, halogènes et appliques permettent de créer un flux de Chi ascendant et Yang. À l'inverse, les abat-jour et lampes de chevet sont propices à un Chi descendant et un peu lourd, favorables aux ambiances tamisées mais peu dynamiques. Alternez donc entre les différents types d'éclairage pour équilibrer le Yin et le Yang.

### *Les bougies*

Les bougies sont très utiles en Feng Shui, car elles activent d'une part l'élément feu et représentent une énergie montante, et créent en même temps une forte polarité Yin propice à l'intimité et à la méditation. Elles sont très favorables, n'hésitez donc pas à les utiliser. Choisissez-vos bougies en tenant compte de l'élément à activer et jouez sur les couleurs et les formes :

☯ Les bougies rouges, jaunes ou fuchsia symbolisent l'élément feu, les jaunes et rose clair l'élément terre, les bleues pour l'eau, les vertes et marrons l'élément bois, les blanches, grises, dorées, argentées l'élément métal.

☯ Les bougies rondes sont favorables au métal, les triangulaires au feu, les rectangulaires au bois, les carrées à la terre, les ondulées à l'eau.

Combinez leurs formes et leurs couleurs pour activer ou calmer le Chi du secteur dans lequel vous voulez travailler. Souvenez-vous qu'elles sont très activatrices et que l'élément feu qu'elles dégagent active tout Chi. Gardez également à l'esprit que la réussite de l'activation d'un secteur réside dans l'alchimie entre tous les éléments introduits, et que l'harmonie réside dans l'équilibre.

### *Les cheminées*

Les cheminées représentent l'élément feu de manière très importante. Il faut donc bien observer leur emplacement et les corriger si nécessaire. Si vous avez l'intention d'installer une cheminée ou si vous êtes en train de construire votre maison, choisissez sa position avec grand soin. Mal placée, elle peut déstabiliser complètement l'énergie d'une maison ou d'un appartement.

Les meilleurs emplacements sont le sud-ouest, Le nord-est et le sud. Superposez le Pa Kua sur le plan général de votre habitat et sur le plan du salon, de manière à choisir le meilleur emplacement.

Le sud-ouest et le nord-est sont de l'élément terre, et le feu est l'élément parent de la terre. Le nord-est est le secteur le plus froid, ce serait donc, logiquement des trois, le plus favorable. Le sud-ouest étant le secteur des relations amicales et affectives, y placer un foyer peut inviter vos amis à venir chez vous et à prendre plaisir à des soirées improvisées. En hiver, tout le monde se réunira volontiers autour de la chaleur du feu.

Au sud, secteur de l'élément feu, celui-ci peut être un peu trop fort, voire dangereux. Si le salon est situé dans le secteur sud de l'habitat et qu'en plus, la cheminée est dans le sous-secteur sud du salon, l'élément feu risque d'apporter trop de tensions et des difficultés relationnelles. Cela peut même créer des risques d'incendie. Il est préférable, si votre salon est au sud, de faire installer la cheminée au nord-est ou au sud-ouest.

– Cheminée au sud

Comme nous l'avons dit, si elle est en plus au sud du salon, il faut calmer le Chi du feu, en utilisant la terre grâce à quelques poteries ou en plaçant, sur la cheminée, une coupelle en céramique remplie de cristaux brillants.

– Cheminée au nord de votre habitat

L'énergie du feu et de l'eau entrent en conflit, ce qui peut engendrer des problèmes au niveau de votre carrière et des relations que vous avez avec vos collègues et votre patron. Il est nécessaire de calmer l'excès de feu sans aggraver le déséquilibre pour cela, utilisez encore une fois l'énergie de la terre en plaçant une jarre ou un vase en céramique bleue et un galet rond près de la cheminée.

– Cheminée dans les secteurs bois : est et sud-est

Le bois est épuisé par la présence du feu, il est nécessaire de corriger cet aspect pour éviter d'éventuels problèmes de santé (secteur est) et de finances (sud-est).

*Histoire vécue*

*J'ai reçu la visite de deux femmes, mère et fille, qui vivaient ensemble dans une grande maison familiale. À l'est de la maison trônait une très grande cheminée ouverte, digne de celles d'antan, et capable de chauffer la maison entière. La relation entre la médecine chinoise et le Feng Shui a déjà été évoqué dans cet ouvrage. De ce fait, le secteur est, de l'élément bois, correspond au niveau du corps humain, au foie. Or les deux femmes, toutes deux de l'élément bois, avaient de graves problèmes de foie, qui s'étaient aggravés depuis leur arrivée dans cette habitation. Pour corriger cet aspect, il a fallu rehausser l'élément bois, tout en calmant l'élément feu. Attention, dans ce cas, on évite le premier réflexe qui est d'apporter de l'eau (en pensant que celle-ci va maîtriser le feu et favoriser le bois). Ce remède est trop fort, et il faut toujours utiliser le Feng Shui avec douceur et intelligence ! Dans ce cas, il faut calmer le feu grâce à l'élément terre, poterie ou galet, et favoriser l'élément bois. Pour cela, placez dans le secteur soit une plante– mais pas trop proche de la cheminée car elle ne supportera pas la chaleur–, soit une fausse plante, soit une belle représentation de forêt (mais pas sur la cheminée même, vous risquez d'activer le feu).*

– Cheminée affectant l'élément métal, dans les secteurs ouest et nord-ouest.

Si une cheminée est placée dans le secteur ouest ou nord-ouest, le feu détruisant le métal, il y aura un conflit entre les deux éléments.

Dans le secteur ouest, des problèmes avec les enfants pourront se déclencher, au niveau de leur éducation, comme de leur obéissance et de leur scolarité. Cela peut aussi affecter vos projets et leur réalisation.

Dans le secteur nord-ouest, c'est le père qui aura du mal à trouver sa place (ou la mère si c'est elle la personne forte de la maison). Cela peut se traduire par des difficultés à se faire respecter par ses enfants, par des problèmes relationnels au travail avec ses collègues ou son patron, et il passera plus facilement du temps en dehors de la maison. Le nord-ouest étant le secteur des bienfaiteurs et des voyages à l'étranger, peu de gens viendront spontanément vous aider et vous pourrez souffrir d'un sentiment de solitude et d'isolement.

Pour corriger une telle configuration, il faut utiliser l'élément tampon entre le feu et le métal, qui est la terre. Peignez le haut de l'âtre en jaune clair ou couleur ocre par exemple, ou placez deux belles jarres en terre cuite de chaque côté de la cheminée, ou placez un panier contenant de beaux galets ou de belles pierres que vous aurez ramassées au gré de vos promenades.

– Les cheminées centrales sont peu favorables, car situées au milieu de la pièce, elles sont symboliquement placées dans le Tao, le secteur de l'équilibre. Placer une cheminée à cet endroit revient à créer une aspiration de l'énergie vers le haut et donc à une perte du Chi.

Voici un exemple de décoration adaptée au sud-est, de l'élément bois. Cette cheminée est " dominée " par la végétation. Lorsqu'une cheminée est bien placée, cependant, placez un miroir au-dessus, de manière à inviter le Chi à venir se charger de l'énergie favorable de cette cheminée.

– Installez un miroir au-dessus de la cheminée si celle-ci est bien placée, ceci aura pour effet de stimuler le Chi favorable, de le diriger et de l'attirer vers le foyer et ainsi de lui permettre de se charger positivement avant de poursuivre son cheminement dans le reste de la pièce et de la maison.

– Installez des fauteuils autour de la cheminée lorsqu'elle est allumée, vous pourrez ainsi passer des soirées très agréables avec votre famille et vos amis, le feu agissant comme facteur de cohésion.

## La salle à manger

La salle à manger est le lieu de partage de la nourriture préparée dans le foyer qu'est la cuisine. C'est un espace qui va permettre de réunir la famille au moment des repas, mais aussi les amis et les relations de travail. C'est un des seuls endroits où l'on peut encore prendre le temps d'échanger et de discuter, mais aussi de partager la nourriture, acte très symbolique : une des images les plus fortes du Christ, c'est la " Cène ", lorsqu'il est attablé avec les apôtres et qu'ils partagent le repas.

La société aujourd'hui nous entraîne de plus en plus rapidement dans un tourbillon de travail, d'enfants, de courses, d'activités sportives, de loisirs, qui nous éloignent de l'habitat et à l'extrême, divise la famille.

Nous sommes loin des familles qui se réunissaient tous les jours aux même heures pour le petit déjeuner, le déjeuner puis le dîner. Actuellement, la famille mange devant la télévision, quand tout le monde mange à la même heure. Les horaires décalés entraînent le fait que les membres de la famille se croisent plutôt qu'ils ne se voient vraiment...

Et pourtant, il est primordial de favoriser les repas assis, si possible en famille, ne serait-ce que pour faciliter la digestion ! Il est reconnu que prendre son repas sur le pouce, debout, en moins de dix minutes, engendre des problèmes intestinaux. Prenez le temps, donc, de retrouver ces plaisirs, ces moments privilégiés, et ces valeurs. Pour cela, le Feng Shui va vous aider à recréer une ambiance harmonieuse et attractive. En espérant que cela vous aide à retrouver une unité familiale et que ce soit la promesse, pour vous, de nombreuses invitations d'amis autour de votre future nouvelle table Feng Shui !

La salle à manger est donc le lieu où l'on va savourer la nourriture, et cette pièce est étroitement liée à la cuisine, où l'on donne sa qualité à l'alimentation. Il faut donc que les deux pièces soient proches. Il est cependant préférable d'éviter les cuisines américaines, de manière à bien marquer la frontière entre la cuisine, intime, et la salle à manger, espace d'accueil et de partage, sans compter les odeurs de cuisine qui ne sont pas toujours agréables.

Imaginez-vous invités chez des amis : qu'aimeriez-vous trouver ? Comment souhaiteriez-vous être reçus ? Les réponses à ces questions indiquent comment décorer votre salle à manger et dresser votre table !

### Les secteurs pour une bonne salle à manger

Comme pour le salon, il est préférable d'éviter le nord et le nord-est, deux pièces froides qui n'inviteront pas à un bon repas, pour placer la salle à manger. Si c'est votre cas, il faudra réchauffer la pièce grâce à des couleurs chaudes.

### Un secteur, une ambiance

☯ Au sud

Si votre salle à manger est située dans le secteur sud, dont l'élément est le feu (et l'élément parent est le bois), choisissez une table rectangulaire, et de préférence en bois. Créez une ambiance en utilisant une nappe dans les tons rouges, oranges, jaunes, verts ou marrons. Vous pouvez également laisser la table nue si elle est en bois brut.

Lors de vos réceptions, et pour dynamiser les repas de famille et inciter les membres à venir s'y installer, placez un petit récipient en verre incolore, rempli d'eau, dans lequel vous aurez placé de fausses fleurs et des bougies flottantes, ou des bougies flottantes en forme de fleurs. Allumez les bougies avant le repas. Vous créez ainsi un cycle des éléments : l'eau (du bol) nourrit le bois (fleurs) qui nourrit le feu (bougie), le tout activant bien le secteur sud.

Si vous choisissez une nappe verte, utilisez de la vaisselle rouge, orange et jaune. Si vous optez pour une nappe rouge, utilisez de la vaisselle verte.

Placez une petite fleur à côté de l'assiette de chaque convive.

☯ Au nord

Si votre salle à manger est située au nord, optez pour une table ronde ou ovale. Qu'elle soit en bois, en verre ou en pierre, il est préférable d'y placer une nappe. Choisissez-la blanche mais rehaussez d'une surnappe ou de serviettes de table dans les tons chauds, car le blanc est assez froid et le nord est une pièce froide.

Le lotus est une fleur considérée comme magique en Asie. Elle est utilisée, vénérée et offerte lors des occasions les plus importantes. Il symbolise la chance et la richesse, c'est pourquoi il est si bénéfique dans le Feng Shui. Placé sur une table au nord ou au sud-est, secteur de la richesse, il serait hautement activateur pour la rentrée de vos biens matériels.

Pour la décoration, optez pour le bleu, le blanc, le gris, le doré et l'argenté. Placez des bougies dans ces tons et complétez par une coupelle métallique remplie de cristaux ou de billes de verre rouge pour réchauffer l'ensemble.

☯ À l'est et au sud-est

Si votre salle à manger est située dans les secteurs est et sud-est, de l'élément bois, et dont l'élément parent est l'eau, il faut favoriser une ambiance fleurie et champêtre.

Les couleurs favorables sont le bleu, le vert et le marron. Placez des fleurs sur la table, en utilisant plusieurs petits bouquets bas, pour ne pas faire de barrage entre les invités, placez des fruits dans une corbeille.

Choisissez des assiettes vertes ou décorées de fleurs, de fruits, de feuillages. Amusez-vous à créer un camaïeu de verts grâce à la nappe, aux couverts et aux serviettes.

Les bouquets de fleurs seront très favorables sur votre table lorsque vous recevez des amis. Les fleurs ne doivent cependant pas être fanées et l'eau doit être propre. Variez les couleurs pour faire passer des messages différents.

### À l'ouest et au nord-ouest

Ces secteurs sont de l'élément métal, leur élément parent est la terre. À l'ouest, dressez une table multicolore et gaie, en utilisant des serviettes, des assiettes, des couverts et des verres rouges, verts, bleus, jaunes sur une nappe blanche. C'est le secteur de la créativité, des enfants et des projets, laissez-vous guider par votre âme d'enfant !

Au nord-ouest, le décor sera plus sobre, les couleurs choisies parmi le blanc, le gris, le doré et l'argenté. Insistez sur les objets métalliques. Placez une coupelle dorée remplie d'eau et de bougies blanches et grises, et parsemez de fleurs blanches.

### Au nord-est et au sud-ouest

La fleur de l'orchidée est très symbolique pour déclarer la pureté de notre flamme à l'âme sœur, surtout lorsqu'elle est blanche. Ce type de présentation est très bénéfique dans le secteur nord-ouest, ou même au sud-ouest, celui du couple, pour entretenir un amour pur et tendre.

Ces secteurs sont de l'élément terre dont l'élément parent est le feu. Choisissez une nappe colorée aux tons chauds, et variez les tons jaunes, oranges, rouges, fuchsia, violet. Utilisez des assiettes en terre cuite et insistez sur les matières naturelles comme le lin et le bois. Créez un petit jardin zen en utilisant un récipient plat et carré, dans lequel vous placerez du sable fin et des cailloux ronds joliment arrangés. Agrémentez d'une petite bougie blanche.

### Séparation du salon

Lorsque le salon et la salle à manger font partie d'une même pièce, les énergies consacrées au repas et à la réception sont mélangées. L'idéal, dans ce cas, est de créer une séparation à l'aide d'un paravent ou d'étagères sur lesquelles vous disposerez des plantes ou des poteries.

Cela évitera également à la famille d'être tentée de regarder la télévision en mangeant. Mettez plutôt de la musique !

### Les couleurs d'une salle à manger

Les murs : favorisez l'énergie de la terre

La couleur des murs pour une salle à manger ne doit pas être trop vive, pour ne pas créer du stress pendant les repas. Le jaune et l'orangé sont des couleurs souvent utilisées et parmi les plus favorables. Le jaune facilite les échanges et les amitiés. L'orange est dynamique et chaleureux, mais attention, il favorise les ambiances agitées, n'en abusez donc pas trop, ou apaisez grâce à des couleurs plus Yin et plus stabilisantes comme le beige ou le marron. Évitez le bleu et le rose, couleur d'introspection défavorable à la digestion, comme toutes les couleurs pastel trop Yin.

Si vous souhaitez introduire du rouge, faites-le en douceur, soit en peignant un seul des murs, soit en choisissant un ton plus clair ou dégradé, soit mélangé à d'autres couleurs comme le jaune, le crème ou le beige, couleurs qui stabiliseront et feront redescendre la polarité Yang sans l'écraser. Les peintures à l'éponge et les tissus sont plus Yin que les peintures ou papiers peints, ce qui est donc une bonne alternative au rouge si vous le souhaitez.

Vous pouvez choisir d'introduire du vert mais en quantité modérée, et surtout pas trop clair. Préférez le vert amande, anis ou pomme. D'une manière générale, placez du vert pour les accessoires comme les rideaux ou les chaises plutôt que pour les murs, et si vous voulez verdir votre pièce, utilisez des plantes, toujours bénéfiques.

La dominante le plus répandue dans les habitats est le blanc. Cette « absence » de couleur porte bien son nom, et l'excès de blanc introduira le vide dans les relations. Il permet cependant d'introduire des décorations colorées, qui permettront de compenser le fond blanc. Au moment de peindre, pensez à utiliser, dans la peinture blanche, des touches de couleurs qui ne laisseront qu'une impression, le blanc sera moins vide et moins agressif.

Les sols

La salle à manger étant une pièce à connotation chaleureuse, pensez au plancher ou au sol en coco, qui introduiront une note de naturel et de calme. Le carrelage est l'alternative la plus souvent retenue car moins onéreux et plus facile d'entretien. Osez les carrelages donnant une touche rustique, et pas forcément unis : il existe de très beaux carrelages non unis, alternant des carreaux plus ou moins foncés et plus ou moins colorés. Si votre carrelage est uni et un peu triste, placez un grand tapis sous la table, en choisissant sa forme et sa couleur en fonction de la table et de l'élément du secteur. Évitez les tapis trop bariolés et trop vifs, ils risquent d'apporter un sentiment de stress.

*Histoire vraie*

*Une analyse intéressante de l'intérieur aménagé avait été faite pour un des premiers célèbres jeux de télé-réalité. La salle à manger avait été organisée dans des tons rouges, noirs et blancs, très tranchés, les formes étaient anguleuses et froides. Sous la table de repas rouge avait été placé un tapis bariolé à gros dessins en forme de tâches rouges et blanches. Le but du jeu étant de faire cohabiter plusieurs personnes pendant un certain temps, on peut constater que visiblement, tout était fait pour que l'ambiance soit tendue, très tendue, ce qui a d'ailleurs été le cas, mais ce qui mettait du piment dans l'émission !*

**Yin ou Yang ?**

Cette pièce doit être équilibrée avec une légère tendance Yang, sous peine de voir vos convives s'endormir avant la fin du repas. Cependant, si l'ensemble est trop Yang, le stress sera de mise, les discussions risquent d'être trop agitées, voire de se transformer en désaccord. Dans une salle à manger trop Yang, les personnes n'auront qu'une envie : se lever de table ! C'est pour cette raison que les intérieurs des Fast-Foods, qui ont été étudiés selon des règles marketing très strictes, sont toujours colorés en jaune vif, rouge, orange : ces couleurs dynamisent l'acte de vente et d'achat, mais ne favorisent pas le confort ni le côté “ douillet ”. Ajoutez à cela un mobilier anguleux et austère, des tables très proches les unes des autres : tout est fait pour que les clients partent dès la fin de leur repas.

Utilisez dans le secteur sud, élément feu, des lampes rouges, des plantes aux feuilles pointues ou non, et des bougies. La polarité Yang qui doit être attribuée au sud est ici bien mise en avant par un mouvement dynamique et ascendant grâce à des structures hautes et verticales.

Le restaurant idéal, qui peut être apparenté à une salle à manger, est celui qui allie l'orange un peu foncé, favorisant l'appétit et l'attraction du client, et le bois foncé (stores, table, plancher), favorisant l'ancrage et la détente. Bien équilibrés, ces deux aspects permettent un bon repas, favorsient un sentiment de sécurité et invitent à la consommation. Si le tout est agrémenté de belles plantes vertes, le succès est garanti ! On conseille parfois d'introduire des touches de bleu dans les restaurants, car cette couleur pousse à la consommation de boissons.

**Les horloges**

Ces objets symbolisent le stress et le temps qui passe. Le moment du repas devant être détendu et relaxant, il est évident qu'introduire une horloge dans la salle à manger n'invitera pas au calme.

**Les décorations aux murs**

Le Feng Shui proscrit les images et représentations agressives qui diffusent un Chi néfaste dans la maison et influent sur l'attitude des habitants. Cela comprend les armes, les animaux empaillés, les représentations de duels, les batailles, les guerres et les guerriers. Si l'on trouve une telle représentation dans le secteur de la famille, des tensions entre les parents et les enfants apparaîtront, les enfants obéiront moins et travailleront moins bien à l'école. Ces représentations agissent comme des images subliminales sur l'esprit des habitants.

Dans la salle à manger, pièce de réunions familiales, de telles images créeront aussi des tensions, non seulement au sein de la famille, mais également entre la famille et ses amis. Utilisez plutôt des images de tranquillité, de joie, de calme et de détente. Choisissez par exemple de jolis paysages, des fleurs ou des fruits.

### Changer de table au fil des saisons

Le Feng Shui est l'art de s'intégrer dans son espace et de vivre en accord avec son environnement. Or, les saisons font partie de notre environnement et nous influencent. Nous n'avons pas les mêmes attitudes, les mêmes habitudes ni les mêmes envies en hiver, au printemps et en été. Même notre alimentation change et s'adapte. En médecine chinoise, on demande au patient d'adapter sa nourriture à la saison, non seulement en terme de Yin et de Yang, mais également en terme d'éléments.

Alors si nous changeons, au fil des saisons, d'alimentation, d'habitudes et d'attitude, il paraît logique d'adapter notre décoration aussi.

**En effet, en Feng Shui, notre décoration s'appuie sur l'utilisation des éléments. En été, l'élément est le feu. Il faut donc, pendant cette période, calmer le feu. Le bleu, le vert et les couleurs estivales sont plus rafraîchissantes pour l'été. Au contraire, en hiver dont l'élément dominant est l'eau et l'absent le feu, on a envie de couleurs plus chaudes : le rouge, le jaune vif, les ocres.**

Adaptez votre décoration et n'hésitez pas à la modifier au fil des saisons et des années. Le fait de bouger les meubles et de changer les objets de place, de changer de style de temps en temps fait circuler le Chi. Ceci vous évitera de subir les effets néfastes du Chi stagnant.

**Petits principes de diététique chinoise selon les saisons**

L'été est Yang et son élément est le feu. La période nous apportant déjà en force cet élément feu, il faut compenser par une alimentation plus Yin et moins feu. Les salades et boissons froides sont Yin ! En hiver, c'est l'inverse. L'élément de l'hiver est l'eau, et sa polarité est Yin. On compense donc par une alimentation Yang. Les boissons chaudes, les céréales et la viande sont Yang. Ce sont dons les aliments qui tiennent au corps qui vont être privilégiées.

Bien sûr, la diététique chinoise est plus complexe que ce simple résumé, car les médecins chinois tiennent également compte des éléments personnels de la personne, déterminés selon leur morphologie et un diagnostic physique, mais aussi par l'astrologie chinoise. Vous l'avez compris, la médecine chinoise est un art complet, qui prend en compte l'intégralité de la personne. Elle est normalement préventive, puisque l'on dit qu'un bon médecin chinois, en Asie, est un médecin qui n'a pas de patient malade ! Il est également dit que si le patient est malade, il ne paye pas la consultation…

| | **Métal** | **Eau** | **Bois** | **Feu** | **Terre** |
|---|---|---|---|---|---|
| Goût | Piquant | Salé | Aigre | Amer | Sucré |
| Saison | Automne | Hiver | Printemps | Été | Fin de l'été |
| Céréale | Avoine | Soja | Blé | Riz | Maïs |

## La position des personnes dans la salle à manger

Le Feng Shui tient compte également de la position dans laquelle on s'assoit, comme on tient compte de la position du lit pour un meilleur sommeil ou du bureau pour travailler. Il y a plusieurs aspects à respecter pour favoriser des repas harmonieux. Bien entendu, plus vous passez de temps à la table au moment des repas, plus ces aspects seront efficaces ! Il est inutile de respecter ces données si vous mangez en tailleur devant la télévision, ou debout dans la cuisine !

### Voir la porte d'entrée

En Asie, on plaçait toujours le chef de famille de façon à ce qu'il voit la porte d'entrée. Comme on évite de tourner le dos à la porte sur le canapé ou pour travailler, sous peine de pouvoir symboliquement être surpris par un ennemi, on essaie toujours de voir la porte lorsque l'on prend son repas. La tradition veut que lorsque l'on a un invité, on le place de manière à ce qu'il voit l'entrée.

Faites donc en sorte que le maximum de personnes soient attablées face à la porte ou la voit même partiellement.

Bien sûr, il est difficile de satisfaire tout le monde, surtout lorsque vous avez de nombreux invités. La technique consiste alors à placer un miroir qui permettra à ceux qui tournent le dos à la porte de voir les éventuelles personnes entrantes.

Le miroir a un autre avantage, puisqu'en reflétant la table, il symbolisera l'abondance en doublant la quantité de nourriture qui s'y trouve. Les miroirs sont utilisés à cette fin également dans les magasins, où ils doublent la marchandise ou la caisse enregistreuse. Par contre, dans un cas comme dans l'autre, il faudra faire en sorte que le miroir reflète la personne en entier. Il ne doit couper ni le haut de la tête ni les jambes !

### *Attention aux flèches empoisonnées de la maison*

Comme pour le salon, la première chose à vérifier sont les structures agressives pouvant être dirigées vers la table. Y a-t-il des angles saillants qui pointent ? Y a-t-il des poutres qui se trouvent au-dessus de la tête des invités ou de la famille ? Observez et vérifiez, et si besoin, corrigez. Si c'est un angle saillant, adoucissez-le à l'aide d'une plante. Il n'est pas nécessaire que la plante recouvre la totalité de l'angle en hauteur, mais si possible au moins la moitié.

Vous pouvez aussi utiliser une guirlande de fleurs ou de feuilles artificielles, ou une guirlande lumineuse : il s'en fait de très jolies actuellement. Les baguettes en bois arrondies sont également un bon palliatif pour adoucir les angles.

Les poutres vont alourdir le Chi et risquent de mettre les personnes mal à l'aise, voire de leur donner des maux de tête. Contre cet aspect négatif, peignez-les d'une couleur claire (en cérusé par exemple), selon l'élément du secteur, accrochez une petite guirlande de fleurs ou placez un tissu léger qui corrigera le Shar Chi.

### Directions personnelles

En fonction du chiffre Kua de chacun, nous avons tous quatre directions personnelles favorables et quatre défavorables.

Essayez de respecter une de ces directions lors des repas, en particuliers les repas en famille. Il faut faire en sorte que les membres de la famille regardent dans une de leurs directions favorables. Pour être sûr de ne pas vous tromper, placez le Pa Kua de la maison sur la table, dans le même sens que sur la maison mais en le réduisant.

Cela vous indique directement le sens où doit regarder chacun des membres de la famille.

Prenons l'exemple d'une famille dont le père est du chiffre Kua 4, la mère du chiffre Kua 1, le fils du chiffre Kua 8 et sa sœur du chiffre Kua 2.

À l'aide du tableau suivant, nous constatons que le père doit regarder en direction du nord, du sud, de l'est ou du sud-est. La mère doit regarder dans les mêmes directions et les enfants vers le sud-ouest, le nord-ouest, l'ouest ou le nord-est.

**Directions personnelles favorables**

| KUA | 1 | 2 | 3 | 4 | 6 | 7 | 8 | 9 |
|---|---|---|---|---|---|---|---|---|
| Scheng Chi<br>Vitalité et prospérité | S-E | N-E | S | N | O | N-O | S-O | E |
| Tien Yi<br>Aides et santé | E | O | N | S | N-E | S-O | N-O | S-E |
| Nien Yen<br>Amour | S | N-O | S-E | E | S-O | N-E | O | N |
| Fu Wei<br>Calme et croissance | N | S-O | E | S-E | N-O | O | N-E | S |

## La table

La forme, la matière et la couleur de la table détermineront son élément et son choix dans une salle à manger.

### *Sa forme*

☯ Le bois est symbolisé par la forme rectangulaire. On pourra donc utiliser de telles formes dans les secteurs sud (feu), est et sud-est (bois).

☯ Le feu est symbolisé par les formes triangulaires. Même si elles sont plus rares, elles seront favorables dans les secteurs sud (secteur de l'élément feu), nord-est et Sud-ouest (secteurs de l'élément terre). Méfiez-vous avec ce genre de table, car les angles peuvent créer et envoyer des flèches empoisonnées vers le reste de la pièce. D'une manière générale, on évite les formes pointues et triangulaires qui peuvent être trop agressives.

Si vous devez choisir une couleur de table ou de mobilier pour votre secteur sud, celui de la renommée, optez pour le rouge. Il induira de nombreux repas avec vos amis qui prendront un réel plaisir à vous visiter.

☯ La terre est symbolisée par la forme carrée. Les tables carrées seront favorables dans les secteurs terre, nord-est et sud-ouest, et dans les secteurs métal, ouest et nord-ouest.

☯ Le métal est représenté par les formes rondes et ovales. Elles seront favorables dans les secteurs ouest, nord-ouest et nord (eau).

☯ L'eau est représentée par la forme ondulée, favorable au nord, à l'est et au sud-est.

☯ La forme octogonale symbolise le Pa Kua et elle est très favorable. Elle harmonise naturellement la pièce. Cependant, prenez garde à ne pas multiplier cette forme pour tout objet, comme des miroirs par exemple… car le Pa Kua est une forme très particulière, utilisée généralement pour protéger la maison mais à l'extérieur de la maison.

### *Sa matière*

Le bois est la matière la plus favorable pour les tables de salle à manger, car c'est une matière chaleureuse et accueillante.

Les bois rouges seront favorables au sud.

Les bois exotiques seront favorables au sud et au sud-est, car ce sont deux secteurs qui doivent être symbolisés par la brillance, la rareté, les objets de collection.

Le pin ou les bois naturels seront favorables pour les tables familiales, ainsi que le chêne pour des tables de campagne qui donnent une impression de solidité et de stabilité. Attention cependant à leur taille, elles sont souvent très imposantes et peuvent, comme les meubles anciens, écraser une pièce trop petite. Dans ce cas, il est important de favoriser la circulation du Chi autour de la table, et ce en utilisant des lumières montantes, des plantes hautes et des meubles hauts et fins.

La pierre est un élément froid, qui peut être favorable dans les secteurs de l'élément terre et métal (nord-est, sud-ouest, ouest et nord-ouest).

Elles sont moins accueillantes car plus dures et plus Yang que les tables en bois. Pour leur donner plus de douceur, vous pouvez placer une nappe, un chemin de table, des serviettes de tables et jouer sur la couleur des assiettes. Favorisez les couleurs et les matières naturelles pour compenser cet effet d'austérité.

Évitez le verre, trop froid. Sa transparence symbolise l'absence et n'apporte pas un Chi vitalisant.

### *Sa taille*

Adaptez la taille des tables à la taille des pièces, ou choisissez des tables sur lesquelles on peut ajouter des rallonges. Trop grandes, elles étoufferont la pièce et entraîneront une mauvaise circulation du Chi. Trop petites, elles accélèreraient le flux d'énergie qui pourrait devenir dangereux. Adaptez également la taille de la table au nombre de personnes que vous avez l'habitude de recevoir à table. Si vous n'êtes que deux, la plupart du temps, à prendre vos repas, une grande table aura pour effet de vous éloigner l'un de l'autre. Mieux vaut réserver une grande table dans une autre pièce, qui servira lors de vos réceptions. Si, au contraire, vous êtes très souvent nombreux et que vous n'avez qu'une petite table, la réception prendra vite des airs de camping et les invités ne se sentiront pas à l'aise. Ils préféreront venir prendre l'apéritif ou le café que d'honorer vos invitations à dîner.

### Les chaises

Comme le choix de la table, les chaises sont importantes pour l'impression qu'elles vont donner à la pièce et le confort des personnes qui se mettront à table.

En fonction du secteur dans lequel se trouve la salle à manger, vous pouvez adapter le choix de vos chaises. Choisissez-en des confortables. Essayez-les avant de les acheter, car vous, votre famille et vos amis vont y passer du temps, il est donc primordial que vous soyez bien assis, même lors d'une station prolongée.

Combien de chaises ?

Un nombre impair de chaises crée une polarité plus Yang, un nombre pair plus Yin. Si cela est possible, essayez d'installer un nombre pair de chaises autour de la table. Cela induira un sentiment de stabilité et rassurera la famille et les invités.

#### *Leur matière et leur couleur*

Les chaises en inox ou en fer forgé seront favorables à l'élément métal. Elles donnent souvent une impression de froideur. Faites en sorte qu'elles soient confortables. Pour pallier au côté froid de la matière, choisissez des coussins colorés et adaptés à l'élément du secteur.

Les chaises en bois seront bénéfiques aux éléments bois et feu. Si elles combinent bois et tissu, choisissez des couleurs favorables à l'élément du secteur.

Il se fait également de plus en plus de chaises en plastique. Cette matière n'est pas très favorable à un bon Chi, car c'est une matière qui est issue du pétrole. Cependant, si votre choix se porte sur ce type de chaises, choisissez leur couleur en fonction de l'élément du secteur : blanc pour le métal, vert pour le bois, jaune pour la terre, rouge pour le feu, bleu pour l'eau. Vous pouvez également favorablement compenser le Chi néfaste dégagé par la matière en choisissant une chaise de chaque couleur, ce qui permet à l'énergie de circuler de l'une à l'autre et de tourner ainsi autour de la table.

**L'éclairage**

- Bougies

Les bougies confèrent de la convivialité et de la chaleur à votre intérieur. Utilisez-les sur la table que vous aurez dressée pour vos invités. Laissez aller votre imagination. Utilisez des bougeoirs en pierre, en métal, en verre, à une ou plusieurs bougies. Mariez les couleurs et les tailles de bougies pour créer une ambiance originale. Pour cela, essayez de respecter le cycle de transformation des éléments et essayez de choisir des éléments correspondant au sens de production et non le sens de destruction du cycle. Par exemple, utilisez des bougies fuchsia et jaunes, rouges et vertes, blanches et bleues, ou blanches et roses. Évitez de marier le rouge et le blanc, le vert et le jaune...

Aujourd'hui, on trouve facilement toutes sortes de bougies, de toutes tailles et de toutes formes. Des parfumées, des rondes, des courtes, des rectangulaires.

Installez des bougies flottantes dans un bol transparent, avec quelques fleurs. Placez un petit bougeoir par personne, et choisissez la couleur correspondant à son chiffre Kua si vous connaissez sa date de naissance...

- Spots et halogènes

Les lumières doivent être suffisantes car vous devez voir ce qu'il y a dans votre assiette ! Une lumière trop tamisée affadirait la nourriture et donnerait une connotation trop intime réservée aux discussions entre amis, tranquillement assis sur un canapé. Utilisez donc des halogènes correctement réglés, ainsi que des spots au plafond, dirigés vers le haut, et des régulateurs de lumière.

### Les décorations de tables

#### Les fleurs et les fruits

Les fleurs

Elles vivifient l'atmosphère et favorisent les amitiés ainsi que les relations familiales. Comme pour les bougies, amusez-vous avec les couleurs et les formes des fleurs et des bouquets. Il existe tant de variétés de fleurs disponibles chez les fleuristes et même en supermarché, qu'il vous sera facile de créer des bouquets toujours différents. Les fleurs blanches favorisent l'élément métal et donc les liens affectifs et amicaux profonds, les fleurs bleues calment les esprits et apportent des relations d'échanges intimes, les fleurs rouges permettent la passion et les soirées animées, les fleurs oranges ouvrent l'appétit (on mange même du souci en salade ! Bien sûr, cela ne veut pas dire que les invités doivent brouter les bouquets de la table...), les jaunes dynamisent la communication, les fleurs roses sont intimes et tendres. Les variétés de fleurs elles-mêmes ont des symboliques différentes : le lis est noble, la marguerite simple et champêtre, la rose est sophistiquée et mystérieuse, l'orchidée est sensuelle, la jonquille et le narcisse sont dynamiques et symbolisent l'or. Alors, variez, mélangez, mariez, et faites passer des messages grâce à vos fleurs, tout en tenant compte des correspondances entre les couleurs et le cycle de transformation des éléments.

Les fruits

Les fruits sur une table symbolisent l'abondance et la fraîcheur. Disposez-les dans une coupe en verre, en porcelaine, en métal, en bois ou un panier en osier, selon le secteur dans lequel se trouve la table. Variez la couleur et la matière du contenant selon l'élément du secteur.

**La vaisselle**

En fonction de l'élément du secteur et du choix existant dans ce domaine, vous pourrez créer l'ambiance qui vous convient :

- Champêtre et fleurie grâce à des assiettes décorées de fleurs ou de fruits colorés (élément bois)
- Rustique grâce à des assiettes, pichets et plats en terre cuite, et pourquoi pas de petits brocs en terre à la place des verres (élément terre)
- Moderne grâce à des assiettes de forme nouvelle, carrées, rectangulaires, triangulaires, ondulées
- Orientale grâce à des assiettes et à des verres de couleur, ornés de dorures
- Classique, avec des assiettes blanches, des verres simples
- Métallique, avec des assiettes et des verres argentés (élément métal)

Les tables Yin sont plutôt favorisées par tous les matériaux naturels comme le bois, le lin, la terre cuite, les fleurs.

Les tables Yang le sont par les couleurs vives, le métal, le verre.

D'une manière générale, favorisez les matières naturelles et le Chi de la terre grâce aux couleurs jaunes, beiges, ocres, orangés, car l'élément terre représente l'estomac en médecine chinoise.

Laissez vagabonder votre imagination, créez des ambiances, associez le visuel à l'odorat, en mettant les parfums adéquats, et à l'olfactif, en choisissant les musiques adaptées à votre ambiance !

Les nappes et set de table

Les nappes ralentissent le Chi et lui confèrent un flux plus doux. Selon sa couleur, vous pourrez favoriser le secteur de la salle à manger. Pour le feu, choisissez du rouge, du jaune vif, de l'orange, du fuchsia ; pour le bois, utilisez du vert et du marron ; pour le métal, du blanc et du gris perle ainsi que des dorures ; pour la terre, du beige, du jaune clair, du rose. Associez les éléments entre eux selon le cycle des éléments, et harmonisez le Yin et le Yang !

Le set de table est un complément de la nappe. Utilisez la couleur de l'élément complémentaire à celui de la nappe : si vous avez une nappe blanche, de l'élément métal, utilisez des set de l'élément terre, parent du métal, ou l'eau, élément enfant du métal.

Contre des repas agités

Si vous avez des repas agités avec vos enfants, que les cris sont de mises et les disputes se multiplient, peut-être le Feng Shui de votre salle à manger est-il mauvais ?

– Observez bien tout ce qui entoure la table : y a-t-il une poutre au-dessus de la table du repas ? Y a-t-il un angle pointé vers vous ? Un meuble aux angles agressifs est-il placé de manière à vous “ viser ” ? Y a-t-il une plante aux feuilles agressives comme un yucca ou un cactus ? Si c'est le cas, arrondissez les angles en utilisant des baguettes de bois arrondies, des plantes, des guirlandes de fleurs.

– Les couleurs choisies pour la pièce ou pour la table sont peut être trop Yang ? Les couleurs vives dominent-elles ? Les imprimés compliqués et bariolés sont-ils présent à l'excès ? Les lumières sont-elles trop vives ? Y a-t-il une cheminée proche de la table ? Y a-t-il beaucoup de fenêtres donnant sur la pièce ? Y a-t-il des représentations, tableaux, photos, agressifs ou hostiles ? Si tel est le cas, il faut calmer le Chi et introduire des éléments Yin, des couleurs pastel ou foncées comme le marron pour stabiliser l'énergie. Introduisez l'élément terre grâce à des poteries et à des jarres. Accrochez, sur une fenêtre exposée au soleil, un cristal à facettes qui renverra de la lumière Yang en de multiples arcs-en-ciel dans la pièce. Ceci crée un Chi extrêmement favorable sans être agressif. C'est une technique que vous pouvez utiliser dans toutes les pièces qui accueillent le soleil et que vous voulez harmoniser en rehaussant la qualité du Chi. Placez chacun des membres de la famille dans sa direction personnelle du calme (Fu Wei) ou tout du moins dans une de ses bonnes directions.

## La chambre des parents

Cette pièce est destinée au repos, au sommeil et à l'amour. Pour sa première vocation, la chambre doit être Yin. Pour sa deuxième vocation, elle doit être Yang.

Il faut donc trouver, pour la chambre des parents, l'équilibre entre les énergies propices au repos et celles propices à la passion.

• La position idéale de la chambre est à l'arrière de la maison. C'est une manière de préserver votre intimité en éloignant votre “ nid ” du regard des invités.

• Fermez la porte de la chambre de façon à en préserver l'intimité lorsque vous recevez des invités. Son accès doit vous être réservé.

### Dans la chambre des parents

☯ Pas de miroir !

Il ne doit pas y avoir de miroir reflétant le lit. Il aurait un effet néfaste sur votre sommeil, qui serait agité. Notre esprit n'est pas tranquille lorsque l'on dort face à un miroir. Il peut aussi avoir un effet néfaste sur votre couple, car le reflet du couple nous fait compter quatre personnes dans le lit !

Pour les Asiatiques, un miroir ainsi placé crée un risque d'infidélité et de séparation.

• Ôtez le miroir si vous le pouvez, sinon tournez-le le soir avant de dormir. Vous pouvez également le recouvrir d'un tissu, ou placer un voilage en utilisant une tringle à coller en haut du miroir.

Vous pouvez installer un miroir si celui-ci ne reflète pas le lit, donc par exemple à droite ou à gauche, parallèle et à la tête du lit.

☯ Pas de bleu !

Éviter la couleur bleue. Le sujet est controversé, parce que le bleu est la couleur du repos, de la détente et du sommeil. Cependant, c'est également la couleur de l'introspection et de la réflexion, pas de la communication, dans le cadre du feng shui ! À terme, cela engendre un éloignement des époux qui ont de plus en plus de mal à échanger, à parler ensemble, et à se rapprocher l'un de l'autre.

Le bleu étant lié à l'élément eau, il est également lié à la santé et particulièrement aux reins, à la vessie, à la circulation, mais aussi aux émotions et aux sentiments.

Si votre chambre est bleue, ou qu'elle comporte trop de bleu, il faut rééquilibrer cet excès d'eau.

• Pour compenser, utilisez l'élément bois : par du vert, du marron, des motifs fleuris, un bouquet de fleurs, une représentation de nature, un champ verdoyant, ainsi que par du plancher ou des meubles en bois.

• L'élément eau sera également maîtrisé par la terre, ajoutez donc des touches de beige, de rose, d'orange, d'ocre, et des objets en argile ou en céramique.

*Histoire vraie*

*Lors d'une consultation, une femme avait de graves problèmes de santé liés à la vessie. Lorsque son état de santé avait commencé à se dégrader, elle s'était renfermée sur elle-même tout en attendant un appui de son époux. Plus la maladie la gagnait, plus chacun s'enfermait dans son monde, et le couple était en péril. Lors de l'analyse et de la recherche de l'éventuelle cause des ces problèmes, nous avons déterminé qu'ils avaient commencé au moment où le couple avait entièrement rénové sa chambre : il l'avait repeinte entièrement en bleu…*

*Les conseils : introduire du vert ou une représentation de forêt dans la chambre, pour revitaliser la qualité du Chi rendu très Yin à cause de la présence excessive du bleu et donc de l'eau. Le bois représente une énergie ascendante et vivifiante qui permet de contrebalancer l'eau. On conseille également d'utiliser l'énergie de la terre qui compense l'instabilité de l'eau, par des touches de beige ou de marron.*

☯ Pas d'eau !

Le bleu représente l'eau, il faut donc éviter cet élément dans la chambre. N'accrochez pas de tableau ou d'image de rivière, de cascade, de mer ou de lac. L'eau dans une chambre, présente par la couleur, semble déclencher des problèmes de santé “invisibles” comme le diabète, des problèmes internes... mais aussi une perte de communication au niveau du couple (secret, non-dits...)

☯ Pas de télévision, pas d'ordinateur !

La chambre est le lieu du couple. Les télévisions et les ordinateurs sont donc très néfastes dans cette pièce. D'une part, ces appareils dégagent des ondes très nocives pour les personnes qui y dorment. D'autre part, ils introduisent une symbolique de distraction pour la télévision (peu romantique, il faut bien l'avouer !) et de travail pour l'ordinateur (encore moins romantique !).

• Si vous ne pouvez pas faire autrement, couvrez-les le soir avant de dormir. Vous pouvez aussi opter, et c'est l'idéal, si la chambre est assez grande, pour un meuble fermé. Vous pouvez aussi placer un rideau devant les appareils, à fermer le soir avant de dormir.

☯ Prenez garde aux poutres dans la chambre.

Les poutres agissent comme des flèches empoisonnées et envoient un Shar Chi dangereux pour les personnes qui dorment en dessous.

Si une poutre “ coupe ” le lit en deux dans le sens de la largeur, par exemple au niveau de votre estomac ou de vos jambes, l'énergie s'affaisse à ce niveau et pourra engendrer des problèmes de santé dans ces parties du corps. Au niveau de la tête, vous risquez d'avoir un sommeil agité, de vous réveiller fatigué, de faire des cauchemars, et de souffrir de maux de tête.

Si une poutre " coupe " le lit dans le sens de la longueur, elle sépare symboliquement votre couple. Cette configuration peut engendrer des tensions entre mari et femme et même des risques de séparation.

• Pour corriger, utilisez un tissu tendu qui cachera les poutres, en choisissant la couleur selon le secteur dans lequel se trouve la chambre, et en gardant des tons clairs.

• Il existe également de très jolis "ciels de lit", qui ressemblent à des moustiquaires améliorées, de toutes sortes de couleurs et de matières.

Vous pouvez aussi placer un carillon sur la poutre, mais pas directement au-dessus de votre tête. Celui-ci permettra de " casser " l'effet néfaste de la poutre.

• Peindre les poutres d'une couleur claire allège également le Chi.

• Des spots dirigés vers la poutre permettent d'alléger le Chi trop lourd.

☯ Les lits à baldaquins et les lits qui sont entourés de deux armoires avec un " pont " au-dessus de la tête ont le même effet que les poutres.

☯ Veillez à repérer les éventuelles flèches empoisonnées qui pourraient pointer vers le lit, et s'il y en a, corrigez-les : angles de murs, de conduit de cheminée, de placard mural, lustre pointu, étagères de livres...

• Accrochez des décorations qui adouciront les angles et pour les étagères, accrochez un voilage devant.

☯ Les lustres en entonnoir inversé affaissent le Chi sur les dormeurs, ce qui est négatif. Préférez les lumières montantes ou les appliques.

☯ Il faut éviter de placer le lit de façon à ce que les pieds soient juste en face de la porte de la chambre. Le Chi frappe les dormeurs trop rapidement. Dans ce cas, et s'il n'y a pas d'autre position possible, il faudrait placer, au pied du lit, une console avec un ou deux objets de décoration qui ralentiraient l'énergie venant de la porte.

☯ Évitez de placer votre lit sur le chemin du Chi qui circule entre la porte et la fenêtre. Le flux entraîne, en passant sur vous la nuit, votre énergie vitale et vous laisse fatigués au matin.

• Placez des rideaux et des doubles rideaux, et fermez les volets tous les soirs. Accrochez un carillon ou un mobile (mais pas au-dessus de votre tête) pour permettre au Chi de ralentir. Choisissez sa matière et sa couleur selon l'élément du secteur.

☯ Voyez la porte de votre lit !

• Ne pas la voir vous insécurise. Vous pouvez installer un miroir qui vous permettra de voir la porte de votre lit, mais sans qu'il reflète le lit. Sinon, placez une petite clochette au-dessus de la porte de manière à être prévenu si quelqu'un entre.

☯ On ne place pas la tête de lit sous une fenêtre, ou avec une fenêtre derrière soi. Cela engendre un sentiment d'insécurité et d'instabilité.

• Si aucune autre position n'est envisageable, optez pour une tête de lit haute et solide, et placez des rideaux taillés dans un tissu lourd qui ralentira le Chi.

☯ La tête du lit ne doit pas être placée contre le mur adjacent à une salle de bains, à des toilettes, ou à une cuisine.

• La salle de bains ou les toilettes déstabilisent et créent un vide.

Si vous ne pouvez pas déplacer le lit, placez une tête de lit en bois (le bois épuise l'eau) ou en fibres naturelles pour contrer l'énergie néfaste de l'eau ; ou une tenture de tissu foncé accrochée derrière la tête de lit. L'élément terre contre aussi efficacement la présence d'eau due aux sanitaires (la terre détruit l'eau)

• La cuisine envoie une énergie feu trop forte qui peut engendrer un mauvais sommeil et une fatigue dès le réveil. Utilisez l'élément Terre (la terre épuise le feu) pour calmer le trop plein de dynamisme : une tête de lit ou une tenture derrière votre tête dans les tons ocres, jaunes ou beiges.

☯ Évitez le Chi stagnant dans la pièce :

• Passez souvent l'aspirateur, même derrière les meubles.

• Ne gardez rien sous le lit, cela favorise la stagnation du Chi sous le lit et entraîne un sommeil de mauvaise qualité. Nettoyez souvent en sortant tout. L'idéal est d'utiliser des tiroirs spéciaux qui se glissent sous les lits.

☯ Pas de lits à eau !

Ce type de lits apporte une trop grande quantité d'eau immobile donc Yin, qui défavorise l'expression des sentiments et des émotions. Les personnes auront tendance à s'enfermer dans une certaine nostalgie, voire une certaine tristesse.

• Introduisez dans la chambre les éléments qui compensent l'eau : peignez la chambre dans une couleur terre qui compensera l'excès d'eau (beige, ocre).

☯ Les chambres doivent avoir une forme régulière. Si ce n'est pas le cas, les relations affectives risquent de ne pas être harmonieuses avec des hauts et des bas.

• Essayez de corriger grâce à un rideau qui harmonisera la forme de la pièce ou à un miroir qui agrandira la pièce là où elle est tronquée. Vérifiez cependant que le miroir ne reflète pas le lit.

☯ La chambre des adultes ne doit pas être placée au-dessus d'un garage. L'effet de vide et les gaz de pots d'échappement venant d'en dessous est néfaste. Sinon, placez une couleur assez vive au sol (moquette, plancher ou carrelage) pour réactiver le Chi.

## Choisir la position du lit

☯ Le lit ne doit pas être positionné de manière à ce que les pieds soient directement en face de la porte. Le Chi arriverait trop vite sur les dormeurs.

☯ Le lit ne devrait pas être situé sur le chemin de l'énergie entre la porte et la fenêtre, car le Chi agirait comme une rivière dont le courant vous entraîne, et vous vous réveilleriez fatigués.

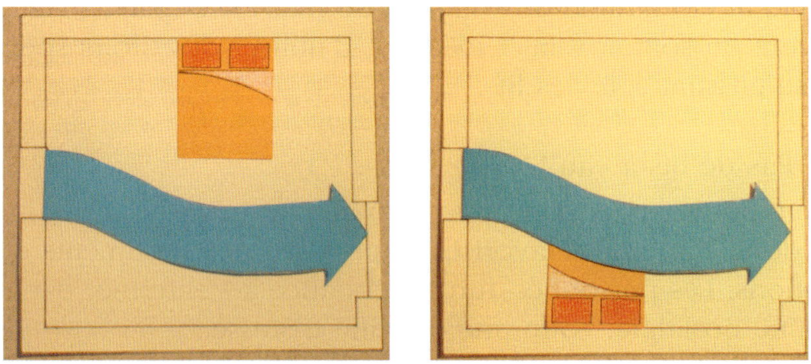

Ne placez pas votre lit ou votre bureau sur le chemin du Chi, entre la porte et une fenêtre, car son courant est trop fort et vous épuise. Le premier schéma vous montre qu'à l'opposé, le lit est éloigné du flux. Si vous ne pouvez pas faire de changement, ralentissez le Chi à l'aide d'un carillon, d'un mobile, de voilages aux fenêtres ou d'un joli lustre placé entre les deux ouvertures en cause.

☯ Le lit ne doit pas être placé sous une poutre, le Chi est trop lourd à cet endroit et s'affaisse sur les dormeurs. Il ne doit pas être touché par un angle agressif représentant une flèche empoisonnée.

Symbolisez le couple en utilisant une représentation de deux personnages partageant une même activité comme la danse. La couleur rouge augmente l'effet de passion.

☯ Dans une chambre mansardée, le lit doit être placé sous la partie la plus haute. Dans le cas contraire, le plafond bas agira comme une poutre, il affaissera le Chi vers la tête du dormeur et pourra affecter le sommeil. Vous risquez de vous réveiller avec des maux de tête et de faire des cauchemars.

• Si vous ne pouvez pas placer votre lit sous la partie la plus haute de la mansarde, disposez des plantes ou des poteries selon l'élément du secteur sous la partie basse, des objets hauts créent une dynamique haute. Il est également important, dans ce cas, d'installer une tête de lit le plus haut possible, et si possible en bois ou en matière végétale, car l'élément bois représente le Chi vertical. Installez des spots (par exemple au sol) pour dynamiser la partie basse et sombre.

• Si la partie la plus basse de la mansarde est dégagée, installez-y des placards muraux qui casseront l'angle du toit et créeront des espaces de rangements spacieux.

☯ Positionnez votre lit selon vos directions personnelles

En vous reportant au tableau des directions personnelles et en positionnant le Pa Kua sur la pièce, placez votre lit de manière à ce que votre tête pointe vers une de vos directions personnelles favorables.

• Si vous dormez mal, que votre sommeil est agité, dormez en direction du Fu Wei, direction du calme.

• Si vous avez du mal à vous lever le matin et que vous manquez d'entrain pendant la journée, dormez en direction de votre Scheng Chi (vitalité).

• Si vous avez des problèmes de santé, dormez la tête en direction du Tien Yi.

• Enfin, si vous voulez améliorer vos relations de couple, placez votre tête en direction du Nien Yen. C'est également la direction de la longévité, donc la direction qu'il faudra privilégier pour les personnes âgées.

Les motifs fleuris sont favorables dans une chambre d'adulte. Ils permettent, en favorisant l'élément bois, de renouveler le Chi dans une pièce assez Yin. Les lampes de chevet sont identiques, ce qui est favorable. Cependant, leur forme en tulipe tombante peut symboliser les fleurs fanées. Il serait préférable de les changer.

Les deux anges placés sur le mur sont bénéfiques à l'amour : par deux, ils représentent le couple, de plus, ils bénissent l'union.

Une tête de lit rouge foncé permet de rehausser le Chi si elle est placée contre le mur adjacent à une salle de bains ou à des toilettes. N'utilisez pas cette couleur de tête de lit si le mur est adjacent à une cuisine, car le rouge représente l'élément feu, vous augmenteriez alors le Chi chaud dégagé par la gazinière.

Le rouge a été habilement dosé de manière à favoriser la passion au sein du couple sans nuire à la qualité du sommeil.

### Combiner les directions personnelles des deux conjoints

Les époux n'ont pas forcément les mêmes directions personnelles. Dans le cas où ils sont du même groupe, les directions sont les mêmes mais réparties différemment. Dans ce cas, l'important est au moins que les deux époux aient la tête dans leurs bonnes directions.

La situation se complique lorsque les deux époux ne sont pas du même groupe. Dans ce cas, ils auront des directions personnelles favorables opposées. Pour pallier à cela, il faudra faire en sorte que la chambre soit située dans un secteur de la maison favorable à l'un des époux, et la direction de la tête du lit dirigée vers la direction favorable de l'autre époux. Cela permet que chacun des deux bénéficient, même en partie, d'une de leurs directions personnelles favorables.

### La décoration des chambres

L'ambiance d'une chambre doit inviter à l'amour, à la tendresse, à la passion.

Il faut donc symboliser les relations à deux, et éviter à tout prix les symboliques de solitude, de tristesse et de séparation.

☯ Placez des tables de nuit identiques de chaque côté du lit, de manière à créer l'unité. Placez des lampes de chevet identiques également.

☯ Placez une belle représentation d'amour, visible de votre lit, sous forme de tableau ou de photo : deux personnes amoureuses, deux personnes qui se tiennent par la main ou qui s'embrassent une représentation romantique. Évitez d'utiliser une photo de votre couple, il est préférable qu'il s'agisse d'une représentation anonyme.

☯ Choisissez des symboliques d'amour, des figurines qui vont par deux, des cœurs, pour la décoration de votre chambre, à placer sur vos tables de chevet ou sur les meubles en place. Symbolisez l'harmonie, la paix et la sérénité. Choisissez des objets qui engendrent la joie et la gaieté, car ce sont des objets que vous verrez dès le matin en vous éveillant.

Voilà le tableau typiquement néfaste des personnes qui cherchent à rencontrer une compagne ou un compagnon. Il est aussi néfaste pour les couples, car la représentation induit la solitude et l'isolement. Préférez les images de couple, surtout dans votre chambre.

☯ Pour activer la passion, introduisez des touches de couleurs vives comme le rouge, l'orange vif, le fuchsia (draps, rideaux, coussins…).

☯ Sur le mur face à votre lit, accrochez une belle image qui représente la joie, comme un paysage ouvert, un champ de fleurs, ou un tableau coloré. Essayez de respecter la symbolique du secteur représenté par ce mur une fois que vous aurez replacé le Pa Kua sur le plan de votre chambre. Par exemple, si le mur est situé dans le secteur est, secteur de la santé, placez un bel arbre en fleur ou un bouquet de fleurs. Les représentations qui allient toutes les couleurs seront toujours bien placées, car elles représentent tous les éléments donc l'harmonie. Évitez les montagnes ou les représentations d'eau.

**Conseils de décoration selon le secteur**

Au sol, préférez plutôt les matières Yin et douillettes : moquettes, plancher, fibre de coco, que des carrelages froids et durs.

D'une manière générale, on préfère les couleurs pastel aux murs, plus Yin que les couleurs vives.

☯ Pour une chambre au nord

L'élément du secteur est l'eau. C'est une pièce froide qui a besoin d'être réchauffée pour abriter votre intimité. Nous avons vu qu'il fallait éviter le bleu dans une chambre sous peine de couper toute communication dans le couple. On n'activera donc pas l'élément eau grâce au bleu ni grâce à des représentations d'eau. On utilisera principalement l'élément métal, et des touches de couleurs qui réchaufferont la pièce.

Choisissez un gris perle ou un gris bleuté. Utilisez une frise blanche incrustée de doré ou d'argenté. Favorisez les dorures dans la chambre et placez des rideaux d'un rose assez soutenu, ou rouges.

Pour les draps et les coussins, choisissez également des couleurs assez chaudes assorties.

☯ Pour une chambre au nord-est ou au sud-ouest

Ces secteurs sont tous deux de l'élément terre. Une chambre située en sud-ouest est idéale, car c'est le secteur du mariage et du couple. Utilisez des couleurs chaudes sans être trop vives, de manière à ne pas gêner le sommeil : des ocres douces, des roses, des jaunes, et quelques touches de rouge ou du fuchsia.

Placez de jolies sculptures en pierre représentant le couple, et une coupe remplie de galets ronds ou de cristaux.

Utilisez des draps aux couleurs chaudes, comme les tissus aux motifs orientaux.

☯ Pour une chambre à l'est ou au sud-est

Utilisez des tons verts et marrons, du bois et des rayures verticales pour symboliser l'élément bois. Agrémentez de touches de rose ou de bleu (sans excès). Les motifs fleuris et de végétation sont bénéfiques. Placez du plancher ou de la fibre de coco au sol.

Vous pourrez placer une belle plante verte ou quelques tableaux représentant des fleurs.

La décoration de cette chambre est favorable pour un secteur métal, car le blanc est la couleur de cet élément et le jaune des lampes, couleur terre, nourrit le métal. Il faudrait cependant ajouter une tête de lit pour stabiliser les occupants, et harmoniser les deux tables de chevet. Les fleurs sèches sont défavorables pour le couple.

Les draps pourront être dans les tons verts ou marrons, ou blancs et verts.

☯ Chambre au sud

L'élément feu est propice à la passion, mais il ne faut pas trop l'activer. Utilisez du plancher au sol et des tons roses assez doux ou jaunes aux murs. Placez çà et là quelques touches de rouge pour dynamiser la relation.

Allumer deux bougies rouges ponctuellement.

Choisissez des draps ayant des rappels de rouge ou de fuchsia.

☯ Chambre à l'ouest ou au nord-ouest

Les pièces sont de l'élément métal. Utilisez des couleurs chaudes aux murs dans les tons terre et placez du métal pour les lampes de chevet, les attaches de rideaux, et quelques objets de décoration.

Utilisez des draps blancs.

**Éclairage**

Évitez les éclairages trop éblouissants. Vous devez favoriser l'intimité en plaçant des abat-jour qui tamiseront la lumière. Les bougies favorisent l'intimité et le romantisme.

**La literie**

Les lits avec une tête de lit sont préférables, car ils donnent de la stabilité au sommeil et au couple. Choisissez des têtes de lit pleines plutôt que des barreaux métalliques.

La couleur des draps dépendra du secteur dans lequel se trouve la chambre.

Faites votre lit chaque jour.

Préférez les lits en bois, dont l'énergie est plus favorable que celle du métal qui peut engendrer un mauvais sommeil.

Aérez bien votre chambre et votre lit qui se charge de vos propres énergies, car vous y passez un tiers de votre journée et de votre vie. C'est pourquoi il faut changer son matelas assez régulièrement et éviter de garder les vieux matelas mous !

## La chambre des enfants

La chambre des enfants est très importante, car elle représente tout leur univers : c'est dans cette pièce qu'ils se reposent, qu'ils travaillent et qu'ils jouent.

Les enfants sont une composante essentielle de la pensée des Asiatiques. Avoir une descendance prospère était une de leurs préoccupations premières, car cela symbolisait la prospérité et la capacité de nourrir les femmes et les enfants.

Le Feng Shui peut vous aider à activer de bonnes relations entre enfants et parents, entre frères et sœurs, leur concentration à l'école, leur avenir, leur santé. Il peut vous aider, en clair, à avoir des enfants épanouis et heureux.

Selon l'âge de l'enfant, les conseils ne seront pas les mêmes.

- Les enfants en bas âge ont surtout besoin de repos
- Jusqu'à l'adolescence, les enfants vont faire de leur chambre un terrain de jeux, de rêves, d'apprentissage à l'école et dans la société.
- Adolescents, leur univers se transforme pour accueillir leurs amis, la découverte des amours, des différences avec les autres jeunes, les difficultés à grandir, les nouvelles musiques, et lorsqu'il leur reste un peu de temps… les études !

On ne décorera donc pas la chambre de la même façon selon l'âge de l'enfant.

Jusqu'à l'âge de dix ou douze ans, parfois plus, les enfants ont un fort ressenti. Écoutez-les et demandez leur avis pour la décoration de leur chambre : ils savent et appréhendent souvent mieux que nous ce qui est bon pour eux.

*Histoire vraie*

***La jeune fille d'une famille, de l'élément terre, avait une chambre tout en bois naturel. L'élément de la chambre, le bois, selon le cycle de transformation des éléments, détruisait celui de la petite fille, la terre.***

***La famille souhaitait changer les rideaux de la chambre, et la jeune fille voulait du parme et du violet. La mère était étonnée, mais après analyse, il apparaît que ces couleurs représentent l'élément feu, tampon entre le bois destructeur et la terre détruite.***

***Elle sentait donc les couleurs qui lui seraient favorables, et le fait qu'elle n'aimait pas trop sa chambre, bien qu'elle était très jolie, procédait du même ressenti.***

• Ne leur imposez pas vos goûts et laissez-les choisir avec vous leur décoration. Cela leur permettra également de développer un sentiment de responsabilisation et d'autonomisation.

### Personnalité de votre enfant

Le chiffre Kua de votre enfant vous permet de déterminer son élément et sa personnalité, et ainsi de mieux le comprendre. N'oubliez pas que pour bien cerner la personnalité d'une personne, enfant comme adulte, il faudrait déterminer, en plus du chiffre Kua, les quatre piliers. Ils sont calculés selon la date de naissance complète et permettent de calculer quatre éléments supplémentaires. Ceci nous permettrait d'être plus proche au niveau du caractère, mais les calculs sont complexes et n'entrent pas dans le sujet de cet ouvrage. Ne vous étonnez pas, donc, si parfois vous ne reconnaissez pas tout à fait votre enfant !

Le chiffre Kua va également vous permettre de choisir le secteur le plus favorable pour la chambre de votre enfant, ainsi que la position de son lit et de son bureau.

***Si votre enfant est feu***

Son caractère est fort et déterminé. Il n'aime pas recevoir des ordres et a tendance à n'en faire qu'à sa tête. C'est souvent le chef de bande. S'il ne l'est pas, il est plutôt solitaire parce qu'il a l'impression d'être différent des autres.

Il est souvent impatient et n'aime pas attendre pour obtenir ce qu'il veut.

Il a beaucoup d'imagination, parce qu'il déteste s'ennuyer. Il a besoin d'action pour dépenser une énergie débordante.

À l'école, il sera plutôt organisé, à condition que personne, ni vous, ni les professeurs, ne le force ni ne lui donne des ordres.

Autant dire qu'il pourra se ranger du côté des petits durs simplement par esprit de contradiction.

Vous aurez intérêt à lui faire faire les choses plus sous forme de jeux que sous forme d'ordres, sous peine de le voir faire l'opposé.

C'est un enfant que vous devrez divertir, étonner.

En fonction de votre propre chiffre Kua, les relations pourront être plus ou moins tendues, ne perdez pas patience.

***Si votre enfant est terre***

Son caractère sera plutôt calme, parfois passif. Il n'a pas de mal à recevoir des ordres, aimant aider autrui, il fera souvent avec plaisir ce que vous lui demandez.

Il aimera la compagnie des autres enfants et s'intégrera facilement aux groupes.

Il aura besoin d'être stimulé pour ses devoirs et pour accomplir ses tâches.

Il n'est pas très persévérant et abandonne facilement une chose qu'il n'arrive pas à faire.

Apprenez-lui à recommencer jusqu'à ce qu'il y parvienne. Ne le couvez pas trop, il aime cela et aura tendance à ne pas s'autonomiser. Il a besoin d'être responsabilisé pour grandir.

À l'école, il n'aura pas de difficultés tant qu'il sera face à des enseignants attentifs et compréhensifs.

D'un signe de réceptivité, l'enfant terre a besoin de calme pour se concentrer, sinon il risque de rêvasser sur un papillon qui passe ou un petit frère qui joue pendant qu'il travaille.

Il peut parfois être distant parce que dans ses pensées, et n'aime pas les cris, cela le blesse réellement.

Sa curiosité et son intérêt pour tout lui permettent d'apprendre vite, sans se lasser et de chercher à comprendre le pourquoi du comment.

***Si votre enfant est métal***

Cet enfant saura ce qu'il veut, par conséquent, il n'aimera pas qu'on lui dicte sa conduite et qu'on le force à faire ce qu'il n'aime pas : il sera toujours sûr du bien-fondé de ses actions.

Il fera parfois preuve d'insolence et sera parfois sans gêne, mais ses colères seront de courte durée. Il n'aime pas être mis à l'écart et reviendra vite vers vous.

À l'école, il sera un bon élève, d'esprit vif et intéressé. Très tôt, il pourra être autonome pour faire ses devoirs et s'organiser dans son travail.

Il aimera être avec les autres enfants et aura tendance à prendre la tête de la bande.

Il ne se laissera jamais faire et pourra facilement prendre la défense des plus faibles, ne supportant pas l'injustice envers lui comme envers les autres.

Cette autorité pourra parfois s'exprimer par la violence. Apprenez à canaliser cette énergie sans le brusquer, laissez-le s'exprimer dans ses actes et ses opinions, il fera rapidement preuve de discernement et d'indépendance.

### *Si votre enfant est de l'élément eau*

Le caractère de votre enfant sera fort, moins agressif que le feu mais pas forcément plus facile à maîtriser !

L'eau est l'élément de la sensibilité, de l'intuition et de l'intelligence par excellence, mais aussi de l'instabilité. Il réagira très souvent par rapport à ses impressions, dans le choix de ses camarades, comme dans le choix de ses matières préférées à l'école.

Il aimera avoir des amis autour de lui, parce qu'il adore communiquer et est très doué pour cela. C'est un artiste, il aimera la musique, la danse, le théâtre, le chant...

À l'école, il aura parfois tendance à rêvasser, et il faudra le rappeler souvent à l'ordre : il est dans ses pensées, il en suit une pour ne plus la lâcher et oublier ce qui l'entoure. Comme en plus, il est têtu, pas facile de l'amener à se concentrer. Mais il est intelligent, il apprendra donc très vite et excellera dans les langues, la philosophie... S'il est motivé, il n'aura aucun problème.

Avec vous, il sera plutôt calme et agréable. Il est docile, à condition de ne pas le mettre en ébullition. Il aura parfois besoin d'être canalisé, car son principal défaut est sa tendance à l'instabilité. Il pourra par exemple être durant une période premier de la classe, puis dégringoler rapidement s'il n'est pas surveillé. Son humeur pourra être très calme ou... terriblement agitée.

### *Si votre enfant est bois*

Il sera normalement un enfant très doux, très câlin. Il aimera votre présence et aimera vous faire plaisir. Il vous aidera à la maison et appréciera également vos amis.

Il n'a pas de mal à obéir, autant avec les professeurs qu'avec ses parents.

Il devra peut-être apprendre à ne pas se laisser faire, mais en général, il s'entoure de camarades qui lui ressemblent. Il préfère les groupes où il n'y a pas de rivalités et de tensions.

Il aura beaucoup d'imagination et de créativité, qui, si elles sont favorisées, pourront le mener à créer de très belles choses. Il ne renonce pas facilement parce qu'il est toujours confiant et positif.

Il ne devrait pas avoir de problèmes à l'école, puisqu'il est intelligent et curieux. Il n'hésitera jamais à prêter ses jouets parce qu'il aime les autres et est très altruiste.

***Choix de la chambre selon les principes de base du Feng Shui***

☯ Il est conseillé de situer la chambre des enfants plus avant dans la maison que la chambre des parents. À l'inverse, si la chambre des enfants est située plus en arrière que celle des parents, les enfants auront tendance à vouloir diriger la maison et le ménage.

☯ Dans une maison à étage on évitera de placer la chambre des enfants à l'étage et celle des parents au rez-de-chaussée. Les enfants pourraient vouloir se soustraire à l'autorité des parents.

☯ Choisissez, pour vos enfants les pièces situées dans les secteurs de la maison correspondants à leurs directions favorables.

☯ Chaque enfant devrait avoir sa chambre de manière à préserver son univers et son intimité. Si cela n'est pas possible, essayez de séparer les lits à l'aide d'un paravent ou de meubles.

☯ La taille de la chambre de l'enfant doit être suffisante pour y abriter son lit et son espace de jeux et de travail. Cependant, veillez à ce que sa chambre soit de taille inférieure à la vôtre, de manière à préserver votre autorité sur lui. Sinon, il aura tendance à vous désobéir et à chercher à dominer le père ou la mère.

☯ Comme pour la chambre des adultes, celle des enfants ne

doit pas être placée au-dessus d'un garage. L'effet de vide et les gaz des pots d'échappement venant d'en dessous sont néfastes. Sinon, placez une couleur assez vive au sol (moquette, plancher ou carrelage) pour réactiver le Chi.

### Choix de la chambre selon ses directions personnelles favorables

Le chiffre Kua de votre enfant vous permet de connaître ses directions personnelles favorables. Vous pourrez ainsi choisir le secteur le plus indiqué pour en faire sa chambre. Reportez-vous pour cela au tableau des directions personnelles.

☯ Si votre enfant est turbulent, placez sa chambre dans les secteurs Nien Yen (amour) ou Fu Wei (calme). Le secteur de l'amour rendra votre enfant plus obéissant et plus proche de vous et de ses frères et sœurs.

Le Fu Wei lui permettra de se responsabiliser, de grandir en toute sérénité, et d'être plus calme.

☯ Si au contraire, votre enfant a plutôt du mal à s'affirmer, qu'il est timoré et qu'il semble manquer de caractère, placez-le dans son secteur de la vitalité, le Scheng Chi

☯ Si votre enfant a des problèmes de santé, vous préférerez son secteur de la santé, le Tien Yi.

Si la chambre est déjà choisie et attitrée, et que vous ne voulez pas les faire changer, il faudrait que l'un des deux paramètres soit respecté : secteur dans lequel se situe la chambre ou direction du lit.

#### *Position du lit de votre enfant*

La tête du lit (sommet de la tête de votre enfant) devra être orientée vers une de ses meilleures directions.

☯ Essayez de placer son lit de manière à ce qu'il dorme la tête dirigée dans une de ses directions favorables : Scheng Chi (vitalité) s'il a du mal à se lever le matin ; Fu Wei (calme) s'il a du mal à s'endormir ou s'il dort mal.

Pour les enfants désobéissants, on conseille souvent d'orienter la tête de lit selon leur direction personnelle du Nien Yen, direction de l'amour et des relations familiales.

S'il vous est impossible de respecter les directions conseillées, pour le lit comme pour le bureau, choisissez une des quatre autres positives. Si cela est encore impossible, choisissez la moins pire des quatre directions néfastes : Ho Hai.

☯ Ne placez pas le lit sous une fenêtre, ce qui aurait pour effet de déstabiliser l'enfant.

☯ Ne placez pas son lit sur le chemin du Chi, entre la porte et la fenêtre.

☯ Ne placez jamais le matelas directement au sol. Il arrive souvent aux adolescents de faire cette demande, car ils ont l'impression d'être “ plus cool ”. L'énergie ne peut pas circuler sous le lit, ce qui crée une stagnation. Votre enfant pourra s'éloigner de vous et vous désobéir.

### *Position du bureau de votre enfant*

Les directions personnelles vous permettront de choisir la meilleure position pour le bureau et le travail scolaire. Calculez son chiffre Kua et reportez-vous au tableau.

Placez ensuite le Pa Kua sur sa chambre, comme expliqué précédemment.

☯ Placez son bureau face à une direction favorable. Il doit, lorsqu'il étudie, la regarder.

• Si votre enfant est dissipé et qu'il a du mal à se concentrer à l'école ou pour faire ses devoirs, choisissez préférentiellement parmi ses directions du calme (Fu Wei) ou des relations (Nien Yen).

• Si votre enfant a tendance à reculer le moment des devoirs, qu'il a une certaine tendance à la paresse et à la rêverie, choisissez alors ses directions de la vitalité (Scheng Chi) et des aides et de la santé (Tien Yi)

☯ Il ne doit pas, cependant, travailler en regardant un mur, car il manquera de courage et d'inspiration.

• Si vous ne pouvez pas, faute de place, par exemple, placer votre enfant dos contre le mur, accrochez une petite clochette au-dessus de sa porte de manière à ce qu'il ne soit pas surpris, grâce au tintement de la clochette, par une personne qui entrerait.

• Sur le mur qu'il voit en travaillant, accrochez une belle représentation colorée et ouverte, comme un joli paysage, un champ de fleurs ou une image qu'il aime (mais non agressive).

Il faut qu'il voie la porte d'entrée de sa chambre de manière à se sentir sécurisé. Si possible, ne le placez pas face à une fenêtre, afin qu'il ne soit pas sur le chemin direct du Chi ainsi que pour éviter qu'il soit distrait par l'extérieur.

☯ Sur son bureau, placez un cristal de roche par exemple pour l'aider à se concentrer et à travailler. Une mappemonde est aussi très bénéfique.

**Favorisez son sentiment de sécurité**

• Faites en sorte qu'il voit la porte de sa chambre de son lit et de son bureau.

• Pour les jeunes enfants, les peluches sont rassurantes. Les animaux sont des gardiens, et ont une symbolique forte dans leur imaginaire. Les maisons et les arbres représentent également une symbolique de protection.

• Pour les plus jeunes, laissez-leur une veilleuse ou placez un interrupteur proche du lit de manière à ce qu'il puisse l'allumer en pleine nuit en cas de peur ou s'il a besoin de se lever pour une envie pressante.

• Il est préférable d'avoir une tête de lit qui protège et stabilise l'enfant.

• Les miroirs qui reflètent le lit augmentent le sentiment d'insécurité de l'enfant, car il ne se sentira pas seul. Cela jouera aussi sur son sommeil qui risque d'être de mauvaise qualité.

• Les flèches empoisonnées auront un effet néfaste. Issues des rayonnages, des étagères de livres non fermées, des angles de mur, elles envoient un Shar Chi dangereux et insécurisant. Placez des voilages devant les étagères et cassez les angles de murs ou de meubles grâce à des plantes, des guirlandes illuminées ou de fleurs, des tissus...

**Choisissez les bonnes couleurs**

***Enfants en bas âge***

Choisissez une décoration multicolore et vivifiante pour le stimuler, claire et pastel pour le calmer.

– Le bleu favorise le sommeil.

– Le vert est apaisant et les aidera à avoir un sommeil de bonne qualité.

– Les draps, les rideaux et les revêtements aux murs devront être de préférence unis plutôt qu'imprimés.

– Les ampoules colorées roses ou oranges et les lumières tamisées adoucissent le Chi.

N'abusez pas du jaune, surtout pour les petits qui ont du mal à faire des nuits complètes.

D'une manière générale, utilisez des couleurs tendres pour les bébés.

Les représentations d'étoiles sont également favorables car elles stimulent leur imaginaire.

***Entre l'enfance et l'adolescence***

- Le vert est apaisant et aide les enfants en difficulté, notamment ceux qui ont des problèmes de communication.
- Le bleu est calmant, donc tout indiqué pour les enfants turbulents. Mais n'en abusez pas ou choisissez des bleus légers, car cette couleur est défavorable à la communication avec les parents et les frères et sœurs. L'enfant pourra avoir tendance à s'enfermer dans son monde, qu'il aura bien sûr créé selon son idéal.
- Des touches de jaune associé au vert vivifient. N'utilisez pas trop de jaune, qui peut favoriser l'hyperactivité, un mauvais sommeil et des problèmes scolaires.
- Les couleurs multiples permettent l'éveil et la stimulation de la curiosité des jeunes enfants.
- Évitez la multiplication des motifs et surtout des motifs trop Yang pour les revêtements muraux. Par exemple, une tapisserie agrémentée de motifs de voitures de sport en pleine course est trop Yang pour l'enfant et risquent d'affecter son sommeil, son comportement et son travail.
- Évitez également les représentations trop abstraites et trop compliquées pour les papiers peints et images aux murs. Les images simples, gaies et poétiques fourniront des repères aux enfants pour leur croissance et leur prise d'indépendance progressive.
- Les couleurs doivent être adaptées à leur tempérament et à leur saison de naissance.

• Si votre enfant est agité, qu'il ne vous écoute pas beaucoup et qu'il ne se concentre pas à l'école, choisissez plutôt des couleurs Yin, douces et apaisantes, à choisir dans les couleurs pastel et les représentations calmes et harmonieuses. Évitez le rouge et utilisez des touches foncées pour le stabiliser et l'ancrer (couleur chocolat, vert foncé...)

• Si votre enfant, au contraire, a tendance à se laisser faire, et à avoir peu de personnalité, dynamisez-le grâce à des touches vives et colorées dans sa décoration.

• Si votre enfant est né au printemps ou en été, choisissez plutôt du blanc, du bleu ou du crème qui adouciront ses éléments de naissance.

• Si votre enfant est né en automne ou en hiver, les éléments eau et métal sont en force, il faudra alors utiliser des couleurs plus chaudes comme le rose et le jaune, rehaussés de touches vertes.

***Les adolescents***

Essayez de respecter les couleurs favorables au secteur, mais généralement, il est préférable de laisser faire les adolescents. Ils ne vous laisseront pas beaucoup pénétrer leur intimité. Inversement, il est préférable de respecter leur univers, même si leur décoration ne vous plaît pas, ou que le lit n'est pas dans une bonne position, car ils la choisissent souvent eux-mêmes. Ils aiment changer la position de leurs meubles très souvent, signe qu'ils se cherchent et qu'ils évoluent.

*Histoire vraie*

*J'ai réussi à faire modifier la position de son lit à une jeune adolescente réfractaire au Feng Shui et aux changements de disposition. Je lui ai dit que nous avions de très étonnants résultats pour les jeunes femmes qui cherchaient un petit ami. Elle était en pleine période de rencontres et d'amourettes, et elle a changé son lit de place sans rien en dire à ses parents !*

## Éclairages

☯ Placez un éclairage de bonne qualité, car votre enfant passera beaucoup de temps dans sa chambre, tant pour dormir que pour lire, jouer et travailler.

☯ Cherchez et utilisez des lumières qui se rapprochent le plus possible de la lumière du jour, et faites en sorte que la chambre soit bien illuminée par le soleil.

☯ Préférez les appliques, halogènes et éclairages montants que les abat-jour qui font descendre le Chi.

## L'aider à grandir

☯ Les couleurs et le choix des matériaux influent sur la croissance et l'éveil de l'enfant.

– Les tons multicolores sont favorables à l'éveil de sa curiosité.

– Le bois, symbole du printemps et de la croissance, l'aide à s'épanouir.

– Évitez les frises qui séparent le mur en deux à l'horizontal, car elles peuvent freiner leur croissance. Vous pourrez compenser en utilisant des rayures verticales sous la frise par exemple, ou pour le tissu des rideaux. Les formes rectangulaires en hauteur sont très bénéfiques.

☯ Changez son lit très régulièrement, car il grandit vite. Un lit ne doit jamais être trop petit pour un enfant, sous peine de stopper sa croissance ou son désir de croissance !

☯ Une plante est favorable pour les enfants. Plantez-la avec lui et expliquez-lui qu'il doit s'en occuper pour qu'elle vive et grandisse. Cette expérience permet à l'enfant de se responsabiliser, et de prendre conscience de l'interdépendance existante entre les êtres. Il se sentira ainsi utile et apprendra à concentrer son attention sur un but sur du long terme. Si votre enfant a un téléviseur dans sa chambre, ce qui est déconseillé, placez la plante à côté de l'appareil. Elle absorbera les ondes électromagnétiques.

### Rangements

Ils doivent être nombreux, pratiques et accessibles à l'enfant (tiroirs sous le lit, caisses encastrables, boîtes colorées). Le premier principe du Feng Shui est la propreté et l'ordre. Encouragez-le donc à ranger ses jouets ou ses affaires après une activité.

Une chambre spacieuse est préférable car elle permet des rangements dans des placards muraux, ainsi que de séparer le sommeil des jeux et du travail.

Les meubles doivent plutôt avoir des angles arrondis et une couleur claire. Le bois pour les meubles et le sol l'aident à évoluer.

### Les structures nocives dans la chambre

☯ Les miroirs sont bénéfiques car l'enfant appréhende sa propre image. Faites en sorte qu'il se voit entier, et augmentez la taille du miroir au fur et à mesure que l'enfant grandit. Par contre, le miroir ne doit pas refléter le lit. Il peut avoir un effet néfaste sur son sommeil et augmenter son sentiment d'insécurité.

☯ Évitez les téléviseurs, les chaînes hi-fi et les ordinateurs dans sa chambre, non seulement pour les ondes nocives qu'ils dégagent, mais pour leur mauvaise influence sur le sommeil, pour la distraction au moment des devoirs ou du repos, et pour l'atteinte possible aux relations familiales.

• Recouvrez les écrans le soir, ou mieux, placez-les dans un meuble fermé ou utilisez un paravent entre télévision ou ordinateurs et le lit.

☯ Les lits superposés sont néfastes. Ils confinent le Chi pour les deux enfants, tant au-dessus qu'au-dessous. Cela peut engendrer des troubles et des dépressions incompréhensibles.

• Pour diminuer l'effet de tels lits, utilisez une lumière suffisante pour chaque enfant et placez à la tête du lit de chacun un petit cristal à facettes. Ces cristaux ont pour effet de réharmoniser le Chi et de l'alléger, surtout si vous arrivez à l'accrocher directement devant la source de lumière.

☯ Les lits sur mezzanines qui abritent le bureau en dessous agissent de la même façon. L'enfant est trop proche du plafond, et le Chi est stagnant. Le travail au bureau ne sera pas efficace, car le Chi est trop lourd et le manque de lumière ne favorisera pas la concentration.

• Favorisez un bon éclairage qui se rapproche le plus possible de la lumière du jour, et placez un cristal à facettes sous le lit.

**Les images et décoration dans la chambre de votre enfant**

☯ Essayer d'utiliser des images dont ils pourront tirer un enseignement. Éviter les représentations abstraites et compliquées.

En Asie, l'image du pêcheur est très favorable, car elle symbolise le fruit du travail, la nécessité de se responsabiliser et de faire des efforts pour gagner sa vie.

☯ Évitez les images de guerre, d'armes, d'agressivité. Il n'est pas facile de faire comprendre cela à un adolescent qui aime le hard rock et les groupes “ déjantés ”. Ils recouvrent leurs murs d'images de chanteurs, de concerts illuminés et violents. Cependant, si vous essayez de leur faire enlever, ils risquent de se rebeller, et vous arriverez à un conflit. Expliquez-leur simplement le Feng Shui, et l'importance d'exposer son esprit à des images plus agréables et plus gaies. Restez compréhensifs et ouverts, l'adolescence n'est qu'un passage durant lequel nos enfants cherchent à s'affirmer dans une société de plus en plus dure.

☯ Les mobiles et carillons métalliques activent le Chi favorablement en l'allégeant. Un carillon à l'ouest de sa chambre le stimulera, mais pas directement au-dessus du lit.

☯ Les arbres et leur représentation favorisent la croissance et l'éveil de l'enfant en symbolisant la sève montante et le renouveau permanent. Le bois est aussi l'élément qui favorise la créativité, ce qui stimulera votre enfant dans le domaine artistique, et l'encouragera à prendre son indépendance.

☯ Aux fenêtres, utilisez des stores (colorés de préférence) qui protègent la nuit et qui laissent entrer toute la lumière la journée.

☯ Des images amicales comme des dauphins le calmeront.

☯ Pour favoriser ses études, une représentation de montagne derrière lui quand il travaille.

**Un mauvais sommeil : pourquoi ?**

• Cela peut être dû à la présence d'appareils électriques comme la télévision ou l'ordinateur.

• Les lits superposés peuvent engendrer une mauvaise qualité de repos.

• Les motifs trop compliqués ou trop agressifs, ainsi que des couleurs trop vives, agissent en accélérant le Chi.

• Les flèches empoisonnées créées par les livres sur les étagères sont dangereuses.

**Utiliser les secteurs du Pa Kua pour leur bien-être**

Superposez le même Pa Kua que vous aviez établi pour votre habitat en adaptant sa taille à la chambre et activez chacun des secteurs suivants.

Les secteurs ouest et nord-est seront utilisés pour aider vos enfants : ***l'ouest*** pour leur bonheur, leur évolution et la relation que vous entretenez avec eux, et ***nord-est*** pour leur travail à l'école et leur concentration. Dans le cas où l'un de vos enfants a une santé fragile, nous utiliserons le secteur ***est***.

### *Favorisez leur bonheur et leur épanouissement : secteur ouest*

J'aime beaucoup les lampes de sel pour activer un bon Feng Shui dans les intérieurs. D'une part, elles purifient l'atmosphère en dégageant des ondes positives, mais d'autre part elles activent favorablement l'élément Terre dans les secteurs de l'amour, de la spiritualité, des enfants ou des bienfaiteurs. Elles sont très apaisantes, à utiliser donc dans les pièces les plus Yang, ou contre les disputes. Vous pourrez les placer au nord-est ou au sud-ouest, **ainsi qu'en lumière douce dans les chambres d'enfants.**

Dans le secteur ouest de votre habitat

Ce secteur représente vos enfants et la famille. Il symbolise donc leur équilibre, leur bonheur et leur chance, ainsi que les relations qui vous unissent.

☯ Favorisez les couleurs : blanc, jaune, ocre, orange, beige et les objets en métal (carillons) et en terre.

☯ Évitez à tout prix les couleurs noir, bleu et rouge, ainsi que trop de lumière, et l'eau (fontaine, poster…).

☯ Placez des photos de vos enfants heureux, en train de

s'amuser. Vous pouvez utiliser également une jolie photo de famille où vous êtes tous présents.

### À l'ouest de sa chambre

☯ Placez un carillon ou un mobile métallique à six ou sept branches et à tubes creux.

☯ Installez une image gaie et colorée.

☯ Les cristaux sont favorables.

### *Favorisez leurs résultats à l'école : secteur nord-est*

C'est le secteur à activer pour les aider dans leur travail à l'école, pour leur concentration. Prenez soin de cet endroit surtout si vos enfants ont tendance à être dissipés et qu'ils ont du mal à se concentrer ou à faire leurs devoirs.

☯ Dans le secteur nord-est de votre intérieur, utilisez les couleurs rouge, rose, jaune, ocre, orange et beige, et des objets en terre, des cristaux ainsi que des lumières.

☯ Évitez absolument les couleurs vert, bleu clair et blanc, ainsi que trop d'objets en bois ou en métal.

☯ Pour activer leur chambre, utilisez au nord-est des cristaux, des lumières, un globe terrestre ou une carte du monde, des livres…

### *S'ils ont une santé fragile : secteur est*

☯ Placez votre enfant dans sa direction de la santé (voir tableau des directions personnelles).

☯ Équilibrez le secteur est de votre habitat. Ceci renforcera en plus le bonheur familial. Pour l'harmoniser, utilisez des plantes, du vert, du marron, des représentations de verdure, de forêt, un bel arbre en fleur... Placez également l'élément eau (jamais dans une chambre) comme une fontaine, un bassin, une photo de cascade ou de rivière.

Évitez les objets en métal et le blanc, ainsi que trop de lumière et le rouge.

## Le bureau

Vous pouvez faire le Feng Shui de votre bureau au travail comme à la maison. Lorsque l'on travaille chez soi, il est plus facile de choisir son mobilier comme son bureau et son fauteuil, la décoration des lieux. Cela laisse donc une très grande liberté de travailler mieux et de mettre toutes les chances de son côté pour être à l'aise et s'organiser à sa guise.

Travailler chez soi présente cependant des inconvénients, notamment celui de devoir être motivé par… soi-même ! Il faut donc créer un environnement qui vous permette de vous concentrer sur de longues périodes, sans personne qui vous surveille.

Dans un bureau à la maison, deux pôles à travailler donc :

- Le côté Yin et calme qui permettra la concentration et la réflexion
- Le côté Yang pour le dynamisme et les travaux de gestion et… pour ne pas s'endormir sur le bureau ! Il faut que la décoration soit vitalisante sans être stressante.

☯ N'installez pas votre bureau dans votre chambre. Les ordinateurs dégagent des ondes très nocives pour l'être humain, et lorsque vous dormez, vous êtes particulièrement vulnérables. De plus, le fait de voir votre bureau à votre réveil engendrera du stress. La chambre doit être réservée au repos et à l'amour.

Si vous n'avez pas d'autres possibilités, il faudra faire en sorte de cacher le lit du bureau et le bureau du lit. Utilisez par exemple un paravent ou un rideau. Il vaut mieux placer le bureau dans un coin du salon ou du séjour que dans la chambre, même si vous risquez de ne pas être très tranquille.

☯ Comme dans toutes les pièces, observez bien votre environnement dans le bureau : y a-t-il un angle saillant ou une structure qui pourrait agir comme une flèche empoisonnée ? Si c'est le cas, dissimulez-la grâce à une plante verte, à un tissu ou à une guirlande fleurie.

Ne travaillez pas sous une poutre, car vous aurez des difficultés à vous concentrer et vous risquez d'avoir des maux de tête. Déplacez votre bureau de quelques mètres ou placez un spot dirigé vers la poutre pour en diminuer l'effet néfaste. Les poutres peintes en cérusé clair envoient un Chi moins lourd. Si cela est possible, l'idéal serait d'installer un faux plafond, surtout si votre activité professionnelle se déroule entièrement chez vous.

☯ Installez-vous de manière à voir les personnes qui entrent dans le bureau. Placez-vous le dos contre un mur et non contre une fenêtre. Cela confère une sensation d'instabilité et d'insécurité, et vous aurez du mal à vous concentrer.

Ne vous placez pas non plus directement face à une fenêtre, vous seriez positionné sur le chemin du Chi beaucoup trop fort, et vous risquez de tourner le dos à la porte d'entrée.

☯ Ne vous placez pas face à un mur pour travailler, cela bloque les opportunités et vous fatigue. Si vous ne pouvez pas faire autrement, placez en face de vous une belle image colorée qui aura pour effet de vous ouvrir l'horizon.

☯ Gardez votre bureau net, rangé et organisé. Classez vos papiers lorsque vous avez terminé une tâche et ne sortez que ce dont vous avez besoin. Le fait de ranger une pile de dossier laisse symboliquement la place à l'arrivée d'un autre travail. Vous serez moins fatigué si votre bureau est dégagé chaque jour, d'autant plus s'il se trouve dans votre chambre ou dans votre salon.

### Position du bureau selon les directions personnelles

#### *Choix de la pièce*

Pour choisir la pièce qui convient le mieux à votre bureau, positionnez le Pa Kua sur le plan de votre habitat. Regardez le tableau pour déterminer vos quatre secteurs favorables. Recherchez sur le plan sur lequel vous avez placé le Pa Kua si une pièce est disponible pour en faire votre bureau, parmi vos directions personnelles favorables.

Évitez cependant le nord, à moins que vous ayez de très grandes vitres qui permettront à la lumière de chauffer un peu la pièce. Sinon, faites en sorte qu'elle soit bien chauffée pour l'hiver. Au nord, la pièce pourra aussi être réchauffée grâce aux couleurs.

Les pièces situées côté sud sont généralement plus riches en énergie, notamment pour le travail.

#### *Choix de la position du bureau*

Positionnez ensuite le Pa Kua sur votre bureau de manière à déterminer les directions. Pour travailler, essayez de regarder votre direction personnelle du Scheng Chi, qui représente la vitalité, la richesse et le travail. Selon la configuration du bureau et de l'habitat, cela n'est pas toujours possible. Choisissez donc au moins l'une de vos directions personnelles favorables.

- L'idéal est de travailler dans un secteur qui vous est favorable, et en regardant dans la direction favorable. Ce n'est pas toujours possible, essayez donc de respecter au moins l'un des deux points précédents.

### Éclairage

La meilleure lumière est la lumière naturelle dont vous bénéficierez au mieux à l'est, au sud-est, au sud et au sud-ouest.

Choisissez un éclairage ascendant qui dynamisera le Chi et faites en sorte qu'il soit le plus proche possible de la lumière du soleil sans être trop agressive.

Utilisez une lampe supplémentaire qui soit proche de vous.

Évitez les abat-jour qui rabattent la luminosité et abaissent le Chi. Les bougies sont peu utilisées dans les bureaux, mais si vous avez un long travail à faire qui demande inspiration et concentration, une bougie devant vous vous aidera à le mener à bien. Elle favorisera un Chi créatif.

## Mobilier de bureau

### Le bureau

#### *Sa forme*

Évitez les bureaux aux angles trop vifs et trop agressifs.

Les bureaux rectangulaires représentent l'élément terre, ils sont plus Yang et sont favorables aux travaux de gestion, aux affaires financières qui nécessitent de la concentration.

Les bureaux ronds et ovales, les formes courbes, symboles du ciel seront bénéfiques à la créativité et à la création.

#### *Sa taille*

Un trop petit bureau aura une mauvaise influence sur vos perspectives professionnelles, financières. Votre courage et vos ambitions risquent de s'amenuiser petit à petit.

Un grand bureau, au contraire, vous permettra de vous projeter dans l'avenir et de mener à bien vos projets.

#### *Sa matière*

L'énergie du bois est la meilleure pour le travail, car il conduit le Chi de manière dynamique sans le rendre volatile. Les bois rouges ou foncés seront favorables pour des bureaux de chefs d'entreprise, le bois naturel pour les travailleurs indépendants et les bureaux de famille.

Évitez le verre, car ce n'est pas une matière stabilisante pour les affaires et pour garder les biens accumulés grâce au travail.

Si vous avez un bureau en verre, placez un beau sous-main en cuir foncé d'assez grande taille. Il stabilisera en partie le domaine professionnel.

Le métal est une matière dure et froide. Il est Yang, et s'il est bénéfique aux affaires et aux transactions financières, puisque le métal représente la monnaie et l'argent, il peut en émaner un Chi trop Yang, car le métal symbolise aussi les armes. Un tel bureau aura tendance à activer et à faire circuler le Chi mais pas à le retenir, vous pourrez ressentir rapidement de la fatigue. Lorsque les matières bois et métal sont associées, l'effet Yang est équilibré.

### Le fauteuil

Le fauteuil doit être confortable mais pas trop moelleux. Son dossier doit être haut de manière à vous donner de l'assise et à vous protéger.

### Les lampes

Elles doivent diffuser une lumière suffisante mais pas éblouissante. En Feng Shui, on fait attention à la forme des lampes qui ne doivent pas être pointues ou agressives. On évite également les formes " pendantes " ou " tombantes ", car elles diffusent un Chi trop lourd, comme les lustres en forme d'entonnoir inversé.

Évitez les appliques qui sont trop intimes. Dans un bureau, il ne faut pas multiplier les sources d'éclairage : deux au maximum.

### Les étagères et rangements

Évitez les étagères ouvertes : elles peuvent donner une sensation de rangement mal fait et envoient des flèches empoisonnées dues aux classeurs et aux livres rangés les uns à côté des autres.

• Placez des voilages devant les étagères, en choisissant leur couleur en fonction de l'élément du secteur et en choisissant des tons sobres mais assez vifs. Évitez les tissus bariolés qui détourneraient votre attention.

• Préférez les armoires fermées ou les placards de rangement intégrés, qui permettent de garder le bureau plus organisé et plus net.

**Les tables de réunion**

Si vous avez de la place dans votre bureau, installez une table de réunion. Choisissez-la plutôt ronde ou ovale pour une meilleure communication entre les protagonistes. Faites en sorte de voir la porte d'entrée lors de la réunion et si vous le pouvez, placez-vous dans votre direction personnelle du Scheng Chi (vitalité et prospérité).

Si vous n'avez pas la place pour une table de réunion, placez des fauteuils ou des sièges pour accueillir des visiteurs en face de votre propre siège.

**La décoration de bureau**

**Casser les angles**

Si, pour voir la porte d'entrée ou pour être positionné dans votre direction favorable, vous devez placer votre bureau en diagonale, vous aurez derrière vous un angle formé par deux murs.

Cet angle agit dans votre dos comme une flèche empoisonnée.

• Pour casser l'effet néfaste de cet angle, vous pouvez placer une guirlande lumineuse, une guirlande de fleurs, une grande plante verte, un tissu en drapé, un meuble d'angle assez haut et si possible fermé (pas d'étagères).

**Couleurs et revêtements aux murs**

Choisissez des revêtements unis ou des motifs simples. Les papiers peints aux motifs trop compliqués détourneront votre attention et vous gêneront dans votre concentration. Préférez les papiers peints ou la peinture aux tissus muraux, trop Yin pour un bureau.

Le blanc, le crème, le beige clair ou une couleur légère sont préférables à des couleurs trop vives et trop Yang pour maintenir votre concentration durant toute la journée.

Si vous trouvez votre pièce trop Yin, trop froide, et que vous avez du mal à vous mettre au travail ou à y rester, utilisez des couleurs plus vives pour les rideaux par exemple.

Si au contraire vous la trouvez trop Yang, que vous avez du mal à vous concentrer, utilisez des couleurs plus douces et plus claires.

### Choix des matériaux

Le bois favorise le travail, l'ambition et l'action, mais il faut compenser son énergie par celle du feu en plaçant des lumières et des objets de décoration rouges, ainsi que par l'énergie de la terre en plaçant des meubles bas et quelques pierres, galets ou cristaux dans une coupelle.

Le métal, au contraire, est favorable aux transactions financières et aux affaires de gestion.

Tous les matériaux naturels sont positifs, et il faut les utiliser plutôt que le plastique, qui est une matière trop artificielle dégageant un Chi trop rapide et peu nourrissant.

### Les plantes

Les plantes sont bénéfiques dans un bureau, car elles diffusent une énergie favorable à la réflexion, elles sont très Yang.

De plus, certaines d'entre elles, comme le spathiphylium, sont capables de contrer les ondes nocives dégagées par les appareils électriques, comme les ordinateurs, les téléphones, les fax.

Les plantes peuvent aussi être utilisées pour cacher l'angle saillant d'un mur, une flèche empoisonnée dirigée vers le bureau.

L'élément du secteur sud-est est le bois. Les plantes, les meubles et objets en bois sont donc très activateurs, ainsi que la fontaine.

Évitez les plantes aux feuilles pointues comme les yuccas, car leur forme triangulaire représente l'élément feu. Ôtez également les objets métalliques néfastes pour ce secteur. Dans un bureau, les plantes vous apporteront l'énergie Yang dont vous avez besoin et lutteront contre les ondes nocives des appareils électriques.

## Le coin détente

Nous passons beaucoup de temps à notre travail, et il est parfois important de pouvoir faire une pause. Si vous avez la place, installez un coin détente avec un canapé et une petite table. Vous pourrez y prendre le temps de lire ou d'écouter un peu de musique avant de reprendre le travail !

## Les représentations et objets de décoration

☯ Derrière votre fauteuil, et surtout si son dossier n'est pas très haut, placez une représentation de montagne ou de solidité. Elle vous offrira stabilité et confort.

L'image de la rivière est extrêmement bénéfique dans les secteurs qui ont besoin d'eau (nord, est, sud-est). Elle vous apportera les entrées d'argent nécessaires à faire vivre votre foyer. Le courant d'eau ne doit être ni trop faible ni trop fort. Utilisez-la en photo ou en tableau.

☯ Placer une représentation d'eau dans le bureau favorise la réflexion et la créativité. Il faut que l'eau soit cependant en mouvement : utilisez donc plutôt une image de rivière, de cascade pas trop violente ou de mer (mais pas une mer déchaînée, cela engendrerait du stress et des difficultés pour se concentrer). Évitez les lacs, les étangs et les images de mer plate pour ne pas engendrer l'inertie dans votre travail.

☯ Les objets de décoration doivent être relativement discrets et surtout ni trop hauts ni trop lourds, de manière à ne pas ralentir le flux du Chi qui a besoin d'être vigoureux.

Pour harmoniser votre bureau et choisir les bons éléments aux bons endroits, retracer le Pa Kua comme vous l'avez fait pour votre habitat en adaptant sa taille à celle de la pièce. Chaque secteur accueillera ainsi les décorations adéquates :

☯ Secteur nord du bureau

Secteur de la carrière et de l'élément eau, placez une représentation d'eau en mouvement, ou une belle touche de bleu. Placez ce qui représente votre carrière ou votre vocation, comme les livres inhérents à votre activité.

Essayez de placez des meubles solides et bas, et évitez les étagères peu solides ou peu stables.

Ne placez pas d'horloge ou de réveil à cet endroit, pour ne pas induire le stress et l'anxiété.

☯ Secteur nord-est du bureau

Cet arrangement est très favorable au secteur nord-est de la spiritualité et de la sagesse. Les livres symbolisent la connaissance et le savoir, tandis que les anges nous accompagnent sur le chemin spirituel. Les cristaux favorisent quant à eux l'élément terre du secteur.

À cet endroit du bureau, placez quelques cristaux ou une belle pierre, et introduisez une représentation ou un objet qui vous motive dans vos projets. Ce secteur, qui est de l'élément terre, est le secteur de la spiritualité et de la sagesse, ce sont donc les ressources que vous avez en vous et sur lesquelles vous devez vous appuyer pour avancer dans l'avenir. Évitez, dans ce secteur, les représentations de l'étranger et des voyages, favorisez plutôt une symbolique qui vous représente personnellement et directement, ou quelque chose qui vous motive particulièrement.

☯ Secteur est du bureau

Secteur de la santé et des ancêtres, son élément est le bois. La santé et notre passé sont les deux piliers sur lesquels nous pouvons nous appuyer pour nous projeter vers l'avenir, représenté par le secteur ouest. Ici, placez une représentation d'arbre en fleur, un tableau représentant des fruits, ou un meuble en bois inspirant la solidité.

☯ Secteur sud-est du bureau

Ces beaux poissons colorés sont activateurs du secteur de la richesse, le sud-est, de l'élément bois, ou du nord, secteur de la carrière de l'élément eau.

Ces parties de la maison bénéficient en effet de représentations aquatiques, et les poissons sont considérés comme des symboles puissants de richesse et de prospérité.

C'est un secteur important pour votre bureau, puisqu'il représente la richesse, la prospérité et les biens matériels. Placez une belle plante verte en pleine croissance si vous les aimez. Les images les plus actives dans ce secteur sont les images d'eau et aquatiques : rivières, cascades, poissons... Évitez les représentations statiques et immobiles qui risquent de geler vos finances.

☯ Secteur sud du bureau

Ce secteur de la renommée entre en résonance avec le sud-est, secteur de la richesse, ainsi qu'avec le nord (carrière) et nord-ouest (bienfaiteurs). Ces quatre secteurs activés fonctionnent en faisant rebondir le Chi aux quatre coins de la pièce ou de l'habitat pour favoriser votre profession et votre bien-être matériel.

L'élément du sud est le feu, c'est à cet endroit que vous devez placer vos diplômes, notamment ceux en rapport avec votre activité professionnelle actuelle ou avec celle que vous souhaiteriez pratiquer. La manière dont vous aurez décoré cet emplacement reflètera l'image qu'autrui aura de vous : soyez donc vigilant ! Utilisez des couleurs vives comme le rouge ou le fuchsia, placez des objets beaux et brillants, et des symboliques de reconnaissance sociale.

☯ Secteur sud-ouest du bureau

C'est le secteur du mariage et des relations affectives et sociales. Vous pouvez placer une photo de votre famille, un tableau de couple, ou une jolie poterie puisque le secteur est de l'élément terre. Une lampe rouge sera aussi bénéfique. Évitez les plantes à cet endroit.

Cette statue de couple trouvera naturellement sa place dans le secteur du couple, au sud-ouest. Elle symbolise la réunion de deux personnes soutenant une bougie unique. La matière de la statuette est favorable à l'élément terre du secteur, et le feu de la bougie le nourrit.

☯ Secteur ouest

Placez vos chèques et l'argent à encaisser, une tirelire ou une coupelle dans laquelle vous aurez placé de la monnaie. Les objets ronds et blancs ou métallisés sont activateurs.

Utilisez un tableau ou une image colorée, vive et gaie, puisque c'est le miroir de votre avenir. Les représentations donnant une sensation d'ouverture seront meilleures que celles qui inspirent la fermeture et l'isolement.

☯ Secteur nord-ouest

Secteur des bienfaiteurs, son élément est le métal. Les objets ronds et dorés ou argentés sont bénéfiques. Placez une représentation de montagne ou d'un maître à penser, d'une personne qui vous aide ou qui vous a aidé. Les globes terrestres, les mappemondes ou les symboles de l'étranger sont à installer au nord-ouest.

C'est l'endroit idéal pour le téléphone, le fax ou l'ordinateur, les appareils qui favorisent les contacts avec l'extérieur.

Le domaine de la spiritualité et du développement personnel dans un bureau peut être activé la présence d'un bouddha.

## Les salles d'eau

Les salles de bains et toilettes sont des pièces sensibles de la maison. Nous passons de plus en plus de temps dans nos salles de bains, où nous prenons soin de nous-même. L'hygiène corporelle est importante ; sans aller jusqu'au culte du corps, prendre le temps de s'occuper de notre apparence est gratifiant. Cependant, les salles de bains et toilettes posent de gros problèmes en Feng Shui. Deux raisons à cela : ces pièces symbolisent une perte d'énergie due aux évacuations d'eau usagée ; et d'autre part, l'humidité des pièces engendre une stagnation de Chi. Autrefois, et en Asie, les salles d'eau étaient situées à l'extérieur de la maison. Évidemment, cela n'est pas concevable de nos jours et dans notre société.

Les secteurs de la maison où vont se situer les salles d'eau vont être affectés, soit par manque d'énergie à cause de l'évacuation, soit par mauvaise qualité de Chi due à la stagnation.

Il est donc important de traiter ces pièces en Feng Shui avec grand intérêt. Pour chaque secteur, il y a des moyens de correction qui se basent sur les cinq éléments.

### Position des salles d'eau dans la maison

En plus de voir dans quels secteurs la salle de bains et les toilettes se trouvent, il y a quelques règles importantes à respecter et certaines positions à éviter absolument.

***Des salles de bains et toilettes proches de la porte d'entrée : fermez les portes !***

Nous avons parlé de la porte et du hall d'entrée comme la “ bouche du Chi ”. La qualité que le Chi prend en entrant dans l'habitat est primordiale. Si il rencontre en premier lieu une salle d'eau, il se chargera en négatif. En circulant ensuite dans votre intérieur, il risque d'y entraîner et de déposer ce flux néfaste dans toutes les pièces.

Si vous avez une telle configuration, pour éviter cela, la première chose à faire est de fermer la porte de la salle d'eau en permanence proche de l'entrée.

Placez un grand miroir sur la porte de la salle d'eau, qui donnera vers l'extérieur (donc vers le vestibule). Vérifiez cependant que le miroir ne reflète rien de néfaste ni de dangereux : cheminée, portes de cuisine, de chambre, de salon, d'entrée, gazinière... Rappelez-vous qu'un miroir double l'effet de ce qu'il reflète, et qu'il propulse l'énergie dans la pièce ou dehors s'il reflète la porte d'entrée.

Si vous ne pouvez pas mettre de miroir, ou que vous ne le souhaitez pas, placez une barrière au Chi : soit une belle image de paysage harmonieux ou de couleurs vives et agréables (comme des pigments colorés dans des sacs, c'est une image que l'on trouve souvent dans les magasins de décoration), soit une petite décoration en laiton ou en cuivre, ou peignez l'encadrement ou les moulures de la porte du sanitaire en rouge ou dans une couleur vive.

***Pas de salle de bains ou de toilettes au-dessus de la porte d'entrée !***

Si les salles d'eau sont situées au-dessus de la porte d'entrée ou du vestibule, cela crée un Chi descendant très néfaste qui tombe sur la tête de ceux qui entrent. Cela risque d'engendrer des fatigues inexpliquées et des baisses de moral à chaque fois qu'ils arrivent dans l'habitat.

Pour contrer cet aspect, placez une rangée de spots halogènes, ou des spots simples, que vous dirigerez vers le haut du plafond pour alléger le Chi et le faire remonter.

***Attention aux salles d'eau placées directement face à la porte d'entrée !***

Le Chi qui entre a tendance à aller tout droit. Si la pièce directement placée en face de la porte d'entrée est une salle d'eau, la perte d'énergie sera immédiate. Cet aspect est renforcé si vous laissez la porte des sanitaires ouvertes, et s'ils sont placés ou bout d'un long couloir droit ou en haut d'un escalier.

☯ Dans tous les cas de figure : fermez la porte ! C'est souvent une grande difficulté de faire comprendre à tous les membres de la famille qu'il est important de fermer la porte. Les adolescents sont particulièrement réfractaires. Expliquez-leur d'abord exactement pourquoi cela est important. Ensuite, vous pouvez leur proposer une période d'essai d'un mois ou deux, et leur permettrent de vérifier si des choses changent. Qu'ils jugent par eux-mêmes des réalités du Feng Shui ! Pendant cette période, ils auront peut-être pris la bonne habitude !

Enfin, s'ils ne veulent toujours pas, expliquez-leur que si cela n'est pas important pour eux, cela l'est pour vous, et que s'ils ne croit pas au Feng Shui, vous oui, et qu'ils devraient avant tout vous respecter !

☯ Ne placez pas de miroir, dans ce cas, sur la face externe de la porte des sanitaires, car le Chi serait reflété et renvoyé vers l'extérieur de l'habitat

☯ Placez une belle image de paysage, une belle représentation colorée, une décoration brillante sur la face externe de la porte de la salle d'eau.

☯ Cachez la porte des sanitaires en utilisant un rideau en tissu ou de perle dont vous choisirez la couleur en fonction du secteur dans lequel se situe la pièce d'eau. Cela détournera le Chi de son cheminement trop rapide, et lui permettra de se répartir harmonieusement dans tout le reste de l'habitat.

☯ Si le Chi est accéléré par la présence, entre les toilettes et l'entrée, d'un long couloir ou d'un escalier trop droit, il faut le ralentir et le détourner avant qu'il atteigne les sanitaires. Pour cela, utilisez un rideau de tissu ou de perles qui coupera le flux. Placez-le au milieu du couloir ou en bas de l'escalier. Choisissez sa couleur en fonction de l'élément du secteur.

Selon que vous choisirez un rideau léger de type voilage ou taffetas, ou un rideau coupé dans un tissu lourd, vous créerez une dynamique Yin ou Yang.

Optez pour le Yin si le couloir ou l'escalier vous donnent une grande sensation de rapidité, et si le lieu est souvent inondé de lumière, ou si l'ambiance de la maison est plutôt tendue, que des disputes éclatent souvent, ou que des incompréhensions se sont installées avec votre conjoint ou vos enfants. Choisissez alors plutôt des couleurs foncées qui stabiliseront le Chi.

Choisissez le Yang si le couloir, l'escalier ou le vestibule sont sombres et tristes, donc si le Chi ne circule pas, ainsi que si vous avez l'impression de vous ennuyer chez vous, si la communication ne s'établit plus entre vous et votre famille, et si vous avez une impression de léthargie ou d'indolence au sein de votre foyer. Choisissez alors des couleurs gaies et vives qui dynamiseront le Chi.

☯ Sur les murs du couloir ou de la montée d'escalier, accrochez des tableaux ou des cadres colorés et agréables, des miroirs, des appliques. Dans le couloir, placez-les en quinconce de manière à faire rebondir le Chi et ainsi de le ralentir. Veillez bien à ce que les miroirs ne reflètent pas de structures hostiles et néfastes.

☯ Les carillons et mobiles, en métal, en bois, en céramique, de perles, de coquillages seront très efficaces pour ralentir et faire circuler le Chi avant d'aller heurter la porte des sanitaires.

Choisissez la matière et la couleur selon le secteur. Le métal pour les secteurs eau et métal ; la céramique pour les secteurs terre et métal ; le bois pour les secteurs bois et feu...

☯ Les lustres originaux et agréables à l'œil, qu'ils soient constitués de pampilles, des cristaux, de tissu... seront de très bons ralentisseurs d'énergie à condition qu'ils soient assez bas.

☯ Les plantes, si vous avez de la place, seront favorables car le Chi s'accrochera à leurs feuilles, ainsi que les vases ronds et les objets de décoration placés sur un meuble.

***Les salles d'eau ne doivent pas se trouver au centre de l'habitat***

Les salles de bains et toilettes symbolisent la perte d'énergie et agissent comme un trou dans lequel s'engouffre l'énergie. Le centre d'un habitat symbolise le Tao, l'équilibre et la santé. Ce type de configuration engendre un manque de stabilité qui peut se répercuter sur tous les domaines de votre vie. Les relations entre époux peuvent se dégrader, la situation professionnelle peut être compromise, des difficultés relationnelles avec vos enfants, vos amis et vos voisins s'installer, et des problèmes de santé se déclarer.

• Il est donc important, lors d'une construction, d'éviter de placer les salles d'eau au centre de la maison, et si votre habitat est ainsi fait, corrigez en peignant les pièces d'une couleur terre : ocre foncé, beige ou rose assez soutenu, jaune lumineux.

• Placez également quelques galets dans un panier, ou quelques pierres ou cristaux dans une coupelle.

***Les salles d'eau ne doivent pas être situées juste à côté ou au-dessus d'une cuisine.***

Les salles de bains et toilettes doivent être placés le plus loin possible et surtout pas au-dessus de la cuisine. L'énergie de l'eau heurte l'énergie du feu. Cette configuration entraînera des tensions dans votre famille, au moment des repas principalement. De plus, les eaux usées de la salle de bains risquent d'entacher le Chi de la cuisine, donc de la nourriture que vous préparez. Cela pourrait avoir des répercussions au niveau de votre santé.

☯ Si les sanitaires sont à côté de la cuisine, placez dans cette dernière sur le mur qui sépare les deux pièces une représentation favorisant l'énergie du bois, comme un bouquet de fleurs, des arbres, des bambous, une plante. Vous pouvez aussi installer dans votre cuisine un treillis de taille adaptée, comme ceux que l'on trouve dans les jardins, et y accrocher des plantes grimpantes vraies ou fausses, des fleurs, des feuillages. Le bois, élément tampon entre le feu et l'eau, rééquilibrera cet aspect néfaste.

☯ Si la salle de bains est au-dessus de la cuisine, le Chi lourd s'affaissera sur la nourriture, avec les mêmes effets que si elle est située à côté. L'alimentation prendra une énergie négative qui pourra affecter la santé de toute la famille. Il est donc nécessaire de réactiver le Chi pour lui permettre d'être plus léger et moins négatif.

• Pour corriger, dans la salle de bains ou les toilettes de l'étage, utilisez au sol du plancher spécialement adapté aux salles d'eau. Vous pouvez aussi installer du carrelage de couleur foncée, comme un marron relevé de notes dorées ou vertes, ou vert.

*Histoire vraie*

*Une amie me racontait qu'il était impossible pour elle et sa famille, très unie, de prendre un repas ou même le petit déjeuner dans leur cuisine. Celle-ci était un peu étroite, mais joliment décorée, dans les tons jaunes avec des meubles en bois.*

*Dès qu'au moins deux membres de la famille se trouvaient réunis dans cette pièce, le ton montait, et les disputes éclataient alors qu'en temps normal, tous communiquaient beaucoup.*

*Après analyse, nous avons constaté que la cuisine était adjacente à des toilettes, qu'une petite salle de bains était située juste au-dessus, et la buanderie juste en dessous !*

*Le feu de la cuisine était donc totalement éteint et pollué par l'eau environnante, et en plus épuisé par l'énergie de la terre représentée par la couleur jaune de la pièce. Le conseil était donc d'utiliser l'élément bois pour temporiser les eaux usées et favoriser le feu de la cuisine. Pour cela, la correction devait être faite dans la salle de bains, en utilisant du bois au sol (plancher ou carrelage dans les tons marrons ou verts) ; dans la cuisine au niveau du mur adjacent aux toilettes (treillis recouvert de végétaux vrais ou faux, tableau de verdure, fleurs...) et au niveau du sol de la cuisine, en choisissant un revêtement qui rappelle le bois, comme de la fibre de coco, du plancher, un carrelage vert ou marron...*

*La couleur de la cuisine aurait pu être adaptée également, en fonction du secteur dans lequel elle se situe, et en rehaussant l'élément bois, soit grâce au mobilier, soit en utilisant du vert (rideaux, murs, tableaux...)*

### *Les salles d'eau ne doivent pas être situées juste à côté ou au-dessus d'une salle à manger*

Comme pour la cuisine, il est préférable que les salles d'eau ne soient pas trop proches de la salle à manger, pour les mêmes raisons : le Chi venant des sanitaires est trop lourd et il viendra dégrader la qualité des repas et de l'alimentation. Cela pourra aussi avoir un impact sur l'ambiance des repas que vous prendrez avec votre famille et vos amis.

• Utilisez l'élément bois pour corriger ce flux d'énergie défavorable : dans votre salle à manger, utilisez des plantes, des meubles en bois, des sets ou des serviettes de table vertes.

### *Salles de bains attenantes aux chambres*

La mode architecturale est de bénéficier d'une salle de bains par chambre, celle des parents, des enfants comme pour les chambres d'amis.

Ce système est peut-être très pratique mais pas du tout Feng Shui !

Les salles de bains représentant des pertes et des stagnations de Chi, le fait de les multiplier dans l'habitat augmente les chances d'avoir des problèmes dans votre vie quotidienne, car autant de secteurs seront affectés.

De plus, le Chi émanant des salles d'eau étant néfaste car trop lourd et chargé de négativité, celui-ci affecte les habitants et particulièrement ceux qui dorment à côté.

• Pour vous protéger de cet aspect, pensez à fermer la porte de la salle de bains à chaque fois que vous en sortez.

• Si la porte des sanitaires ne donne pas directement sur votre lit, vous pouvez placer un miroir de la taille que vous souhaitez sur la face externe, c'est-à-dire donnant sur votre chambre. Veillez bien cependant à ce que le miroir ne reflète pas votre lit, cela entraînerait un mauvais sommeil et des mésententes au sein de votre couple. Si vous mettez un miroir et qu'il reflète le lit, placez un voilage devant que vous fermerez avant de dormir. Choisissez la couleur du voilage selon le secteur.

• Vous pouvez utiliser une représentation agréable sur la porte, dirigée vers votre chambre, et si possible symbolisant le couple ou l'amour. Cela favorisera les relations amoureuses avec votre conjoint. Dans les chambres d'enfants, placez une image symbolisant plutôt la gaieté, la joie, ou une image choisie par votre enfant (en évitant si possible les groupes de hard rock, les images violentes et morbides appréciées des adolescents !)

• Il est préférable également, de ne pas dormir au-dessus ou en dessous d'une salle de bains, auquel cas il faut utiliser l'élément bois (plancher, carrelage marron ou vert, fibre de coco...) pour faire barrage au Chi néfaste : au sol de la salle de bains si elle est au-dessus, au sol de la chambre si la salle de bains est en dessous.

### *La décoration des salles de bains et des toilettes*

Le Chi dans ces pièces aura tendance à stagner, et donc à être détruit, diffusant une énergie néfaste à tout le secteur et à toute la maisonnée.

Le maître mot de la décoration des salles de bains et toilettes est : favorisez le Yang !

Placez des miroirs de taille suffisante dans les salles de bains, de manière à éviter la stagnation du Chi. De plus, le fait que vous puissiez vous voir entièrement ou presque favorise la confiance en vous et l'image qui vous est renvoyée dès le matin.

• Placez de grands miroirs : ils accélèrent le Chi et éclairent la pièce. Préférez les miroirs dans lesquels vous pouvez vous voir en entier, car plus leur surface est grande, plus le Chi sera activé. Par contre, comme dans toute la maison, ne placez pas deux miroirs face à face, car cela fera rebondir l'énergie d'un miroir à l'autre indéfiniment ! Faites en sorte, par contre, que les miroirs ne reflètent pas les toilettes si celles-ci sont dans la salle de bains.

• Placez de la lumière pour favoriser le Chi. Bannissez les faibles éclairages et les lampes nues. S'il y a une fenêtre dans votre salle de bains, laissez-la ouverte souvent, levez les stores ou ouvrez les rideaux. Vous pourrez accrocher un cristal à facettes pour réfléchir la lumière, ce qui créera une énergie très puissante et très agréable sous forme d'arcs-en-ciel. Les vitraux sont également très bénéfiques, car ils permettent de diffuser une lumière colorée et vitalisante.

*Histoire vraie*

*J'ai rencontré un jour, dans un salon, une personne qui travaillait les vitraux. Il me parlait des différents travaux qu'il avait eu à réaliser chez des personnes. L'une d'elles lui avait demandé d'installer un vitrail à la fenêtre de sa salle de bains. Lui trouvait cela un peu dommage, car le vitrail est un véritable art qui mérite d'être contemplé. Cependant, lorsqu'il m'a expliqué pourquoi cette personne avait voulu un vitrail dans sa salle de bains, j'ai compris que certains ressentent d'instinct ce qui est favorable dans une maison au niveau des énergies. Les membres de la famille, malgré la demande de la mère, ne fermaient jamais la porte de la pièce et le couloir était sombre. Le soleil envoyait ses rayons aux travers de la fenêtre de la salle de bains, et une fois les vitraux installés, des tâches de couleurs irradiaient le couloir. Le Chi néfaste était transformé en Chi vivifiant !*

☯ Selon le secteur dans lequel se trouvent les sanitaires, nous adopterons différents types de décoration aux murs et aux sols.

- Si les sanitaires sont au nord

Le secteur nord est de l'élément eau. Nous sommes déjà en présence d'une grande quantité d'eau à cause des toilettes, lavabos, douche. Il faut corriger le déséquilibre car cela peut affecter la carrière et les questions financières, ainsi que la santé. Pour diminuer l'élément eau, on utilise l'élément bois. On placera donc des plantes vertes. Au sol, on pourra placer du plancher adapté aux salles de bains, et privilégier les meubles en bois. Les couleurs favorables seront le vert, le marron, le beige. Pensez aux motifs fleuris et aux représentations, en frise ou en fresque, aux feuillages, bambous…

Les salles de bains sont des gouffres à énergie et dégagent un Chi néfaste. L'élément eau y est très présent, mais ce sont des évacuations d'eau usée. Pour corriger cet aspect, utilisez l'élément terre qui est capable d'endiguer l'eau : couleurs jaunes et ocres, galets... Les plantes permettent de lutter contre le Chi stagnant dû à l'humidité des salles d'eau.

- Si les sanitaires sont au nord-est ou au sud ouest

Ces deux secteurs sont de l'élément terre, et nous sommes, au niveau du cycle de transformation des éléments, en position de destruction (la terre détruit l'eau).

En Asie, on considère que le pire des cas pour les sanitaires, c'est quand ils sont situés au nord-est. Ils peuvent affecter la santé des habitants, leur vitalité, leurs possibilités d'évolution et leur facilité de réflexion.

Au sud-ouest, les sanitaires affectent la position de la femme dans la famille qui a du mal à s'épanouir, tant auprès de ses enfants que dans son mariage.

Pour lutter contre le Chi stagnant et néfaste des salles d'eau à l'est ou au sud-est, les plantes sont parfaites. La couleur verte atténue l'excès d'eau.

Pour corriger cet aspect et dans les deux secteurs, utilisez des couleurs terre : jaune, ocre jaune et orange, beige, rose. La terre cuite au sol et les plans de lavabos en pierre sont bénéfiques. Rehaussez de touches de rouges en ajoutant quelques carreaux de carrelage rouge répartis harmonieusement, ou grâce aux serviettes de toilette et tapis de bain.

- Pour des salles d'eau à l'est ou au sud-est

Ce sont deux secteurs de l'élément bois. Ce sont les deux secteurs du Pa Kua les moins affectés par la présence des sanitaires, car l'eau produit le bois. Cependant, la perte d'énergie pourra engendrer, à l'est, des problèmes de santé, particulièrement au niveau du foie et de la vésicule, ainsi que des tensions avec la famille parentale, grands-parents, oncle, tantes...

Au niveau du sud-est, des pertes financières pourront apparaître, avec certaines difficultés à conserver l'argent acquis.

Comme les salles de bains, les toilettes symbolisent la perte de Chi et l'énergie souillée. Pour contrer, choisissez des couleurs terre, du bois et des touches de rouge.

Utilisez l'élément bois au maximum, en introduisant du vert assez lumineux, du marron, un mobilier en bois. Au sol, favorisez le plancher ou la fibre de coco.

Placez de belles plantes vertes qui permettront de dynamiser le Chi.

S'il y a une fenêtre, suspendez-y un cristal taillé pour diffuser une belle lumière dans toute la pièce.

- Quand les salles d'eau sont à l'ouest ou au nord-ouest

Ces deux secteurs sont de l'élément métal. L'ouest est le secteur des enfants et des projets, tandis que le nord-ouest est le secteur des bienfaiteurs et du père. Ces domaines de votre vie pourront alors être affectés.

L'excès d'eau des sanitaires épuise l'élément métal des secteurs. Il faut donc le vitaliser, et pour cela, utiliser du blanc (mais pas seul, car s'il symbolise la pureté, il donnera un effet hôpital), du gris, du gris perle, du doré, de l'argenté, du rose, du jaune, des ocres. Avec ces couleurs, vous pouvez imaginer une très jolie salle de bains. Utilisez des objets métalliques (porte savon, verre à dents, boîte à bijoux). Placez une belle plante verte avec un cache-pot métallique doré ou argenté.

Ajoutez un joli galet à côté de votre lavabo ou un panier contenant des pierres, galets ou cristaux.

Placez des fleurs blanches qui symbolisent l'élément métal.

• Si les sanitaires sont au Sud

Le sud est de l'élément feu et l'eau détruit le feu. Le secteur de la renommée et de la reconnaissance sociale est donc complètement éteint par la présence des sanitaires. Pour corriger l'eau en excès, on utilisera l'élément tampon entre l'eau et le feu, c'est-à-dire le bois. Comme à l'est et au sud-est, on utilisera le vert et le marron, le plancher, les plantes et les meubles en bois. Placez une ou plusieurs plantes vertes pour vitaliser l'énergie du feu et de la renommée. Parsemez de belles touches de rouge ou de fuchsia dans le carrelage ou par le linge.

### *Pour un Chi de meilleure qualité*

• Les toilettes directement placées dans les salles de bains sont extrêmement mauvaises, car l'énergie fuit immédiatement. Le cas est encore plus grave lorsque ces toilettes sont face à la porte de la salle de bains. Essayez de les cacher à l'aide d'un paravent, d'une cloison ou d'un rideau. Si cela n'est pas possible, placez un carillon métallique à cinq branches entre les toilettes et la porte d'entrée de la salle de bains.

• Le Chi est freiné par les affaires mal rangées et par la saleté. Laissez donc vos sanitaires les plus propres possible, et investissez dans des rangements pratiques pour ranger tous vos produits de beauté. Faites enfin un tri dans vos tubes, pots, maquillage, échantillons. Les vieux mascaras inutilisés depuis plusieurs mois, et surtout inutilisables, les fonds de rouges à lèvre que l'on garde au cas où l'on tombe en panne, les crèmes ou parfums qui ne nous plaisent plus : on jette ! On range, et on nettoie...

• S'il y a des fuites d'eau, il est impératif de les réparer au plus vite. Elles symbolisent la perte d'argent goutte après goutte.

• Pour éviter au Chi d'entrer et de se perdre dans les sanitaires, fermez toujours les portes et les battants des toilettes. Placez un miroir sur la face externe des portes des sanitaires, sauf si celui-ci risque de refléter une autre porte ou une cheminée. Les autres alternatives au miroir sont les images colorées et agréables, la décoration en laiton ou en cuivre, l'encadrement peint en rouge ou d'une couleur différente de la porte, de mettre un rideau devant la porte ou tout du moins d'en dissimuler l'accès avec un paravent par exemple.

### *Le Chi dans les salles d'eau*

Les salles de bains et toilettes sont souvent des pièces sans fenêtre, ou dont la fenêtre est restreinte.

On sait que le Chi est intimement lié à l'air et à la lumière, et dans nos pièces d'eau, l'humidité s'installe, l'atmosphère est lourde, le Chi stagne.

À chaque fois que vous faites couler de l'eau, que vous prenez un bain ou une douche, que vous vous lavez les mains ou que vous tirez la chasse d'eau, l'énergie est évacuée, car le Chi est également lié à l'eau.

Vous l'avez compris, les salles d'eau sont des pièges et des gouffres à Chi.

• Ouvrez les fenêtres

L'effet de stagnation est augmenté par l'absence de fenêtre. S'il y a une ouverture, ouvrez souvent et aérez, de façon à sécher la pièce. Si vous n'avez pas d'ouverture, une aération sera également efficace.

- ***Eclairages***

Si la pièce est mal éclairée, l'aspect stagnant est décuplé, il faut donc porter une attention particulière à la clarté. Placez des spots halogènes qui permettent un éclairage conséquent sans être trop agressifs.

- ***Plantes***

Les plantes sont Yang, surtout lorsqu'elles sont hautes et vigoureuses. Elles ont également la capacité de transformer le Chi négatif en Chi positif. Elles permettent d'alléger le Chi qui était trop lourd. Elles sont donc bénéfiques dans les salles de bains. Elles aimeront cet espace humide et chaud, mais à condition qu'il y ait assez de lumière, sinon, choisissez des plantes qui ont besoin de peu de luminosité.

## Le dressing

Le dressing est une pièce très utile et très importante en Feng Shui. En effet, elle évite la multiplication des armoires dans les chambres et dans les autres pièces, ce qui permet de bénéficier d'une atmosphère un peu plus dépouillée. Bien entendu, le dressing doit être propre, éclairé, rangé. Placez des miroirs dans le dressing, cela vous évitera d'en installer dans la chambre, ce qui est néfaste. Les miroirs devront vous permettre de vous voir en entier, car il est défavorable de se voir avec les pieds coupés. La mode étant d'organiser une salle de bains par chambre, le dressing pourra être situé idéalement entre la chambre et la salle de bains. Cette configuration, qui est très utilisée aux États-Unis, a un double avantage en Feng Shui :

– Elle permet de servir de sas entre la chambre et la salle d'eau : vous entrez dans le dressing, pour vous préparer à la toilette. Quand vous ressortez de la salle de bains, vous choisissez vos vêtements et pouvez vous habiller avant d'aller de nouveau dans la chambre.

– Elle permet de couper la chambre du Chi négatif dégagé par la salle d'eau. Le dressing, surtout s'il est clair et bien rangé, transforme l'énergie avant de la libérer, plus saine, dans votre lieu de sommeil.

## Le cellier

Le cellier représente “ le ventre ” de la maison. C'est dans cette pièce que vous stockerez la nourriture, les réserves, les conserves… Le cellier doit être rangé et organisé, et si possible bien éclairé. Il pourra se situer dans le secteur est qui est le secteur de la santé. Les étagères en bois, même simple, seront bénéfiques.

## Les couloirs

Les couloirs agissent comme des accélérateurs de Chi. Ils peuvent donc être dangereux, car la pièce située au bout du couloir va être frappée de plein fouet par une énergie violente. Si c'est une chambre, les personnes qui y dorment auront un mauvais sommeil, il sera agité et ils auront du mal à récupérer. Le Shar Chi agressif pourra affecter le couple si c'est la chambre des parents, ou la scolarité des enfants si c'est leur chambre. Si c'est une salle d'eau, l'énergie est directement évacuée et perdue à cause des évacuations d'eau. Si c'est un bureau, le travail sera peu productif : la personne aura du mal à se concentrer et ne se sentira pas en sécurité dans cette pièce.

Il est donc nécessaire de ralentir le flux énergétique à l'aide de rideaux de tissu ou de perles, de carillons, lustres, mobiles suspendus, et d'images accrochées aux murs.

Choisissez la couleur du couloir en fonction des secteurs qu'il traverse. Optez pour des coloris clairs et lumineux pour ne pas alourdir encore la circulation du Chi, mais au contraire lui permettre de " s'envoler ". Les peintures pourront être veloutées ou brillantes. Une frise de couleur comme une jolie fresque joueront agréablement le rôle de guide pour le Chi.

### Cas de figure

Si une pièce occupe plusieurs secteurs, il faudra chercher l'élément commun aux secteurs pour choisir la couleur adéquate.

Par exemple, le couloir ou la pièce occupent le sud (élément : le feu ) et le sud-ouest (élément : la terre – élément parent : le feu). Nous voyons que l'élément commun aux deux secteurs est le feu. Pour cette pièce ou ce couloir, on choisira donc l'élément feu dominant.

Lorsque cette configuration se présente entre les secteurs est (élément bois – élément parent : l'eau) et nord-est (élément terre

– élément parent : le feu), il n'y a pas d'élément commun entre les secteurs. Dans ce cas, favorisez l'énergie de la terre (beige) tout en la rehaussant de touches de l'énergie de bois (frise verte par exemple)

Le cas de figure est le même pour les secteurs nord (élément : eau – élément parent : métal) et nord-est (élément terre – élément parent : le feu). Dans ce cas, favorisez l'énergie de la terre (beige) en agrémentant d'une frise bleue ou de touches de bleu.

*Histoire vécue*

*Une personne qui avait une faiblesse au niveau de l'estomac venait d'emménager dans un nouvel appartement. Dès son arrivée, ses maux se réveillèrent violemment, alors qu'il n'avait plus souffert depuis plusieurs années.*

*Après observation et analyse de son habitat, il s'avéra qu'un long couloir le traversait, de l'entrée jusqu'aux toilettes. L'appartement venait d'être rénové, et comme il était destiné à la location, les murs et plafonds avaient été peints sobrement en blanc. Aucune décoration n'avait été installée, et plus le temps passait, plus la personne sentait la douleur revenir. Or le couloir traversait respectivement les secteurs sud-ouest, centre et nord-est, les trois secteurs de l'élément terre. En médecine chinoise, la terre correspond à l'estomac, et le couloir agissait comme une longue flèche empoisonnée, comme un sabre. Il véhiculait un flux énergétique violent et dangereux qui se répercutait sur la santé de l'homme, qui était de l'élément eau. La terre, détruisant l'eau, était devenue néfaste dans ce cas. Cela explique pourquoi lui était touché et non sa compagne, de l'élément métal.*

*Pour corriger cet aspect, un rideau jaune or fut installé au milieu du couloir, attaché sur le côté pour ne pas gêner le passage ; un tableau très coloré fut installé sur l'un des pans de murs ; et un autre rideau dans les tons rouge, jaune et orange installé devant la porte des toilettes.*

*Le premier rideau, jaune, permettait, avec le tableau, de*

*séduire le Chi et de permettre son ralentissement. Le deuxième rideau permettait de dissimuler la porte des toilettes où le Chi s'engouffrait avant cette correction.*

*Dès l'installation de ces corrections, les douleurs disparurent.*

## Les escaliers

Les escaliers dans un habitat sont à traiter avec de grandes précautions. En effet, ils dirigent l'énergie d'une façon rapide et parfois dangereuse.

Il existe différents types d'escalier, qui sont plus ou moins favorables.

### Les escaliers en colimaçon

Ce sont les plus dangereux de tous les escaliers, car ils agissent comme un tire-bouchon qui viendrait percer les secteurs de la maison. Outre le fait qu'ils sont peu pratiques et souvent étroits, il est important de tenir compte de leur matière et de leur couleur, ainsi que de leur positionnement dans l'habitat.

Lors des consultations Feng Shui pour des personnes qui ont des maladies depuis leur emménagement, les escaliers et particulièrement les escaliers en colimaçon font partie des premiers éléments de recherche avec les cheminées, les aquariums et les piscines. Toutes ces structures peuvent représenter des problèmes potentiels. Les aquariums, piscines et cheminées peuvent être positionnées dans des secteurs favorables et devenir par là même très bénéfiques pour le Feng Shui de l'habitat. Par contre, les escaliers en colimaçon sont toujours néfastes, car ils transpercent le Chi du secteur où ils sont placés.

• Au nord, secteur de l'élément eau, les colimaçons auront une influence néfaste sur votre carrière. Cela peut engendrer des difficultés à trouver votre place, et des problèmes relationnels avec vos collègues ou votre patron, un mal-être dans votre activité. Dans le pire des cas, cela peut engendrer une perte d'emploi ou des problèmes pour en trouver un. S'il est en métal, l'effet néfaste est en partie compensé par le fait que le métal produit l'eau. Pour éviter de lui conférer une polarité trop Yang due au métal, faites cependant en sorte qu'il ne soit ni blanc, ni doré, ni en métal brut. Peignez-le en bleu ou en noir.

S'il est en bois, l'effet est augmenté par le fait que le bois épuise l'élément eau. Il faut, dans ce cas, le peindre en blanc, en gris perle ou en bleu.

Sous l'escalier, placez, si cela est possible, une fontaine qui comblera l'espace vide où le Chi stagne.

• Au nord-est, un tel escalier affecte le secteur de la sagesse, de l'éducation et de la spiritualité. Ce secteur est déjà, en temps normal, traversé par une énergie très rapide et peu stable, l'escalier ne fait qu'empirer la situation, car il crée une sorte d'aspiration du Chi vers le haut, le faisant monter en tourbillon. Il est donc nécessaire de stabiliser le Chi.

Si l'escalier est en métal, il épuisera le secteur, et s'il est en bois, il le détruira. Utilisez un rouge foncé, du marron ou des ocres foncées pour compenser.

Sous l'escalier, placez un guéridon ou une petite table sur laquelle vous disposerez une coupe pleine de pierres, de cristaux ou de galets qui vous plaisent. S'il y a un mur proche de l'escalier, placez un tableau ou une image de montagne non enneigée qui vous inspire la stabilité et le calme.

• À l'est, le colimaçon va affecter le secteur de la santé. Cela entraînera des problèmes de santé, et le foie ou la vésicule sera particulièrement fragilisé. Au sud-est, le secteur de la prospérité est touché, et les finances risquent de connaître des hauts et des bas, voire de chuter. L'argent qui rentre dans le foyer sort aussitôt et vous aurez du mal à faire des économies.

S'il est en métal, il coupe le bois du secteur, et le problème est aggravé. Utilisez alors du bleu, du noir ou du marron.

Introduisez l'élément bois en plaçant des plantes comme une jardinière fleurie et une plante en pot sous l'escalier.

S'il est en bois, l'aspect néfaste sera amoindri. Placez juste une plante sous l'escalier pour éviter le Chi stagnant.

• Au sud, secteur de la renommée et d'élément feu, l'escalier agira de manière néfaste sur votre reconnaissance sociale et sur l'image que les autres auront de vous (collègues, amis, voisins). Vous pourrez ressentir de l'hypocrisie, de fausses amitiés des trahisons et même connaître des problèmes juridiques.

Favorisez les éléments feu et bois par les couleurs adéquates, ainsi qu'en utilisant de la verdure, des plantes et de la lumière.

• Au sud-ouest, secteur de l'amour de l'élément terre, l'escalier aura un effet néfaste sur votre couple et vos relations affectives, et créera peut-être un éloignement avec votre conjoint ou vos amis. La place de la femme sera affectée et amoindrie.

Si l'escalier est en métal, il épuisera le secteur, vous pouvez connaître des tensions et des querelles avec votre conjoint et vos amis.

S'il est en bois, le secteur sera très affecté, ce qui peut créer des éloignements et séparations affectifs.

Dans les deux cas, utilisez du rouge foncé et des ocres. Placez, sous l'escalier, une sculpture en pierre symbolisant un couple.

• À l'ouest, un escalier en colimaçon en métal ou en bois vous freinera dans vos projets et troublera vos relations avec vos enfants.

Au nord-ouest, la place du père sera affaiblie, et vous vous sentirez isolé. Vous aurez l'impression de devoir fournir beaucoup d'efforts dans votre travail et d'obtenir peu de résultats.

Pour corriger l'aspect dans les deux cas, utilisez du blanc, gris ou des tons terre. Vous pourrez aussi accrocher un carillon métallique à six branches creuses.

### Les escaliers aux marches ouvertes

Les marches ajourées sont très néfastes en Feng Shui, car elles représentent des fuites d'énergie. Elles créent instabilité et insécurité pour toute la famille. Cela risque de vous fatiguer et d'entraîner des pertes d'argent.

- L'idéal est de les faire fermer par un menuisier. Si vous ne pouvez pas, placez une plante sous l'escalier ou une guirlande de lierre le long de la rampe.

### Les escaliers coudés

Le Chi a du mal à monter jusqu'à l'étage, il reste bloqué au niveau du coude.

- Placez une plante dans l'angle mais à condition qu'elle ne gêne pas le passage. Utilisez également des lumières et de jolies représentations dans la montée d'escalier pour diriger le Chi vers le haut.

### Les escaliers en pierre

Les escaliers en pierre, qu'ils soient en colimaçon ou droits, ont l'avantage d'avoir les marches pleines. Cependant, ils seront néfastes particulièrement au nord (eau), car la terre détruit l'élément eau. La terre épuise le feu, les escaliers en pierre affaibliraient donc le sud aussi. Pour compenser, utilisez l'élément du secteur affecté (eau ou métal pour le nord, feu pour le sud).

### Les escaliers sans rampe

Ils n'offrent aucune solidité pour la famille. Installez-en une.

### Les escaliers face à une porte d'entrée

Plus ils sont proches de l'entrée, plus ils sont néfastes. Le Chi est propulsé et la famille n'en bénéficie pas. Corrigez en coupant la rapidité du flux avec des tissus, plantes, poteries, carillons selon le secteur.

**Un escalier en colimaçon dans vos secteurs personnels favorables**

Vérifiez également votre secteur personnel dans lequel cet escalier se trouve. Si c'est une de vos directions favorables, comme le Scheng Chi (vitalité), le Tien Yi (santé), le Nien Yen (amour) ou le Fu Wei (calme), la structure aura une mauvaise influence sur le secteur où il se trouve. Dans votre Scheng Chi, vous pourrez ressentir des pertes d'énergie inexpliquées, des fatigues, le sentiment que votre sommeil n'est pas réparateur. Le Scheng Chi ayant également une influence sur votre travail, celui-ci peut également être affecté.

Dans votre Tien Yi, l'escalier peut entraîner des problèmes de santé qui toucheront la partie du corps représentée par le secteur, mais aussi des fatigues. Le Tien Yi étant également le secteur des aides venant de l'extérieur, un escalier à cet endroit peut créer un sentiment d'isolement vis-à-vis de l'extérieur, jusqu'au sentiment de solitude.

Si l'escalier est situé dans votre secteur du Nien Yen, celui de l'amour, cela pourrait engendrer des problèmes de couple comme des incompréhensions et un manque de communication.

Enfin, si votre secteur du calme est affecté par la présence d'un escalier en colimaçon, vous éprouverez du stress, des tensions, et des colères pourront éclater dans la famille.

*Histoire vraie*

*Lors d'une consultation, une personne se plaignait de graves problèmes de santé au niveau du foie depuis son emménagement. En faisant l'analyse de son habitat, je constatais qu'un escalier en colimaçon métallique et blanc trônait dans le secteur est. L'est constitue, d'une part le secteur de la santé de la maison, et d'autre part, il correspond à l'organe du foie. Étonnamment, la personne était elle-même de l'élément bois, alors que son mari, de l'élément terre, ne semblait pas touché. Analysons la situation : l'escalier était en métal, et sa couleur blanche était reliée à l'élément métal. Cela lui conférait donc sans conteste un élément métal. Or, il était situé dans un secteur bois, et dans le cycle de transformation des éléments, le métal détruit le bois. L'élément du secteur et celui de la personne étaient donc touchés tous les deux, ce qui se traduisait par des problèmes de santé au niveau de l'organe lié au bois : le foie. Il n'était pas question de remplacer l'escalier, même si dans l'idéal, il aurait fallu le remplacer par un escalier aux marches fermées, en quart de tour, et en bois. Il fut donc conseillé de repeindre l'escalier pour en atténuer le côté métal. L'élément qui convenait le mieux était l'eau, qui avait pour effet d'épuiser le métal tout en produisant le bois du secteur qui était affaibli. Le bleu (bleu foncé ou bleu clair) et le noir étaient donc préconisés. J'aurais également pu conseiller le marron, pour harmoniser avec un mobilier de couleur chocolat. Le marron aurait favorisé le bois mais n'aurait pas épuisé le métal.*

*Il fut aussi conseillé de placer une jolie jardinière fleurie suspendue à l'escalier, ainsi qu'un lierre enroulé le long de la rambarde. Le fait de placer une plante verte assez haute sous l'escalier serait également favorable pour combler l'espace vide.*

## HABITAT ET SANTÉ

Les études de médecine chinoise comprennent un module conséquent de Feng Shui. Les médecins chinois pensent que la santé et l'équilibre des patients découlent d'un ensemble de philosophies, liées entre elles par les principes de base qui sont la circulation du Chi, le Yin et le Yang, ainsi que les cinq éléments et leur cycle de transformation.

La maison est une extension de nous-mêmes, de notre esprit comme de notre corps. Elle nous reflète fidèlement, et nous ne choisissons pas nos lieux d'habitation au hasard. Nous les choisissons en fonction de ce que nous avons à vivre à une période donnée de notre vie.

*Histoire vraie*

*J'ai vu une personne chercher un appartement à louer. Sa priorité était la recherche de l'âme sœur, et la construction d'un couple et d'une famille unie. Elle avait très bien compris la manière de superposer le Pa Kua sur le plan. Je lui avais donc conseillé de trouver un habitat dont le sud-ouest, secteur du mariage, n'était occupé ni par les toilettes, ni par la salle de bains, ni par un secteur manquant. Elle m'a présenté plusieurs plans, et à chaque fois, le sud-ouest était affecté de l'une ou l'autre des ces structures néfastes. Elle devait sans doute passer ce moment de solitude et de célibat avant de reconstruire favorablement...*

Chaque secteur du Pa Kua est en corrélation étroite avec certaines parties de notre corps, membres et organes.

Si un secteur est affecté, l'organe ou la partie du corps correspondante le sera, et des problèmes de santé risquent de se manifester.

Cela vient du fait que chaque secteur a son propre élément et que chaque organe ou membre du corps aussi.

Correspondance entre les éléments et les organes principaux

| Élément | Organe correspondant |
| --- | --- |
| Feu | Cœur |
| Terre | Rate |
| Métal | Poumons |
| Eau | Reins |
| Bois | Foie |

Cela veut dire que le cycle des éléments que nous connaissons est valable pour chacun de ces organes. Les organes ont donc une influence extrêmement grande les uns sur les autres, et le bon fonctionnement de l'un conditionne le bon fonctionnement des autres.

Chaque organe correspondant à un sentiment et donc à un élément, nous pouvons redessiner le cycle de transformation en complétant avec les cinq sentiments principaux. Et l'on voit que l'ordre est logique et compréhensible. Les émotions se contrôlent mutuellement (et heureusement) : tracez le cycle de transformation et regardez le cycle destructif.

| Élément | Sentiment positif correspondant | Sentiment négatif correspondant |
| --- | --- | --- |
| Feu | Joie | Effroi |
| Terre | Pensée, confiance | Angoisse |
| Métal | Tristesse | Sérénité |
| Eau | Peur | Courage |
| Bois | Colère | Patience |

La tristesse et la déprime coupent la colère, car vous êtes abattus et vous avez baissé les bras (le métal coupe le bois).

La colère coupe une réflexion logique. Ne dit-on pas “ Je ne pensais pas ce que j'ai dit... ” ? Car la colère est un mode d'expression qui court-circuite la pensée (le bois détruit la terre).

Dans la relation terre détruisant l'eau, la confiance détruit la peur, mais l'angoisse détruit le courage !

L'eau détruit le feu, le courage détruit l'effroi, mais la peur empêche la joie.

Enfin, le feu détruit le métal, la joie coupe tout chagrin, et l'effroi empêche la sérénité.

Nous pourrions faire de nombreux tableaux de corrélations qui font tous partie des philosophies asiatiques : éléments avec les saisons, avec les aliments, avec les parties du corps, avec des comportements. Le lien est toujours le même : il se résume aux cinq éléments et à leur cycle de transformation.

Tout est lié, vous le voyez. Même si cet ouvrage ne s'attache principalement qu'à comprendre le système énergétique de nos habitats, de nombreux autres paramètres interviennent sur notre complet équilibre et sur une harmonie parfaite ! Je vous aurais peut-être donné l'envie d'en savoir plus sur ce puits sans fond mais si passionnant qu'est la sagesse chinoise.

### Comment utiliser le Feng Shui pour favoriser notre santé

Voici maintenant la correspondance entre les secteurs, les directions, les parties du corps et les cinq éléments.

| Secteur | Élément | Chiffre associé | Direction | Corps |
|---|---|---|---|---|
| Carrière | Eau | 1 | Nord | Vessie, reins, oreilles, organes sexuels |
| Mariage | Terre | 2 | Sud-ouest | Rate, Estomac, bouche |
| Santé, ancêtres | Bois | 3 | Est | Foie, vésicule biliaire, pieds, jambes, yeux |
| Prospérité | Bois | 4 | Sud-est | Rate, cuisses, fesses |
| Bienfaiteurs | Métal | 6 | Nord-ouest | Oreilles, poumons, esprit, tête, nez |
| Enfants, projets | Métal | 7 | Ouest | Oreilles, poumons, gros intestin, bouche |
| Sagesse et éducation | Terre | 8 | Nord-est | Ventre, mains, doigts |
| Renommée | Feu | 9 | Sud | Yeux, cœur, intestin grêle, langue |

***Tableau des correspondances – Tableau 1***

*N.B. : vous avez peut-être constaté que le chiffre 5 n'est pas présent. Nous avons vu, dans le chapitre du chiffre Kua, que le 5 se transformait en 2 pour les hommes et en 8 pour les femmes. Le 5, chiffre central, n'est attribué qu'à l'équilibre parfait.*

Pour utiliser le Feng Shui dans la recherche de problèmes de santé, suivez le schéma suivant point par point. Si vous ne trouvez rien d'évident dans votre habitat qui puisse expliquer d'éventuels problèmes, ne vous obstinez pas, ils ne viennent peut-être pas du Feng Shui de votre habitat.

***1°) Assurez-vous que votre problème a commencé ou s'est accentué depuis votre emménagement dans l'habitat.***

Si un problème de santé a commencé avant votre emménagement, il peut être héréditaire ou être dû à votre ancien habitat.

***2°) Placez votre Pa Kua sur les plans de l'habitat comme indiqué précédemment.***

***3°) Recherchez, dans le tableau précédent, à quel(s) secteur(s) correspond votre ennui de santé.***

Par exemple, si vous avez des otites à répétition : les secteurs correspondant aux oreilles sont le nord (eau), l'ouest (métal) et le nord-ouest (métal)

***4°) Observez les structures et la décoration existantes dans ces secteurs et recherchez les éléments perturbateurs.***

Attention : les structures qui peuvent déséquilibrer un habitat au point de toucher la santé sont toujours conséquentes et imposantes. Par exemple, un excès d'eau est rarement dû à la présence d'une fontaine, mais plutôt d'un aquarium de grosse contenance, d'un bassin ou d'une piscine.

☯ Cherchez les éléments destructeurs de l'élément du secteur. Dans notre exemple, l'élément destructeur de l'eau est la terre, celui du métal est le feu.

- Dans votre intérieur, pour la terre, cela se traduirait par une pièce peinte tout en jaune, ou à cause de la présence à l'excès de grosses jarres et poteries. Pour le feu, c'est la présence d'une cheminée, d'un poêle à bois ou d'un excès de rouge qui pourrait déséquilibrer le métal.
- La correction se fait par l'utilisation de l'élément tampon. Exemple : l'élément tampon entre bois et métal est l'eau.

☯ Éléments présents à l'excès : dans le secteur nord, n'y a-t-il pas trop d'eau (aquarium, bassin d'intérieur) ? Et dans les secteurs métal, n'y a-t-il pas trop de métal (pièce toute blanche, excès de décorations métalliques) ?

☯ Dans les secteurs en question, recherchez les images néfastes ou agressives qui pourraient affecter l'endroit : armes, natures mortes avec un faisan mort, animaux empaillés, représentations de guerre...

***5°) Suivez les mêmes démarches en observant vos secteurs personnels de la santé et de la vitalité.***

En les retrouvant dans le tableau des directions personnelles : élément destructeur ou présents à l'excès, images néfastes. Si l'un ou l'autre de ces secteurs est touché, cela peut s'en ressentir sur votre santé.

| Votre chiffre KUA | 1 | 2 | 3 | 4 | 6 | 7 | 8 | 9 |
|---|---|---|---|---|---|---|---|---|
| Scheng Chi Vitalité | S-E | N-E | S | N | O | N-O | S-O | E |
| Tien Yi Santé | E | O | N | S | N-E | S-O | N-O | S-E |

***Tableau des directions de vitalité et de santé – Tableau 2***

Vérifiez également si vous ne dormez pas dans un de vos secteurs défavorables et notamment la pire qu'est Chuel Ming.

***6°) Enfin, vérifiez le secteur global de la santé pour la maison, qui est le secteur est.***

Faites les mêmes recherches que précédemment pour savoir si rien ne vient affecter le secteur est, principalement un excès de métal (escalier en colimaçon) ou des sanitaires.

***Exemple d'application***

Pauline est née le 4 avril 1967. Elle souffre des yeux depuis qu'elle a emménagé dans cette maison.

Son chiffre Kua est :

6 + 7 = 13

1 + 3 = 4

4 + 5 = 9

Son chiffre est le 9, son élément est le feu

Les secteurs correspondants aux problèmes d'yeux sont l'est et le sud d'après le tableau 1 dans lequel sont recensés les organes et les membres.

☯ Nous allons observer dans l'habitat les pièces qui se trouvent dans ces deux secteurs et les éléments qui peuvent détruire leur élément respectif.

• À l'est, secteur de l'élément bois, nous allons chercher l'élément métal en excès, destructeur du bois : la pièce n'est-elle pas trop blanche au niveau de la décoration ? N'est-elle pas agrémentée de sculptures métalliques, de meubles en fer forgé ? Auquel cas, pour corriger, on utilise l'élément tampon du bois et du métal, qui est l'eau. On ajoute donc une fontaine, un bassin, un aquarium ou des décorations bleues. Si cela est possible, on ôte, bien sûr, l'excès de métal.

• Au sud, on recherche l'élément eau en excès, destructeur du feu. Y a-t-il un aquarium imposant, un bassin, une piscine au sud du jardin, des sanitaires la pièce est-elle bleue ?

Dans ce cas, on utilise l'élément tampon de l'eau et du feu, qui est le bois. On rajoute alors des plantes, du bois, du vert ou du marron.

☯ Nous observons ensuite les secteurs personnels de la vitalité et de la santé de Pauline, en nous référant au tableau 2. Elle est du chiffre Kua 9, son secteur de la santé est le *sud-est* et celui de la vitalité est l'*est*.

On constate que l'est correspondait déjà aux yeux, on voit que c'est également le secteur de la vitalité de Pauline. On peut donc imaginer que ce secteur joue un rôle dans son problème de santé.

L'est et le sud-est étant tous deux de l'élément bois, on cherchera le métal en excès, destructeur du bois : décoration métallique excessive, couleur blanche dominante... Dans ce cas, on utilisera l'élément tampon du bois et du métal.

On cherche également les éventuelles images néfastes qui pourraient affecter le secteur.

On vérifie qu'elle ne dort pas dans un secteur néfaste pour elle.

☯ Enfin, on regarde si le secteur de la santé de la maison, l'est est affecté et encore une fois, on constate que l'est est mis en jeu.

• On en conclut que l'est est touché ce qui provoque les problèmes de santé de Pauline.

## RÉSUMÉ DES PRINCIPES FONDAMENTAUX

Voici résumés les principes fondamentaux du Feng Shui. Y sont recensées les choses à analyser chez soi pour un Feng Shui “ immédiat ”. Ce sont les points à vérifier ou à re-vérifier !

☯ Le premier principe du Feng Shui est le nettoyage et le rangement. Prenez le temps de balayer ou d'aspirez régulièrement, et de temps en temps, tirez les meubles, et nettoyez derrière. N'oubliez pas les araignées et leurs toiles au plafond et dans les coins.

Triez vos affaires, jetez ou donnez ce dont vous ne vous servez plus :

- Les vêtements et les chaussures que vous n'avez plus mis depuis longtemps, que vous n'aimez plus, qui ne vous vont plus. Cela vous permettra de ranger vos armoires et d'y voir plus clair. Profitez des intersaisons pour faire le tri.
- La vaisselle ébréchée doit être remplacée. Elle apporte un mauvais Chi à chaque fois que vous servez les repas ou le thé. En Asie, il est très mal perçu de servir les invités dans une vaisselle abîmée, c'est une symbolique de rupture d'amitié.
- Triez vos papiers, vos magazines, numéros de téléphone…

☯ Le Chi aime les choses rondes et harmonieuses : favorisez les objets de décorations aux angles adoucis et arrondis. D'une part, le Chi circulera mieux, mais d'autre part, vous éviterez la création de flèches empoisonnées. Si vous avez des objets pointus ou agressifs, ainsi que des meubles aux angles droits, tournez-les de manière à ce qu'ils ne soient pas face à un lit, un bureau ou une table de repas.

☯ Les angles de mur pointus et saillants sont dangereux, surtout s'ils sont dirigés vers les lits, bureaux et tables. Adoucissez-les avec des tissus, une plante devant l'angle, un cristal à facettes, une guirlande de lierre, illuminée ou de fleurs, une baguette de bois arrondie…

☯ Évitez de dormir sous une poutre. La nuit, votre sommeil sera de mauvaise qualité, vous risquez des problèmes de santé, de stress, et des tensions dans votre couple (surtout si la poutre sépare le lit au-dessus de votre couple dans le sens de la longueur).

Évitez de travaillez sous une poutre, elle créera des maux de tête et des difficultés de concentration.

Pour diminuer l'effet des poutres, cachez-les grâce à des tissus, à un ciel de lit, à un faux plafond. Vous pouvez peindre les poutres en cérusé clair pour alléger le Chi. Les carillons, les mobiles et éventails accrochés à la poutre en cause seront également efficaces.

☯ Enlevez et jetez les plantes malades (freins dans votre vie), les fleurs sèches (stagnation), les cactus (agressivité et tensions), les bonsaïs (impossibilité d'évolution) qui ne sont pas favorables en Feng Shui. Ne les offrez pas à quelqu'un d'autre ! Les cactus et les bonsaïs pourront éventuellement être efficaces sur les rebords de fenêtre, en intérieur l'hiver, pour protéger des vols et agressions, mais n'en abusez pas.

Ôtez les fleurs et plantes sèches de votre habitat, car elles diffusent un Chi appauvri et fatigant. Même si le blé sec est considéré comme favorable dans certaines traditions, il est impératif de ne pas en placer à outrance dans la maison et de le changer chaque année.

☯ Les représentations agressives (guerres, batailles, armes, animaux empaillés, images de solitude...) ou négatives (clown triste, personne seule...) sont à proscrire. Elles diffusent un mauvais Chi dans tout l'habitat et affectent alors votre quotidien. Remplacez-les par des représentations de paix et d'harmonie ou enlevez-les.

Bannissez les représentations agressives de votre environnement. Elles induisent un Chi néfaste et des tensions dans le secteur dans lequel elles se trouvent. Dans ce cas, l'épée envoie un Shar Chi car elle se transforme en flèche empoisonnée.

☯ Le mobilier ne doit pas être encombrant pour laisser le Chi circuler. Dans le cas contraire, un Chi stagnant est créé, et celui-ci risque de vous freiner dans vos entreprises. Nettoyez souvent et éclairez les endroits les plus sombres.

☯ Toujours fermer la porte des toilettes et le battant, ainsi que la salle de bains. Le Chi a tendance à se perdre ou à stagner dans les salles d'eau. Placez un miroir sur la porte de la salle de bains et des toilettes et vers l'extérieur, lorsqu'il ne reflète pas l'entrée, la cuisine ou une porte.

Aérez et éclairez bien les sanitaires.

☯ Les galets et pierres dans les salles d'eau neutralisent l'effet néfaste des eaux usagées. L'élément terre détruit l'eau souillée.

☯ Dans une maison à étage, les toilettes ou la salle de bains ne doivent pas se trouver au-dessus de la porte d'entrée ni d'une chambre. L'énergie lourde s'abattrait sur les habitants.

• Placer une lumière forte à l'étage inférieur, dirigée vers le plafond. Utilisez l'élément bois au sol de la salle de bains pour calmer le Chi eau néfaste : plancher spécifique aux pièces d'eau, ou utilisez du vert ou du marron.

☯ Attention à la position des miroirs qui ne doivent pas refléter une structure néfaste ou dangereuse : cuisine, cuisinière, toilettes, salles de bains, cheminées, escaliers, porte d'entrée, portes…

☯ Les portes en enfilades comme les portes en face des fenêtres sont dangereuses car elles accélèrent le Chi, le transformant en Shar Chi.

• Ralentissez le flux en fermant quelques-unes des portes, ou en utilisant des éléments de décoration adaptés au secteur (rideaux, plantes, cristaux taillés suspendus, carillons…)

☯ Attention aux escaliers face aux portes d'entrée : le Chi est trop rapide et se perd.

• Ralentissez grâce à la décoration.

☯ Les escaliers en colimaçon et aux marches ajourées créent des fuites de Chi.

• Fermez les marches et entourez la rampe du colimaçon d'une guirlande de verdure.

☯ Attention aux longs couloirs, surtout directement face à un escalier, à une porte d'entrée ou donnant sur les toilettes.

• Mettez une photo profonde qui captera le Chi, ralentissez le Chi grâce à la décoration et fermez la porte des toilettes.

☯ Ne tournez pas le dos à une porte en travaillant ou en cuisinant, et vous devez voir la porte de la chambre lorsque vous êtes dans votre lit.

• Essayez de tourner le meuble ou placez une clochette au-dessus de la porte qui vous préviendra de l'arrivée de quelqu'un.

☯ Ne vous positionnez pas sur le chemin du Chi pour dormir ou travailler.

• On utilise un carillon, un mobile ou un cristal, une plante, un voilage à la fenêtre pour ralentir le Chi

☯ Ne placez pas de bassin ou de fontaine à gauche en entrant dans un intérieur, ni à droite à l'extérieur en sortant. Cela peut créer l'éloignement du conjoint.

☯ Les piscines ne doivent pas être surdimensionnées par rapport à la maison et au terrain, sinon elles introduisent un excès d'eau qui peut s'avérer néfaste.

• Contrôlez l'eau en utilisant des pierres, des jarres et des poteries autour de la piscine.

☯ Prenez garde aux arbres, aux poteaux ou réverbères juste devant une porte d'entrée. Ils agissent comme des flèches empoisonnées et peuvent engendrer de graves problèmes de santé.

• Si vous le pouvez, enlevez-les, sinon, placez un carillon métallique à cinq branches ou un miroir Pa Kua pour contrer le Chi dangereux.

☯ Dans une maison à étage, éviter que les enfants dorment au-dessus de la chambre des parents.

• Si vous ne pouvez échanger les chambres, activez bien le secteur nord-ouest (autorité du père) et le sud-ouest (présence de la mère).

☯ Les miroirs seront utilisés pour doubler un aspect favorable (beau tableau, fontaine…), pour agrandir un vestibule exigu s'ils ne reflètent pas la porte d'entrée.

☯ Un vestibule doit être dégagé et éclairé car il donne la première image de votre intérieur et de vous-même dès l'entrée.

# RÉSUMÉ DES PRINCIPAUX REMÈDES

## Les miroirs

☯ Les miroirs ne doivent pas refléter une porte ou une structure néfaste ou dangereuse (toilettes, cheminée, flèche empoisonnée...)

☯ Les miroirs ne doivent pas refléter les lits

Utilité des miroirs :

☯ Pour corriger les secteurs manquants

☯ Pour refléter une image bénéfique comme une coupe de fruits

Lorsque vous avez respecté les principes du Feng Shui dans un secteur, le secteur devient favorable. Pour doubler cet aspect, vous pouvez placer un miroir qui doublera le côté positif de votre décoration. Faites attention que le miroir ne reflète pas une porte, une cuisine ou la salle d'eau.

- Pour agrandir un vestibule trop étroit, sans le placer face à la porte d'entrée
- Pour éviter au Chi d'aller s'engouffrer dans les salles d'eau, en le plaçant sur la face externe de la porte des sanitaires
- Pour faire sinuer le Chi dans un long couloir
- Dans une pièce, placé de telle façon qu'il permet de voir la porte si on ne la voit pas autrement

**Les plantes**

- Pour casser un angle, une flèche empoisonnée
- Pour corriger un secteur manquant
- Pour ralentir un Chi trop rapide dans un couloir ou un escalier
- Pour activer un secteur bois ou feu
- Pour contrer les ondes nocives des appareils électriques
- Pour déjouer le Chi stagnant dans les salles de bains ou absorber l'excès d'eau de ces pièces
- Pour favoriser l'énergie d'une cuisine en rétablissant l'équilibre entre le feu et l'eau
- Pour créer un Chi vivant dans une pièce
- Pas de plantes malades ou sèches, ni de cactus

## Les cristaux à facettes

Les cristaux à facettes activent une énergie très favorable pour harmoniser toutes les pièces, et permettent de corriger la présence d'un Chi trop vigoureux, entre deux ouvertures par exemple.

- Pour ralentir le Chi entre des portes en enfilades, dans un couloir, avant un escalier…
- Pour casser un angle ou une flèche empoisonnée
- Pour créer un Chi vivifiant dans une pièce
- Pour favoriser le secteur terre et calmer les disputes

Ce type de cristal activera les secteurs terre et métal. Il permet également, dans tous les secteurs, d'apaiser les tensions et de resserrer les liens familiaux.

## Les lumières

- Pour déjouer une flèche empoisonnée
- Pour réactiver un Chi stagnant et en particulier dans les salles d'eau
- Pour activer le sud
- Pour contrer l'effet néfaste de sanitaires au-dessus d'une porte d'entrée.

## L'eau

Une fontaine située sur la place d'un village ou d'un quartier fait bénéficier à toutes les maisons alentours d'un Chi favorable aux biens matériels.

- Pour activer les secteurs nord, est et sud-est
- Pour activer un Chi trop calme
- Ne pas la placer à gauche en entrant dans un intérieur
- Ne pas l'utiliser dans les chambres
- Évitez les représentations d'eau stagnante

### Les couleurs

- Choisies en fonction de l'élément du secteur
- Yin pour calmer le Chi d'une pièce
- Yang pour l'activer

### Les symboliques

- Elles sont différentes dans chaque secteur, adaptées à nos croyances, à notre culture et à nos opinions

Ce type d'arbre est très utilisé par les Asiatiques qui les considèrent comme propice à la richesse (secteur sud-est). L'arbre représente la croissance et la puissance, mais aussi l'abondance, car il nous offre ses fruits généreux.

Les pièces de monnaie chinoise sont rondes et possèdent un trou carré en leur centre. Le rond symbolise l'Univers, tandis que le carré symbolise la Terre. Elles représentent donc l'équilibre entre la spiritualité et la matière. Elles doivent être reliées entre elles par un fil ou un ruban rouge, ce qui les active, et placées dans le secteur de la richesse (sud-est), des projets (ouest) ou des bienfaiteurs (nord-ouest).

☯ Évitez les symboliques agressives et hostiles

**Les carillons à tubes creux**

☯ Ralentissent le Chi lorsqu'il est trop rapide, quand ils ont cinq branches

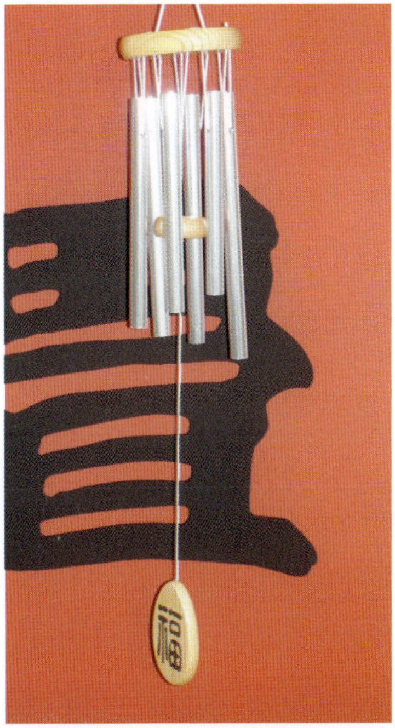

Les carillons métalliques à six branches permettent d'activer une énergie métal, et à cinq branches, ils deviennent de précieux correcteurs de Shar Chi.

- Déjouent les flèches empoisonnées
- Activent les secteurs ouest, nord-ouest et nord quand ils ne sont pas à cinq branches

**Musique et encens**

- Pour activer un Chi trop lent et le purifier

# CONCLUSION

Le Feng Shui est une discipline millénaire et complexe. Ne vous laissez donc pas impressionner par l'importance des informations à emmagasiner et à connaître. Paris ne s'est pas fait en un jour, et surtout, on dit bien que c'est en forgeant que l'on devient forgeron. Prenez donc le temps de découvrir cet art de vivre, de vous imprégner de ses enseignements. Ne cherchez pas à suivre tous les conseils en une seule fois, car ce ne sont pas des recettes miraculeuses. Cherchez plutôt à comprendre le raisonnement des indications qui vous sont données, et sachez que la philosophie asiatique est riche et profonde. Comme ceux qui pratiquent la calligraphie chinoise et qui répètent sans relâche leur art jusqu'à atteindre la perfection dans le mouvement, le Feng Shui se travaille, s'expérimente et se découvre sans cesse.

*À ceux qui savent éveiller en leur âme le Divin qui y sommeille, la Nature dévoile toute chose.* Pythagore

## Annexe

Utilisez ce tableau lorsque vous calculerez votre chiffre Kua. Si vous êtes né en dédut d'année, il est nécessaire de vérifier si l'année chinoise avait déjà commencé. En effet, le nouvel an chinois ne correspond pas à notre 31 décembre. Il a lieu généralement entre le 15 janvier et le 15 février.

Par exemple, si vous êtes né le 25 février 1964 :

Cherchez l'année 1964 dans le tableau : elle commence le 1er février. Prenez alors pour calculer votre chiffre l'année 1964.

Par contre, si vous êtes né le 21 janvier 1964, l'année commençant le 1er février, vous prendrez, pour le calcul, l'année précédente soit 1963.

## Tableau des années chinoises

| | | | | | | | | | |
|---|---|---|---|---|---|---|---|---|---|
| **Année** | **1909** | **1910** | **1911** | **1912** | **1913** | **1914** | **1915** | **1916** | **1917** |
| Début de l'année le | 22/01 | 10/02 | 30/01 | 18/02 | 06/02 | 26/01 | 14/02 | 03/02 | 23/01 |
| **Année** | **1918** | **1919** | **1920** | **1921** | **1922** | **1923** | **1924** | **1925** | **1926** |
| Début de l'année le | 11/02 | 01/02 | 20/02 | 08/02 | 28/01 | 16/02 | 05/02 | 25/01 | 13/01 |
| **Année** | **1927** | **1928** | **1929** | **1930** | **1931** | **1932** | **1933** | **1934** | **1935** |
| Début de l'année le | 02/02 | 23/01 | 10/02 | 30/01 | 17/02 | 06/02 | 26/01 | 14/01 | 04/02 |
| **Année** | **1936** | **1937** | **1938** | **1939** | **1940** | **1941** | **1942** | **1943** | **1944** |
| Début de l'année le | 24/01 | 11/02 | 31/01 | 19/02 | 08/02 | 17/01 | 15/02 | 05/02 | 25/01 |
| **Année** | **1945** | **1946** | **1947** | **1948** | **1949** | **1950** | **1951** | **1952** | **1953** |
| Début de l'année le | 13/01 | 02/02 | 22/01 | 10/02 | 29/01 | 17/02 | 06/02 | 27/01 | 14/01 |
| **Année** | **1954** | **1955** | **1956** | **1957** | **1958** | **1959** | **1960** | **1961** | **1962** |
| Début de l'année le | 03/02 | 24/01 | 12/01 | 31/01 | 18/02 | 08/02 | 28/01 | 15/02 | 05/02 |
| **Année** | **1963** | **1964** | **1965** | **1966** | **1967** | **1968** | **1969** | **1970** | **1971** |
| Début de l'année le | 25/02 | 01/02 | 02/02 | 21/01 | 09/02 | 30/01 | 17/02 | 06/02 | 27/01 |
| **Année** | **1972** | **1973** | **1974** | **1975** | **1976** | **1977** | **1978** | **1979** | **1980** |
| Début de l'année le | 16/01 | 03/01 | 23/01 | 11/02 | 31/01 | 18/02 | 07/02 | 28/01 | 16/02 |
| **Année** | **1981** | **1982** | **1983** | **1984** | **1985** | **1986** | **1987** | **1988** | **1989** |
| Début de l'année le | 05/02 | 25/01 | 13/02 | 02/02 | 20/02 | 09/02 | 29/01 | 17/02 | 06/02 |
| **Année** | **1990** | **1991** | **1992** | **1993** | **1994** | **1995** | **1996** | **1997** | **1998** |
| Début de l'année le | 27/01 | 15/02 | 04/02 | 23/01 | 10/02 | 31/01 | 19/02 | 07/02 | 28/01 |
| **Année** | **1999** | **2000** | **2001** | **2002** | **2003** | **2004** | **2005** | **2006** | **2007** |
| Début de l'année le | 16/02 | 05/02 | 24/01 | 12/02 | 01/02 | 22/01 | 09/02 | 29/01 | 18/02 |

## Formations – Consultations

Agnès Dumanget, gérante de la société
*Agnès Dumanget Feng Shui Consulting*,
vous propose :

- des formations professionnelles par correspondance
- des formations professionnelles de consultant en Feng Shui
- des stages de week-end
- des consultations pour particuliers et professionnels
- un réseau fiable de consultants partout en France

**Pour tout renseignement** :

Agnès Dumanget

email : contact@add-fengshui.com

Site web : www.add-fengshui.com

**Crédits photos**

Direction artistique : Julia Rivière

Photos : Olivier Verielle, Julia Rivière, Gilles Charles et la société Omega Web pour l'infographie

Croquis : Sophie Croze et Julia Rivière

Concept de plans : Julia Rivière

La majorité des photos a été prise dans le magasin *Chaleur d'intérieur* - Mobilier, décoration, cadeaux – 49, rue de la Croix Nivert - 75015 Paris - 01 45 66 09 52

Et un grand merci à Patrice Lafon pour le complément photos.

# Table des Matières

Dépôt légal : avril 2005 N° imprimeur : 041860129

*Imprimé en France en mars 2018 par Présence Graphique - Monts*